二十周年院庆系列

凯原法学论丛

Is Law a Social Science?

法学是一门社会科学吗？

郑戈　著

法律出版社 LAW PRESS·CHINA
北京

图书在版编目（CIP）数据

法学是一门社会科学吗？ / 郑戈著. -- 北京：法律出版社, 2022（2022.8重印）
（凯原法学论丛. 二十周年院庆系列）
ISBN 978-7-5197-6341-1

Ⅰ. ①法… Ⅱ. ①郑… Ⅲ. ①法学 - 研究 Ⅳ. ①D90

中国版本图书馆CIP数据核字（2022）第016981号

法学是一门社会科学吗？
FAXUE SHI YIMEN SHEHUI KEXUE MA？

作　　者：郑　戈
责任编辑：韩满春
装帧设计：贾丹丹
出版发行：法律出版社
编辑统筹：学术・对外出版分社
责任校对：王　皓
责任印制：陶　松
经　　销：新华书店
开　　本：710毫米×1000毫米　1/16
印　　张：20.25
字　　数：285千
版　　本：2022年4月第1版
印　　次：2022年8月第2次印刷
印　　刷：三河市兴达印务有限公司
书　　号：ISBN 978-7-5197-6341-1
定　　价：68.00元

销售电话：010-83938349　客服电话：010-83938350　咨询电话：010-63939796
地　　址：北京市丰台区莲花池西里7号(100073)
网　　址：www.lawpress.com.cn
投稿邮箱：info@lawpress.com.cn
举报盗版邮箱：jbwq@lawpress.com.cn
凡购买本社图书，如有印装错误，我社负责退换。电话：010-83938349

序

本书得名于我20多年前在《北大法律评论》上发表的一篇论文，这篇论文本身又是我的博士论文《迈向一种法律的社会理论：马克斯·韦伯法律思想研究导论》的第一章。此文发表后引起了一定的反响，而其中提出的问题有的迄今仍是法学界热衷于讨论的问题，不断有论文或专著追问“法学是一门科学吗”之类的问题。1998年我博士毕业后留在北京大学任教，第一学期所讲授的两门课程是“法律社会学”和“罗马法”，都是研究生的研讨课。法律社会学课程我布置给学生的阅读讨论文献主要就是我自己的两篇论文，即硕士论文《法治的可能性及其限度：一个公共选择理论的分析框架》和博士论文。研讨课这种形式在当时还不是很常见，而以自己的论文为阅读文献与学生讨论的上课方式就更加稀罕了。罗马法课上也讨论了我的博士论文中关于罗马法的内容，当然是透过马克斯·韦伯的视角。选修这两门课的同学人数不多，其中大多数是两门都选了的，他们当中有几位给我留下了深刻的印象，包括朱晓东、汪庆华、王笑红和黎敏。我从他们的反馈中获益匪浅，第一次感受到教学相长的乐趣，也是我在迄今二十多年的教学生涯中始终把主要精力投入到教学上并以教学带动科研、以科研促进教学的原初动因。2004年，我到香港大学法律学院任教，不久就收到亦师亦友的邓正来教授的电邮，说他正在主编一套“中国法律哲学临界丛书”，放在法律出版社，旨在出版作为“中国学术未来时代建构者”的年轻学者的书，问我有没有兴趣。我就把自己的博士论文稍作修改后提交，成为《法律与现代人的命运：马克斯·韦伯法律思想研究导论》这本书。此书印数不多，出版后不久就卖完了，出版社也没有重印。十几年来，不断有学友询问这本书何时再版。如今，赶上我目前任教的上海交通大学凯原法学院要出版建院 20 周年丛书，我便正好把自己早年关于法律与社会科学和社会理论相关的论文汇总起来，辅以晚近的几篇相关文章，集成这本书。

第一部分是我的几篇讨论法学学科属性的论文，以“法学是一门社会科学吗”开始，然后分别以理查德·波斯纳、苏力和舒国滢老师的研究为范例，探讨法学研究方法的不同范式。这部分想要论证的是：法学作为现代学科体制中的一门专业，其属性和定位是由法律内部因素（包括法律职业和法律教育的历史形成过程、组织结构和知识传承机制等）和法律外部因素（包括国家性质、权力组织形式以及由此决定的法律在国家治理中的地位和作用、经济组织形式等）共同决定的。一个社会的生活现实决定它的法律，而法学家只是进一步在既定的法律秩序内做二阶观察和反思性的工作。但我国作为一个现代法律的继受国和移植国，法学家们并没有从本国人民的生活秩序中去提炼规范形式，而习惯于直接从国外已有的规范形式库中去“抄作业”，进而以此为标准来评价本国的法律制度和法律实践。不是看我们有什么，而是看我们缺什么。我国经济发展和民生福祉的显著改善这一事实本身证明我们的实践是对的，如果用一种外来的理论无法解释这种被事实证明为成功的制度模式，显然不是因为我们的实践错了，而只能说明这种理论有其局限性，需要基于中国经验进行修正和改进。但智识上的路径依赖却使多数学者不愿直面真实世界来提炼或改进理论，而更愿意照搬和“适用”现成的理论。本书第一部分的研究表明，西方毕竟率先实现了工业化并主导了迄今的全球秩序，将自己的意识形态（比如市场作为“看不见的手”、政府作为“必要的恶”等）“发明”成了现代社会科学。按它的逻辑讲，就是科学的、中立的、价值无涉的；按中国自己的逻辑讲，就成了意识形态宣传。在自然科学领域，爱因斯坦的相对论和海森堡的“测不准定理”早已证明了不影响观测对象的观察者是不存在的,我们看的方式直接影响和改变着我们看的结果。反倒是在研究人的行为的法学和社会科学领域,主流学说仍然迷信放之四海而皆准的假定、模型和公理,这本身是一个值得反思的奇怪现象。

第二部分是我的两篇法和经济学论文:一篇是我的硕士论文《法治的可能性及其限度:一个公共选择理论的分析框架》,另一篇是我为自己翻译的卡拉布雷西的《法和经济学的未来》写的译者序。当我着手硕士论文选题的时候,正值我国经济发展进入一个新的阶段:1993 年《宪法修正案》正式将“社会主义市场经济”写入《宪法》第 15 条,这一宪制层面的重大变化导致了知识生产体制(包括学科建制)上的重大变化。就我所在的北京大学而言,当时主要讲授马克思主义政治经济学的经济学院面临极大的危机,几位从海外(主要是美国)留学归来的学者,包括林毅夫、易纲、张维迎和周其仁,开始在经济学院之外筹建中国经济研究中心。这批带来西方经济学前沿理论(尤其是新制度经济学)的学者不只影响了经济学和管理学学科的学生,也影响了整个北大的智识氛围。当时,我和隔壁宿舍的赵晓力都很痴迷经济学,科斯、阿尔钦、德姆塞茨、波斯纳和卡拉布雷西是我们日常讨论的话题。由于芝加哥大学和耶鲁大学的法学院是美国法和经济学“重镇”,赵晓力在自己铺位上贴了一张横幅,上写“到耶鲁去!”至于为什么不是“到芝加哥去”,我没搞清楚,也不敢问。有一天,赵晓力在报纸上看到一则征文启事,是万国证券搞的有奖征文,题目是讨论国企改制中如何理顺政府与企业之间的关系,他就来约我合写文章投稿。我们合作完成一篇题为《国家股:代理还是信托》的文章,将源自普通法的信托结构引入对所有权和经营权分离这一现实问题的分析中,并借助经济学原理来分析代理模式和信托模式产生的不同激励结构,从而提出了一个可以完美嵌入我国宪法框架的国企改制模式。在这种模式中存在三方关系:政府、企业和人民。我国宪法规定城市土地和自然资源归国家所有,但国家所有并不意味着政府所有,而意味着全民所有。社会主义公有制的目的不是养肥政府,而是普惠人民。但企业的经营又是一件很专业的事情,要求具有管理能力和市场判断力,不可能交给全体人民,而必须有专业的企业管理人员。这种三方关系很难用委托—代理模式来解决,而只能用信托结构来处理。政府作为信托设立人,将自己代管的全民所有资产(国有资产)交给信托人,也就是国企经营者。信托人以自己名义从事市场活动,对资产增值部分享有剩余索取权(residual claims),从而产生正向激励。而"全民"作为信托受益者则从国有资产的妥善经营和稳定增值中获得长期受益,这种受益可以借助公共教育、医疗和社会保障机制来实现。这篇文章后来获奖了,全文在《上海证券报》上发表,作者得到了大约是 3000 元奖金,这在当时是一笔巨款了。不仅如此,我们后来看到,国家的改革方向印证了我们当时的一些观点的可操作性,比如,十八届三中全会通过的《中共中央关于全面深化改革若干重大问题的决定》,一方面强调"完善国有资产管理体制,以管资本为主加强国有资产监管,改革国有资本授权经营体制,组建若干国有资本运营公司,支持有条件的国有企业改组为国有资本投资公司",强调企业(包括国有企业)遵循市场规律的自主经营;另一方面要求"划转部分国有资产充实社会保障基金。完善国有资本经营预算制度,提高国有资本收益上缴公共财政比例,2020 年提高到 30%,更多用于保障和改善民生"。这使我不必"悔其少作",敢于把这个阶段的论文编入进来。

至于最终决定以"公共选择理论"作为硕士论文选题,乃是受了另一位学友的影响。那就是丁利。丁利 1994 年从西南政法学院毕业,到北京来准备考博,借住在我的师兄杜要忠的宿舍。他对哥德尔定理、王浩、机制设计理论、博弈论如数家珍。记得他当时跟社科院的张曙光教授走得很近,协助张老师筹办天则经济研究所,有一阵子就住在方庄的一栋居民楼里,那是天则租的办公场所。我经常在周末去找他彻夜长聊,聊的结果就是选定了这个硕士论文题目。

对法和经济学的兴趣虽然在此后有所淡化,但并没有完全消失。我先后翻译了波林斯基的《法和经济学导论》、卡拉布雷西的《法和经济学的未来》以及唐纳斯基的《波斯纳传》。后两本书的译者序也都收入了本书,其中呈现了我对法和经济学的一些后续思考。

本书的第三部分是我的博士论文的主体部分,其中的第一章已前移到第一部分。在写完硕士论文之后,我对经济学的兴趣就减弱了，因为，正如那篇论文所展示的那样，即便是像公共选择理论这样的以集体行动为研究对象的经济学分支，也受到其方法论个人主义的限制，无法为我们建设性地理解法律制度提供太多帮助。经济学以个人主观预期效用（或称偏好）的满足作为效率标准（而效率又是经济学的唯一评价标准），却不对个人偏好本身做任何评价。一个变态狂的偏好与一位道德楷模的偏好在经济学的尺度上并无二致。晚近芝加哥学派的经济学甚至消解了密尔的伤害原则：国家动用强制力对个人的自由行动进行干预的正当性来自防止伤害，即防止一个人基于个人偏好而做出的行为对他人造成伤害。这种伤害用经济学的术语来讲就是负的外部性。而芝加哥学派经济学家们认为市场可以解决外部性问题。无论法律规则如何配置初始的权利和义务，在交易成本为零的情况下，损害者和受害者都可以通过自愿的交易行为来达致有效率的结果。比如一家工厂排放污染物给周围的住户造成了损害，如果法律规定住户享有居住环境不被污染的权利，工厂就必须因其污染向住户进行赔偿。如果赔偿金额大于工厂从污染中获得的收益，工厂就会停产或者安装治污设备（如果治污成本小于预期赔偿金额）。如果法律保护工厂的业主所有权和经营自主权，允许它排污，那么住户为了免受污染就会向工厂支付费用，让它购买治污设备。无论是哪种情况，导致有效率结果的都不是法律，而是市场交易。这个法和经济学中的典型例子让我们看到，经济学不关心分配正义问题，只要饼做得比之前大了1%，哪怕90%归于1%的人，也是有效率的。正因如此，新制度经济学以及法律的经济分析在美国都是保守主义的理论武器，用来正当化里根时代以来给富人减税、缩减政府公共福利投入以及消解政府在反垄断和保护环境等方面的规制措施的一系列新自由主义政策。经济学（或者说以芝加哥学派为代表的主流经济学）正是特定意识形态披着价值中立的“科学”外衣蛊惑世人的典型实例。

因此，我开始寻找能够站在更高观察层面下理解包括经济学和法学在内的现代学科体制如何区隔和宰制人类认知的社会理论。这时，有两个读书小组在我的智识追求道路上发挥了关键作用。一个是社会学系的研究生李猛、李康、应星、项飙，哲学系李四龙、杨立华、吴增定、吴飞，以及法律系强世功、赵晓力和我组成的“思想与社会”小组。这个小组所读的第一篇文献是福柯的《什么是启蒙》。为了搞清楚启蒙运动的脉络和当下意义，我们代入了康德的“什么是启蒙”以及哈贝马斯对福柯论启蒙的回应。众所周知，中国是被迫进入启蒙和工业革命所开启的现代世界图景的，作为一个数年道统未绝的文明连续体而言，现代化的道路百转千回，痛苦纠结，以至于我们迄今仍要谈拒绝西化的现代化是否可能的问题。启蒙问题对于我们来说不是外来的，而是内生的。当法文中的 lumières、英文中的 Enlightenment 和德文中的 Aufklärung 被无差别地翻译成“启蒙”的时候，启蒙在中文语境中成了先知先觉者引导和教诲后知后觉者的工作，比如“普法”也被当成“启蒙”。用老知青冯象教授生动的语言来说，这种启蒙是“教鱼游泳”，是普适理性对地方经验的压制和扭转，是一种新的暴力。这种启蒙至少不是 Die Aufklärung，不是康德所说的“脱离自己所加之于自己的不成熟状态”，也就是“不经别人的引导就缺乏勇气与决心”去运用自己的理智的状态。但福柯重拾 200 年前的康德问题时所给出的回应是完全不同的。他看到，作为历史事件的启蒙运动并没有使人们变得更成熟或更自由。启蒙运动打破了家族纽带和封建等级制对人的宰制，但却以一种主张普适性和绝对性的知识形态取消了其他知识形态的正当性，使人类的生活世界变得越来越扁平，可能性越来越少。福柯的出发点是卢梭描绘的一种社会真相：“人是生而自由的，却无所不在枷锁之中。自以为是其他一切的主人的人，反而比其他一切更是奴隶。”与卢梭一样，这一真相如何变得“合法”或正当也是福柯想要回答的问题。与卢梭和康德不同的是，福柯不认为启蒙或“思想解放”可以帮助人一劳永逸地摆脱奴役状态，实现真正的自由。借助系谱学和知识考古学的方法，福柯将各种思想体系客观化地还原为不同权力构型中的知识或话语形态。脱离“体制”的真理从未存在过，福柯提醒人们关注生产“真理”的“真理体制”：“每个社会都有它的真理体制，它的‘真理的一般政治’：也就是它所接受并当成真理来发挥功能的话语体系。”从这个角度来看，学术的历史不是由学术的自身逻辑来决定的，而取决于知识与权力的关系。但福柯并未止步于此，他对真理体制的描述和分析并未使他趋向于迎合他所处时代的真理体制，他继承了启蒙所固有的批判态度：“在过去的两个世纪里,康德的反思一直是种不失其重要性或有效性的哲学思维方式。我们当然不能将关于自身的批判本体论视为一种理论或教律,甚至也不能把它看作一套不断积累中的永恒的知识体系,而是应该把它理解为一种态度、一种精神气质、一种哲学生活。在这种态度、精神气质或哲学生活之中,对我们所视之内涵的批判同时也成为关于强加给我们的界限的历史考察,成为逾越这些界限的可能性的实验。"在福柯看来,没有一劳永逸的自由,只有在实践中不断探寻边界、不断寻找可能性的自由,戴着枷锁跳舞的自由。正是福柯的系谱学和知识考古学方法,促使我写了《法学是一门社会科学吗?》这篇讨论法学这门学科的历史—社会建构过程的论文,并进一步将我引向韦伯的社会理论。这时,第二个读书小组又在刚刚好的时间进入我的生活。

从 1995 年秋冬之交开始,每周有两天,我与强世功、赵晓力三人离开北大 47 楼宿舍,各自骑上破自行车,出小南门,一路向西,经万泉河,20 分钟左右到达在六郎庄的邓正来先生家,四人一起阅读和讨论马克斯·韦伯的作品。由于资料有限,我们阅读的文本是从北京图书馆借出并复印的马克斯·雷因斯坦和爱德华·席尔斯翻译的《马克斯·韦伯在〈经济与社会〉中对法律的论述》(英文版),记忆中单是译者写的导论就读了四五次,每次三至四小时。读书方法是每次由一人朗读,读一段然后开始讨论,遇到难句或涉及关键概念的句子则读完一句就讨论。这种有限文本条件下的深度阅读是如今"信息爆炸"环境下很少阅读纸质文本的学生们很难理解的。正是这种阅读和讨论促生了我的博士论文。这篇论文的注释基本上反映出了我当时的阅读范围。由于韦伯的全集当时还远未出齐,而且国内也很难找到,所以当时参考的主要是《经济与社会》的英译本以及上述雷因斯坦和席尔斯从《经济与社会》中节录出的法律社会学部分。从韦伯研究的角度讲,这在文献上就过不了关。但从思想内容的提炼和总结上讲,这篇论文迄今仍有它的价值,这一点从它仍然不断被援引以及来自不同学科的学友们仍然关注它何时再版上可以看出来。当然,评价的事情还是留给读者好了。

目　录

引　　言

本书很容易被归入“交叉学科”的范畴，但全书的主题恰恰是对现代学科体系以及法学在其中所处位置的批判性反思。

现代学科体系是工业化时代的产物，其总体特征是化约主义、理性主义的思维方式。正如霍布斯所言，推理就是计算，就是找到构成人、万物和社会的基本要素，了解这些要素相互关联并形成结构的原理，在此基础上，人类便可以完成化整为零再化零为整的理性主义建构工作。不同的学科各自专注于一个特定的领域或方面，运用各自的方法去分析、运算和推理，从而在越来越小的范围内知道得越来越多。在现代化的进程中，思想家、百科全书型的学者逐渐消失，在分工日益明确的现代知识生产系统中找不到任何位置。任何没有专业定位或超出自己专业范围去讨论宏大问题的人，都可能沦为“民科”，为学院派学者所耻笑。庄子哲学中关于“无用之用”的道理被忽视了，得到强调的是“庖丁解牛，技近乎道”，魏源进一步将其发挥为“技可近乎道，艺可通乎神”，强调专业技能和“工匠精神”，反对“大而无当”的人文素养与品位追求。这种专业化追求进而与现代生产方式和商业模式相配合，共同营造了功能分化、系统隔绝的现代社会构造。

这种理性主义的现代知识事业最终在科学、技术领域结出了硕果。例如，人类逐渐找到了非生命智能（人工智能）和人造生命（基因编辑）的计算与制造方法。实际上，人类已经打通了这两个领域：一方面可以对生命进行计算机建模，并且对生命的遗传代码（基因）进行编辑；另一方面可以用进化生物学原理来设计计算机智能算法（演进算法或遗传算法），进而用智能算法来帮助或取代人类去完成人类需要运用智能去完成的工作。信息技术和生物医学技术领域的这些前沿进展对人文社会科学提出了全新的问题和挑战，包括如何理解生命、如何理解人和人的尊严、如何寻求人生的价值和意义、如何更好地组织和管理社会、如何控制技术所带来的风险、如何培育和传承人类社会的审美品位和道德情操等。但关于人和人类行为、人类组织、人类制度的知识体系也已经完全为学科分工所分解，无法在上述整体性问题上为我们提供答案，甚至无法为我们寻求答案提供线索。人文学科逐渐变成培养私人品味的学科，很少能够介入公共政策和法律讨论之中。社会科学以自然科学为模仿对象，其中模仿得最像的经济学获得了比别的社会科学学科更高的地位，但其数学化、形式化程度的提高却使其离真实世界越来越远。更重要的是，为了变得更加"科学"，更容易用数学来处理，经济学用主观期待效用模型来简化人的价值世界。一切都变成特定偏好下的"效用"，从爱情到审美，从自利倾向到利他主义。而偏好（包括品味和价值）则不在经济学的考虑范围之内，经济学家们用一句拉丁文格言关闭了自己的大门：*De gustibus non est disputandum*（品味问题没什么好争论的），从而把自己打造成一门方法论自洽的独立且自治的学科。如果这只是一个学科为其理论的自洽性和内部逻辑一致而做出的选择，本来无可厚非；但经济学这种"自然科学化"程度较高的社会科学成了公共政策制定和立法的主要知识来源之一，基于经济学原理的成本—收益分析是公共政策和社会治理领域所采用的主要方法之一，以至于别的学科的学者每每忌妒地提起"经济学帝国主义"。

正是在这样的大背景下，我们今天来讨论如何打破人文社会科学的"学科藩篱"就具有十分重大的意义了。但同时我们也看到，试图打破学科藩篱的努力是在和整个现代化过程最核心的知识生产机制作对，因此是困难重重的。然而，困难但有意义的智识努力正是值得有社会责任感、勇于担当的知识分子去承担的使命。但从“是否需要打破”到“如何打破”学科藩篱，却需要考虑以下因素。

伦理学上有一个经典的假设情境：假设一位没有子女的叔叔和作为他的唯一法定继承人的侄子一起航海到了公海上。侄子对叔叔说：“您知道我是个好逸恶劳的人，只想整天打游戏。”叔叔说：“是的。”“您知道让我不劳而获地过上衣食无忧生活的最好办法是继承您的遗产，而这是以您的死亡为前提的。”“是的。”“您知道我们现在身处渺无人迹的大海，海里有很多鲨鱼。我如果把您推下海，没有人会发现。”“是的。”“那我应该怎么做？”这位侄子前面的每一句话都是理性的事实判断，而最后一个问题则是一个应然问题。现代专业知识可以帮助人们在给定目的的前提下选择达致目的的最优手段，比如一位继承法律师可以告诉这位青年他在何种情况下可以顺利继承叔叔的遗产，但没有哪位专家可以帮助他回答最后一个问题。在如今这个价值多元、诸“神”相争的世界，学科分工有效规避了人类实践中不得不面对的价值判断问题。就连专门研究“价值”问题的伦理学，也变成日益精细化的描述性的科学。比如，如果这位侄子去咨询一位伦理学家，伦理学家会告诉他，有这样三种伦理学流派：一是古典自由主义，它要求每一位采取某一行动的人都要考虑到自己的行动对其他“权利”主体的影响。你的叔叔享有生命权、人身权和财产权，生命权神圣不可侵犯。侵害他人生命的行为，即使能够侥幸逃脱法律的制裁，在伦理上也是不正当的。二是功利主义，它以社会总体福利的增减作为衡量标准。在目前这一具体情境中，你的叔叔已经老了，他或许无法从自己拥有的物质财富中获得一位年轻人所能获得的那种满足，如果你获得了他的财产，虽然你好逸恶劳，或许无法为社会创造多少价值，但你的消费行为本身就会促进经济，而且你从消费中得到的强烈满足也是可以计入社会总福利的。当然，你叔叔所感受的痛苦是个减损社会福利的因素。因此，你如果能以带来痛苦最小的方式结束你叔叔的生命，并且能够确保自己成功躲开法律惩罚，那就赶快下手吧。三是社群主义或中国儒家哲学，它强调每个人都镶嵌在一定的社会角色之中，每一个社会角色都有相应的本分（或西塞罗所称的“职分”，即 *officia*）。作为一个侄子，你负有“亲亲，尊尊”的义务，不仅不应杀害你的叔父,还要尊重他,照顾他。不承担社会角色并履行相应义务的人就与禽兽无异,不配被称作人。面对这样的专业建议,这位侄子仍然会无所适从,最后恐怕还是会诉诸自利本能。

如今的科学技术应用场景已经把类似的决策困境以更复杂的形态呈现在世人面前。比如 2018 年 11 月曝光的贺建奎事件。就在这一事件曝光的当天,贺建奎赴我国香港参加第二届国际人类基因组编辑峰会,在会议开幕前一天的晚宴上,基因编辑领域的国际顶尖专家们向他提出的问题都是伦理和法律方面的问题,比如是否通过了伦理审查,这么做在中国是否合法。而他急于向大家解释他所采用的技术方法当中的具体细节。在他做完正式报告之后,提问者所关注的也主要是伦理和法律问题。而并未受过伦理学和法学训练、"人文素养"也欠佳的贺建奎所提供的答案显然未能让大家满意。《自然》杂志上一篇评论指出:"虽然贺建奎没有如愿以偿地获得鲜花和掌声,但没有人怀疑会有更多像他这样不择手段的人出现。这种技术非常简单;它的一些应用带来了惊人的结果;这样做引起的公共关注是无与伦比的。"科学适合于在给定目的的前提下寻求实现目的的最佳手段,但它本身无法帮助人们思考何种目的才是值得追求的。不幸的是,为工具理性所主导的社会科学在这个方面也和自然科学一样越来越无能为力。

贺建奎本人就是现代学科分工体制的典型产物。他在自己的专业领域或许是个不错的专家,同时还是一个懂得利用自己的技术来赚钱的商人(他是好几家生物医学公司的法人代表),但对于自己的专业领域之外的事情所知甚少。而这样的专家在今天这个时代是社会的主流。200 多年前,英国小说家玛丽 · 雪莱创作了《弗兰肯斯坦》这部作品。小说的主角弗兰肯斯坦是一位在科学探索的道路上奋勇向前、不计后果的研究者。他用从停尸房和屠宰场中搜集的人类和动物的骨骼和器官拼接出了一个有生命的怪物。基因编辑技术已经使这种怪物离我们越来越近,虽然这种技术的精巧性使得它所带来的成品不会像弗兰肯斯坦拼接出来的怪物那样具有外表惊悚性。要在这样一个时代将科技引向为人类造福的方向,而不是强化碎片化的认知和异化的人生,尤其需要打破学科藩篱。而做到这一点的前提,是明确大学的定位,理顺科研与教育之间的关系。

人文社会科学是以人为研究和影响对象的学科。其中，人文学科与社会科学还有很大的区别，前者更多是从人的内在视角出发来理解人，其目的就是教育，是培养“三观”正确的“完人”。而后者则着力模仿自然科学，从外部视角出发来观察、理解和阐释各种外部刺激下人的行为。现代学科分工体系中受害最深的是人文学科。2018 年 10 月，科技部、教育部、人力资源和社会保障部、中科院、中国工程院五部门发出通知，联手开展清理“四唯”（唯论文、唯职称、唯学历、唯奖项）的专项行动。然而，目前高等教育领域的绩效评估机制并没有给“反四唯”创造条件，而是使这一口号停留在口号层面。实际上，更重要的是要打破行政对科研的主导，给大学和科研单位更大的自主空间。

在我学术生涯的早期，曾有前辈告诉我，大多数论文除了编辑和评阅人读了之外，很少有其他读者。在大学谋生就是要学会学术游戏的规则和技巧。从事学术工作的人并不比从事其他职业的人傻，不仅有求生本能，也有求生技巧。如果影响一位大学教师前程的主要因素是看在何种刊物上发表了多少论文，那么，除了极少数超脱者之外，大部分人都会被引向只考虑发表技巧，不考虑真实问题和社会影响的方向。科研要求创新，对人文社会科学来说很多时候就意味着“剑走偏锋”。比如，你去研究李白、杜甫，前人已经研究透了，论文就很难发表出来。但如果你去研究某个不知名的诗人，就很容易出成果。这和教育的需求是格格不入的。人文教育恰恰是需要借助一些经典文本来陶冶学生的品格、趣味和境界，追求的不是剑走偏锋，而是行大道、走正路。从这个意义上讲，对许多人文学科而言，写书或许比发论文更能体现学者的水平，阐释经典的论著或许比“填补空白”的“原创性”作品更有公共价值。

正如自然科学领域的“前沿”研究离不开基础性的理论，人文社会科学也需要打好自身的基础。尤其是对人文学科而言，这个基础是人类文明经年积淀的产物，而不是一代人甚或一个人“创新”的产物。在如今价值多元、古今中西相争的时代背景下，寻找方向感的努力恰恰需要锚定在某种共同基础之上。实际上，对于根本问题的思考，并不存在那么大的冲突和矛盾。比如，你如果读亚里士多德的《尼各马可伦理学》和《政治学》，会发现它们和孔子、孟子、庄子的作品之间有很多通的地方，因为那个时候的人还没有变得现代，没有学科分野，他们能够直面自然和人生的根本问题，去找寻人性的共同基础、伦理的共同基础。“通”的部分恰恰在于根基，而不是枝蔓，你想在枝蔓上打通是不可能的。通过对研究对象建构这一前提性问题的思考和反思，邓正来先生最终发现就连社会科学的学科分类这样早已被接受为“常识”的现象本身也无法不加置疑地接受。因此，他无奈地将自己的研究称为“不应被称为‘综合性’的综合性理论研究”。这一令人费解的语词其实体现了这样一种含义：所谓“综合”，意味着在承认现行学科体制的前提下进行某种“交叉学科”的研究。而一旦研究者不再将学科划分体制视为当然甚至将它纳入自己的研究对象之中，在研究者本人看来，也就不存在什么“综合”的问题了。但是，对于已经先行接受这种学科划分机制的读者来说，这种研究无疑是具有跨学科的“综合”性质。

人文学科并不一定直接针对现代人的问题，比如卢梭的《爱弥儿》就是在鼓吹一种素朴的生活，它的基调是前现代的，对整个现代文明持一种批判的态度，更不要说孔子、孟子、庄子、墨子、柏拉图、亚里士多德这些前现代的经典作家，他们的作品并不直接针对当代人的处境，但我们却可以到里面去寻找解决当代问题的一些线索。甚至人文研究和教育根本不用带着这种解决实际问题的功利目的，而只是为了陶冶我们的品格，传递文明的薪火。

当然，这并不是“开历史倒车”——无视社会分工和功能分化这一现代社会的基本事实。恰恰相反，这是对分工和专业化的一种纠偏和强化，也就是为之找到一个基础。否则，分工和专业化会导致小问题上的过度精明和大问题上的茫然无措，陷入列奥·施特劳斯所批判的那种“零售的理智，批发的疯狂”状态。“价值中立”的专业知识都是双刃剑：既可能服务于善的目的，也可能服务于恶的目的。人文学科和人文教育的目的是试图为人的社会生活找到某种共同的基础，使人格能够变得完整，从而解决工具理性过度膨胀导致的碎片化和异化问题。如果你回到人本身、生活本身、情感本身，你会发现很多理论分疏背后所面临的问题是一样的；抛开不同的学科背景，你也会发现人类处理问题的心理机制其实也是比较类似的，毕竟人同此心，心同此理，还是可以找到一些相通的东西。我其实是用“通”来代替“同”。要找到一个大家都同意的、实体性的价值标准其实是比较困难的;但是你如果回到问题本身,就会发现问题都是类似的,比如无论中国人还是美国人都要处理如何安顿身心的问题,这样的问题是单一的学科无法提供解决方案的问题。

我国是现代化道路上的后来者,自清末以来一直在紧追猛赶地学习早期工业化国家的现代技术文明,在压缩的时间里超速实现现代化。而如今,我们似乎可以稍微放缓一下脚步,思考一下中国文明能够为世界文明作出何种人文和制度层面的贡献了。人文学科的主要功用在于提供教养,涵育文明,理应在我国的学术和高等教育中占有突出的一席之地。而我国目前的高等教育和科研机构的制度化建制可能不利于人文学科的发展。在美国,那里的顶尖大学非常重视没有短期效用的人文学科(比如古典学)的发展,此外还有大量的文理学院,不以就业为导向,侧重于培养人的完备品格,而将职业教育(比如法学院、商学院、医学院)安放到研究生层次。而我国的高等教育体制在研究型大学和职业培训式院校之间缺乏“文理学院”的建制,研究型大学虽然近年来也开始提倡“通识教育”,但师资也主要是各门专业的老师,他们更受制于本专业的评价机制,通识只是副业。因此,理顺科研与教育之间的关系,改变以自然科学学术评价为模板的单一化评价标准,发展出适应人文社会科学学科特点的评价机制,是打破学科藩篱,直面真实问题,并进而使中国学术具有更全面竞争力的制度性前提。

综上所述,所谓交叉学科研究,意味着在承认现行学科体制的前提下进行某种跨学科的研究。而一旦研究者不再将学科划分机制视为当然甚至将它纳入自己的研究对象之中,在研究者本人看来,也就不存在什么“交叉”的问题了。但是,对于已经先行接受这种学科划分机制的读者来说,这种研究无疑是具有跨学科的“交叉”性质。也就是说,作者本人不承认自己所做的是“交叉学科研究”,但这并不妨碍读者将本书理解成这样的研究。

第一部分　法学是一门什么样的学问

第一章　法学是一门社会科学吗？

近代以前的中国有着自己独特的社会规范体系，我们即使可以宣称这个规范体系中存在近代意义上的法律，也不得不承认这种“法律”实际上处于边缘的位置。中国的近代法律体系和法学都是自西方移植而来的，起初出于被迫，而后在“现代化”的引诱下变为自愿。

这一移植西方法律的过程至今已有百余年的历史。其间，我们每每发现法律与中国人的社会生活无法契合，总是归因于“学得不像”，还需要继续学习和引进“地道”的西方法律。中国法学也总是停留于介绍西方法律理论或注释舶来的“中国法律”的水平，极少以中国社会为立足点来思考中国人的社会生活中是否需要法律以及需要什么样的法律。由于对这种基础性的问题缺乏理论上的探究，中国法学实际上处于一种没有根基的状态。因为法律毕竟不是中国人自己为自己的生活所创设的规矩，而它对中国社会的建构作用也远未达到使它成为中国人生活之规矩的程度。从对这一现象的关切出发，本章试图：(1)通过对西方法学进行一番历史性的考察，指出当代西方法学不再追究某些“根本性”问题的合理性，以及中国法学的不同处境和不同使命；(2)通过探讨法学研究方法与社会科学研究方法的差异以及它们所针对的不同问题，试探性地指出中国法学可以用来解决中国问题的方法。

第一节　法学在西方社会的起源和发展

自然和社会构成了人所栖居的世界。作为知性的存在,人不能满足于对来自外在世界的各种刺激做单纯的条件反射,而是永不休止地致力于从纷繁复杂而又变幻莫测的世界中探寻出某种规律,从而有助于对自己的生活做一种有序的安排。对自然界的不懈探索孕育出了科学和技术,使人们得以驯服自然。这一过程自十八九世纪以来获得突飞猛进的进展,以至于超出了人类自身条件所允许的界限,使人们在这个世纪即将结束之时不得不重新思考人类与自然之间的关系。人类对社会规律的探索则经历了一个更为曲折复杂的过程。古希腊德尔菲神庙中的那句铭文——“认识你自己”,成了人们永远都在追求却永远也难以达到的目标。西方有一句古谚:“习惯是第二种自然。”这句话很好地道出了人类社会生活中的一些奥秘。人所生活于其中的社会环境和社会制度从来都不是个人自己选择的结果,他被放置到这种环境中去,他的出生在很大程度上便决定了他今后可以选择的范围。人们对社会规则的探讨在很大程度上是一种事后的“合理化”(justification),而不是一种事前的论证。而且,人们的社会生活方式因时、因地的不同而存在很大的差异,他们使用着不同的象征性符号,遵循着不同的仪式,以不同的方式进行交流,以不同的方式维护着不同的社会秩序。在探究社会时,人们往往无法刨根问底,因为社会现实是人类集体行动的产物,作为这一社会建构过程的无数个参与者之一,研究者无法置身事外去客观地观察和分析这个“生活世界”。正像一位当代历史学家所说的那样,“无论宗教和哲学提出什么样的建议,自我认识都要求人类根据自身的条件、在自身局限的约束下、通过自己不完备的理性创造出自己的衡量尺度”。[①] 这种在语言的限度内寻求自身衡量尺度的活动同人类的历史一样源远流长。

---

① Donald Kelley, *The Human Measure: Social Thought in the Western Legal Tradition*, Cambridge, Massachusetts: Harvard University Press, 1990, p. x.

从古希腊开始,西方人对自然和社会的探索就分别选择了两种不同的路径,以至于形成了 C. P. 斯诺所称的“两种文化”、海因里希·李凯尔特所区分的“自然科学”和“文化科学”、依曼纽尔·康德所说的“繁星密布的苍穹和我心中的道德律”以及恩斯特·特罗齐所揭示的“自然主义与历史主义之间的战争”。可以说,自然与文化之间的辩证关系一直伴随着西方人走过漫长的文明史,体现在他们的语言和思维习惯中。这种二元论被理查德·罗蒂表述为一种“心智集合”(mental sets)或者是“话语共同体”(communities of discourse)之间的差异。[①] 通过这两种不同的智识努力,西方人发展出了两套系统的知识体系:一套是关于“自然规律”(physis)的知识体系,另一套则是关于“社会规范”(nomos)的知识体系。法学是后一种知识体系中最早出现的系统学科,而且一直占据着这一体系中的霸主地位,直到 19 世纪近代社会科学兴起。

之所以如此,乃是因为法律本身便是人类为自己创造的尺度或“规矩”(measure),而法学则是对这一规矩进行理论建构并在它的限度之内研究人类行为的一门学科。

法学是一门古老的学科,它的历史可以追溯到古罗马时期。与哲学不同,法学并非产生于追求知识的“纯粹”动机,它的历史一直是与法律职业的历史密不可分的。人类的集体生活需要秩序,不同的人类群体在长期的共同生活中发展出了不同的秩序范式,这些秩序范式的不同在于其中蕴涵着不同的规则。古代希腊和罗马的人民选择了法律作为组织社会秩序的主要规则,因此发展出了不同于其他文明的独特的秩序范式。与其他约束个人行为的规则(比如中国的礼)不同,法律具有很强的“外在化”特征:它只能管束人的外部行为,而且只能靠外在于行动者的力量来维持。这样就需要有一些专门的人员来负责维持法律的正常运作。在罗马共和国时期,一个具有相对独立性的法律家群体已经产生;其中有一些专门解答法律问题、传授法庭技巧、研究法律原则的人士,被称为法律顾问(jurisconsults)或法学家(jurist)。而他们对法律所作的阐释和研究

---

① 参见 Richard Rorty, *Solidarity or Objectivity*?, in Michael Kranz (ed.), Relativism: Interpretation and Confrontation, Notre Dame, Indiana: University of Notre Dame Press, 1989。

就形成了一套关于法律的系统知识,他们把这套知识称为“法律科学”(legitima scientia)或“法学”(jurisprudentia)。

“法律科学”是罗马人对西方文明作出的最重要的贡献。它使法律传统成为西方社会文化传统中的一个非常重要的组成部分,有时甚至在其中占据最核心的位置。在西罗马帝国覆灭之后,“法律科学”的传统除了在东罗马帝国继续得到保持,并最终酝酿出查士丁尼皇帝组织编撰的集大成作品外,还通过基督教教会和神职人员的学术研究活动得以延续。后者使“法律科学”的传统与西方历史上另一项重要的传统——基督教传统融为一体。在中世纪的教会大学中,法学和神学成为最重要的两种学科,它们都以注解和阐释经典作为主要的研究方法,只不过法学所面对的经典是罗马法论著,而神学的经典则是圣经。这种研究方法的系统性特征使法学继续保持着“科学”的地位。而且,这种以揭示“意义”(meaning)为主要目的的方法经过人文学者的不断发展,最终成为一种系统的方法学,即关于“解释”(interpretation)的科学。近代所有关于人类自身的科学(sciences of man)都是在这种方法学的基础上建构和发展起来的。

在近代民族国家兴起的过程中,由于法律在西方人的社会生活中以及法学在西方人的知识体系中所占据的核心位置,君主和市民阶层都竭尽全力争取在法学领域中的话语垄断权。

罗马法继续成为法学研究活动的主要源泉,不过,人们以“回到古罗马时代的罗马法”为旗号为它赋予了新的、世俗的含义。同时,各民族国家也都致力于发掘和整理本民族的习惯法,以罗马法为蓝本对它们进行形式化和系统化的加工。由于民族国家立法活动的需要,法学发展成为一种“百科全书”式的学问,人们致力于探讨法律与气候、地理环境、民族特性等之间的关系,并对古往今来各个国家的法律制度进行历史的和比较的研究。到 18 世纪为止,法学已经成为研究人类社会生活的最重要的一门学科。与此同时,法学教育和法律职业得到高度的发展,法律成为国家统治和管理社会的首要工具。

自然科学和相应的工业技术的发展彻底改变了人类的生活。在 19 世纪,西方知识界开始对“思辨性的”(speculative)学术传统进行批判，试图把自然科学的研究方法移植到对人和社会的研究之中，进而像控制自然那样规划和控制人类社会。经济学和统计学便是在这种设想的驱动下产生并且服务于这种设想的，它们的出现标志着现代社会科学的诞生。[①] 在“现代化”的过程中，法学逐渐失去了探究人类社会生活的条件和规矩（measurement）的特权，甚至被排挤出“科学”的行列，因为这一名称已经为自然科学以及模仿自然科学追求实证性（positivity）的学科所专享。在今天的知识分类学中，科学或自然科学（sciences）、社会科学（social sciences）以及人文学科（arts/humanities）成为最基本的三种知识形态。这种划分已经被学术职业体制和大学教育体制确定下来。法学在这种三分体制中无法找到自己的位置。在法学传统十分强大的欧陆国家，法学往往作为一门独立的学科而存在，但其学术地位根本无法与上述三大学科抗衡。而在英国和美国，法学在很大程度上是作为一门“手艺”（craft）而不是作为一种“学术”来传授的。起初，法律教育主要是在法律职业机构（比如律师事务所）或这些职业机构的“行会”所开设的学校（比如英国的 Inns of Court）中进行的，而后来出现的大学法律院系在很大程度上仍然沿袭着这种职业培训的风格和方式。这一点在美国表现得尤为突出，在那里，法学与医学、商学等一同被归入“职业教育”（professional education）的行列。“职业教育”这一标签其实已经排除了这些学科的从业者在“学术共同体”中的成员资格，而使他们顺理成章地进入“职业共同体”。“Lawyer”一词在美国被用来指代所有法律职业者，而法学教授也算在其中，被称作“academic lawyer”。但是，由于法律在国家管理体制中核心地位并未丧失，法律职业者作为社会的“管理技术人员”仍然享有很高的社会地位并发挥着十分重要的作用。法学在知识王国中的失宠并未妨碍它作为法律职业王国的重要一员而继续享有优越的地位。同时，由于法律职业在现代西方社会中已经获得了相对的“自治”（autonomy），法学甚至可以坚持自己的“自主性”，拒绝与其他社会科学相往来。

---

① 参见 Lawrence Goldman, *The Origins of British "Social Science": Political Economy*, Natural Science and Statistics, 1830-1835, 26 *Historical Journal* (1983)。

第二节 近代法律职业与法律学术的社会建构

学术并非存在于真空之中,其产生和发展的动力乃在于社会的需要。从近代法学的形成过程来看,民族国家对具备法律知识的管理人才的需要以及市场对充当协调人和代理人的法律职业者的需求在其中起到了决定性的作用,而法律学术和法律教育的发展又巩固和促进了法律职业的建构,并进而为民族国家的稳定和发展以及市场的有序运作提供了保障。在这一过程之中,法学不断寻找着自身在近代社会中的位置,这种知识上的努力与法律职业者追求自身利益的社会行动相结合,最终为理论性的以及实践性的法律职业活动赢得了一片自主的空间。

一、欧洲法学传统的近代转型

在法律史的意义上,西方的“近代”始于何时?这一直是一个颇有争议的问题。对这一问题的探讨不在本章的题域之内。在这里,我采纳唐纳德·凯利教授的观点:

近代法律传统诞生或再生于12世纪的普遍文化复兴之中。促生这一传统的是三种知识潮流的混合体:一是教会法学。它既是罗马法学的载体,又是它的对头。二是散布于欧洲各个地区特别是意大利北部城市和法国南部“成文法省份”的罗马法学的实用性的、“民间的”残存体。三是相关的罗马教育的延续,特别是修辞学的教学——Cassiodorus在6世纪把这种学问定义为“参与市民问题讨论的娴熟技巧”,这种教育为学习初等的法律知识提供了一个良好的场所……①

伯尔曼教授在《法律与革命》一书中把近代西方法律传统的起源与11世纪后半期的希尔德布兰德改革(Hildebrand Reform,或称格列高利改革)联系起来,因为这场他所称的“革命”以及接下来的

---

① Donald Kelley, *The Human Measure: Social Thought in the Western Legal Tradition*, Cambridge, Massachusetts: Harvard University Press, 1990, p. 109.

持续性事件最终导致了俗界与教界、法律与社会控制的其他过程以及其他类型的智识形态的分离。这种观点与凯利教授的观点有着根本的差异，差异的根本点倒不在于几十年的时间差别，而在于对促成这一转型的主要动力有着不同的见解。在凯利教授那里，这种转型不是由任何一个或一系列事件促成的，而是在很长的一段时间里由当时的社会思想潮流以及无数人的智识努力促成的。①

在12世纪的"文艺复兴"中，新兴的市民阶层"重新发现"了古希腊的自然哲学和古罗马的法律科学，以此作为对抗教会的话语垄断权的重要武器。为了与教会办的大学相抗衡，市民阶层仿照古希腊的"学园"（encyclopedia）创办了许多"学院"（studium），讲授和研习哲学、神学、医学和法学等高等"学问"。这种兼具教学和科研两种职能的机构后来发展成近代意义上的大学（起初叫作studium generale，后来称为universitas）。在14世纪的时候，欧洲共有20所左右拥有较强的法学研究和教学力量的大学；到16世纪时，这一数字已经增加到近80所。② 在这些大学从事教学和学术研究的法学家通常被称为"法学博士"（doctores legum），因为他们都取得了法学教育体系中的最高学位。由他们发展起来的理论体系被他们自己命名为"市民科学"（civilis scientia）或"市民智慧"［civilis sapientia，源于注释法学派的经典之作：《Accursian（通用词汇）》］。③ 这种系统化的知识体系被认为是欧洲近代社会科学和社会思想的雏形；因为它摆脱了经院神学思想的束缚，试图探究人类集体生活的规范及其意义。④ "市民科学"的发展过程一般被分为三个阶段：首先是"注释法学"阶段，从伊内留斯（Irnerius）直到权威的《Accursian（通用词汇）》出现（1265年），这一阶段的法学家对分散

---

① 参见［美］伯尔曼：《法律与革命——西方法律传统的形成》，高鸿钧等译，中国大百科全书出版社1993年版，特别是其中的第二章"西方法律传统在教皇革命中的起源"。

② 参见 Helmut Coing (ed.), Handbuch der Quellen und Literatur der neueren europäischen Privatrechtsgeschichte, v. 1, München, Deutchland: C. H. Beck, 1973, S. 39-128。

③ 参见 Gaines Post, *Studies in Medieval Legal and Political Thought*, Princeton University Press, 1964。

④ 参见 Donald Kelley, *The Human Measure: Social Thought in the Western Legal Tradition*, Cambridge, Massachusetts: Harvard University Press, 1990, p. 113。

的罗马法语汇和条文作了系统的整理和注释工作，为以后的研究打下了基础；第二个阶段是评论法学阶段，或称后期注释法学阶段，从13世纪一直延续到中世纪末期，甚至直到19世纪时仍然在德国的“潘德克顿法学”（Pandektenwissenschaft）传统中得到持续活跃；第三个阶段是人文主义法学阶段，从17世纪开始，至今仍在某些“法律古典学者”（juristic classicists，这是舒尔茨教授发明的称号）①那里得到保存。它“为欧洲的社会思想带来了一种把握中世纪欧洲的新的社会现实的手段。它提供了一套古典的语言，用以进行社会分析、描述经济互动、研究政治行动——一句话，这是一套关于权力的语言”。②

“市民科学”实际上是对古罗马“法律科学”的继承和发展。在古罗马，法学家或法律顾问是法律职业者群体中的成员，他们专门负责解答诉讼当事人或裁判官提出的问题，并通过回答这些实践中的问题对法律进行系统的分析和研究，提出一些一般性的理论。通过他们的努力，一套只有法律职业者才能够完全理解的“法律语言”被发展出来了。这套以法律概念和法律格言编织成的形式化语言既为法律职业共同体提供了一种“主体间”交流的基础，又以其形式化、专业化的特性把外行人（包括哲学家）排除在这一共同体之外。而“市民科学”实际上也正是通过使法律成为“用拉丁文表述”的形式化体系，界定和巩固着法律职业王国的疆域。

需要指出的是，这一时期的法学虽然是以研究罗马法为主，但这种研究活动其实是在“用旧瓶装新酒”。古罗马已经一去不复返了，适应于古罗马人的社会生活方式的法律和法学不可能在12世纪得到恢复。即使是最严格和最刻板的“注释派”法学家，也是在根据自己的“前见”来解释罗马法，为它赋予自己和自己的同时代人能够理解的含义。法律是一种“地方性”的知识，适应于不同时代、不同地域的人民的不同生活方式，而法学也不得不用“地方性”的表述来建构意义的世界。但是，社会经济和政治环境的变迁改变着人们

---

① 参见 Fritz Schulz, *History of Roman Legal Science*, Oxford, UK: Oxford University Press, 1953. p. 279。

② Donald Kelley, *The Human Measure: Social Thought in the Western Legal Tradition*, Cambridge, Massachusetts: Harvard University Press, 1990, p. 117.

的生活方式，同时也要求规范社会生活的规则体系作出相应的转变。随着人们交往活动的增加，缺乏“形式合理性”的地方习惯法已经无法满足调整社会生活的需要。于是，法学便借助罗马法这种“成文的理性”（ratio scripta）所提供的概念框架和理论架构来对习惯法进行系统性的加工。举例而言，腓特烈大帝统治时期的德国由于没有统一的中央政府和一体化的司法机构，罗马法无法借助立法和司法活动的力量渗透到社会生活中去，但法学家们还是根据从罗马法中抽象出来的理论框架整理出了《德意志明镜》（Deutschenspiegel）和《士瓦本明镜》（Schwabenspiegel）这两部习惯法规则汇编以及《萨克森明镜》（Sachsenspiegel）这部习惯法辞书。而在欧洲的其他地区，法学家们也都进行了类似的工作，或是把本土的文化因素注入对罗马法的整理之中，或是以罗马法所提供的形式框架来整合与提炼本土的规范性因素。

二、近代欧洲法律职业的兴起

促使近代欧洲法律职业兴起的原因是多方面的。首先，教会和君主国在争夺政治权利的过程中都需要巩固和壮大自己的官僚机构，这就需要大量掌握专业知识的人员；由于法律是西方传统上最具正当性的统治工具，受过法律教育的专业人员成为当然之选。其次，新兴的市民阶层为了维护自己的利益、保障自己的权利，也需要借助法律专业人员来为他们提供咨询，充当他们与政府之间进行谈判的中介人，并在政治和司法程序中代表他们的利益。再次，贸易和商业的繁荣要求有相应的法律来调整其中的复杂关系，以减少交易成本，同时也需要熟悉法律的专业人士来草拟合同、代写文书、充当中介人和仲裁者。最后，在中世纪后期，由于宗教与世俗权威的分离与对立已经日趋明显，原有的社会统治和管理机制的合法性开始动摇，这导致了社会的失序；而法律在管理复杂的多元社会方面的特殊优势使它成为社会需要的规范形态，相应地，法律职业者也便成为管理社会所必需的专业人员。[①]

在欧洲的政治和社会组织形式从中世纪向近代转变的过程之中，法律职业者起到了十分关键的作用。首先，法律职业者把教会本身变成了一个近代国家的雏形。“到中世纪后期，大多数主教，包括那些罗马教廷的主教，都成了法律职业者而不是神学家。”[②]这些担任神职的法律职业者彻底改变了教会的管理方式，他们使教会法体系成为一套以罗马法为蓝本的系统的、理性化的法律体系。[③] 其次，法律职业者们在各民族国家充当立法者、法官、行政官员以及公证员，使法律成为国家对社会实施控制管理的主要手段，最终催生了近代“法治国”（Rechtsstaat）的出现。除此之外，在13世纪晚期出现的“律师”这一职业群体代表商人争取和维护私人利益的活动构成了“市民社会”建构过程的一部分。律师借助法律这一社会各阶层共享的合法性资源参与权力的角逐，追求私利的动机使他们在这场角逐中站在了市民阶层的立场上。这样，在法庭这个竞技场上，市民阶层也有了自己的代言人。这表明市民阶层终于也有机会参与近代“法治社会”的话语形成（discourse formation），并在此过程之中培育和发展自己对抗国家权力侵袭的实力，最终把自己建构为一个具备一定自主性的共同体。

与近代法学发展的经历相似，法律职业的发展也经历了一个从普遍使用拉丁文和采用罗马法的阶段向“地方化”（localization）转变的过程。一位12世纪的教会法学家曾经说过，“凡是说拉丁语的

---

① 在《现代社会中的法律》一书中，昂格尔教授指出现代社会法律秩序产生的原因之一就是“多元利益集团”的出现。在一个像中世纪末期欧洲社会这样的传统权威体系解体的社会中，“没有一个集团在社会生活中永恒地占据支配地位，也没有一个集团被认为具有一种与生俱来的统治权力”。法律正是在君主、贵族和第三等级的斗争中取得支配地位的。用昂格尔教授的话来说，“就有关各方而言，法治，就像生命保险和自由主义本身一样，只是在恶劣环境中作出最佳选择的尝试”。参见[美]昂格尔：《现代社会中的法律》，吴玉章、周汉华译，中国政法大学出版社1994年版，第59~68页。

② William J. Bouwsma, “Lawyers and Early Modern Culture”, *American Historical Review*, 1973, Vol. 78, p. 309.

③ 参见[美]伯尔曼：《法律与革命——西方法律传统的形成》，高鸿钧等译，中国大百科全书出版社1993年版，第136~142页。

人都受罗马法的约束”。[①] 反过来，当时学习和研究法律的人也都不得不学习拉丁文。但是，法律毕竟是社会实践而不是书斋钻研的产物，而法律职业者也不得不使用本民族的语言。由于拉丁文毕竟没有成为欧洲的通用语言，而是恰恰相反：各民族国家都在极力保存和发展自己的民族语言，更重要的是，构成社会大多数的农民、商人和手工业者并没有机会接受系统的教育，因此无法掌握拉丁文这种“经院语言”，法律职业者也不得不成为“本土的”，而不是“拉丁化”的。特别是在法律最终与宗教分道扬镳，法律职业者成为一个拥有自己的行会的世俗“手艺人”群体之后，法律职业的本土化进程基本上也便完成了。[②]

在参与民族国家权力格局和统治方式建设的过程之中，法律职业者使自己成为西方“现代”统治秩序和相应的意识形态的主要载体。用戴维·舒格曼教授形象的比喻来说，“法律职业者是意识形态的重要零售商。例如，他们把委托人的筹划恰如其分地整合到一种总体性的社会生活秩序安排之中”。[③] 在现代西方社会中，最重要的意识形态就是所谓“现代性”(modernity)。在对“现代性”问题进行考察的过程中，哈贝马斯注意到：法律干预之幅度、范围和微细性的扩张，导致了一种向社会生活的不断“司法主宰化”(juridification)迈进的总体运动。而这便是所谓“现代化”过程的一个重要方面。[④] “司法主宰化”这一概念首先由德国社会民主派法学家胡果·辛茨海默(Hugo Sinzheimer)提出，随后为奥托·柯什海默(Otto Kirchheimer)所采纳和发展。柯什海默使用这一概念的本意是为了描述和分析法律在现代民主国家中所发挥的这样一种作

---

① 参见 C. H. Haskins, *The Renaissance of the Twelfth Century*, Cambridge, Massachusetts: Harvard University Press, 1927, p. 201。

② 参见 William J. Bouwsma, *Lawyers and Early Modern Culture*, American Historical Review, 1973, vol. 78, p. 315。博斯玛教授举例说，在文艺复兴时期的佛罗伦萨，律师和公证人(两种当时最典型的法律职业者)的行会具有非常强大的势力，它的主要领导者是整个行会系统的荣誉首领。

③ David Sugarman, Simple Images and Complex Realities: English Lawyers and Their Relationship to Business and Politics, 1750 - 1950, *Law and History Review*, Fall 1993, Vol. 11, No. 2, p. 291.

④ 参见 Jürgen Habermas, *The Theory of Communication Action*, Vol. 2: Lifeworld and system, Boston, Massachusetts: Beacon Press, 1985, p. 356-373。

用:国家通过把所有政治和经济上的冲突都付诸形式化的法律规制,找到一种"中立化"秩序的产生和维护机制。[①] 哈贝马斯是在批判的意义上借用这一概念的,他认为国家借助法律来干预社会生活的各个方面这一过程限制了个人和社会群体决定自己事务的可能性,从而威胁到市民社会的进一步"拓殖"(colonization)。通过参与并主宰这一过程,法律职业者成为现代西方社会政治话语的主要生产者,他们把日常话语转化和重构为"具有普遍适用性的法律话语。在这个意义上,法律是一种元语言(meta language)"。[②] 作为法律这一"元语言"的诠释者,法律职业者群体获得了把自身建构为一个独立的、享有很高社会地位的"职业共同体"的权力。

三、法学作为一种职业

在西方历史上,法学一直是作为一种"理论性"的法律实践活动而存在的,而法学家向来都是法律职业群体中的一员。之所以要强调法学的"职业"属性,乃是因为这在很大程度上决定了西方法学的技术化特性和它与法律实践经验之间难以割舍的关系。我们知道,哲学最初的含义是"追求智慧",它的发展动力是不愁生计的有闲阶层探索自然和人类生活奥秘的欲望。而作为一种职业的法学则是法学家取得生活和事业资本的一种手段,是对既有的社会规范的提炼和加工。如果说哲学和其他"科学"的主要目的是追求"真理"的话,法学的目的则是追求"理解";它的作用是生产一套系统的和一般化的法律知识,从而为法律职业群体创造出一套公认的"意义"体系,把这个群体建构为一个真正的"共同体"。从西方历史上看,法学家的主要职业活动包括:

1. 通过对社会中现有的规范性因素进行收集、概括和总结,创造出一套抽象的法律概念和法律原则,从而为法律实践活动或法律

---

① 参见 Otto Kirchheimer, Politics, *Law and Social Change: Selected Esssays of Otto Kirchheimer*, edited by F. S. Burin and K. L. Shell, New York: Columbia University Press, 1969。

② M. Cain, *The General Practice Lawyer and the Client*, in The Sociology and the Professions, edited by R. Digwall and P. Lewis, London, UK: Routledge and Kegan Paul, 1983, p. 111.

职业活动提供一套共享的符号体系。这种职业活动与哲学家和政治理论家建构概念体系的活动不同，它是“一般性的”（general），但却不是“思辨的”（speculative）。[①] 法学家们所从事的主要工作是从经验，从特定的案件、事件和问题中推出有现实效果的结论，并把这些结论整合为一个系统化的知识体系。在法学的国度里，“人”“物”和“行为”这些日常生活和社会理论中的核心概念都被赋予了特殊的含义，这种含义服务于法律归类体系（legal classificatory system）的目的，具有便利法律职业活动的特点。正像法学家们所指出的那样：

“人”（person）的法律概念有别于这一名词的通常含义。“人”和“个人”（individual）不容混淆。并非每一个“个人”都是法律上的“人”。“人”是法律权利和法律义务的主体。换言之，他们“能够拥有财产，能够声称自己的权利并承担义务”。[②]

……（在法律科学中），“物”（things）并不是指一种自然客体，而是一种维持生存的物质手段，一种与某种生产方式和产权制度相联系的财产。[③]

法律上的行为（act in the law）……是一种旨在产生某种法律所认可的结果的人类意愿的表示。这种意思表示可以借助书面或口头语言表达的形式，也可以表现为某种外在的行为（比如交付一个物品、占有一片土地等）；它还可以具有一种完全被动的性质（沉默、有意的默认等），但它无论如何都应当表明出自行为者本人的明确

---

① 凯利教授指出：“（古罗马的）法学家表现出对政治理论的不信任，一方面因为它是争论不清的，另一方面则因为它带有非专业化的哲学特性；法学家不得不把注意力集中在罗马历史上经过无数代积累而成的法律习惯上，而且不得不只关注私法和中观（middle range）社会问题这一层面。……或许，我们理解他们所带来的知识‘革命’的唯一途径就是注意观察语言的转化、技术术语和论辩方式的发展以及他们使法律知识和法律程序系统化的努力。”参见 Donald Kelley, *The Human Measure: Social Thought in the Western Legal Tradition*, Cambridge, Massachusetts: Harvard University Press, 1990, p. 45。

② Charles Phineas Sherman, *Roman Law in the Modern World*, Vol. 2, Boston, Massachusetts: The Boston Book Company, 1917, p. 23.

③ Donald Kelley, *The Human Measure: Social Thought in the Western Legal Tradition*, Cambridge, Massachusetts: Harvard University Press, 1990, p. 8.

意图。[①]

通过创造出这样一套既不同于日常语言，又的确来自法律实践经验的语言，法学家为法律职业共同体打下了一个基础。

2. 仅仅提供一套概念体系尚不足以维持法律职业共同体的身份认同（identity），因为一套统一的语词并不会必然导致一种共享的"意义"（meaning）。法学家恰恰在解决这一问题上发挥出有目共睹的作用。他们是法律的"解释者"、法律"意义"的生产者。法学家充当这种角色的历史仍然可以追溯到古罗马。在查士丁尼的《学说汇纂》中，我们可以找到这样的语句：市民法是"以不成文形式由法学家创造的法"；市民法是"只存在于法学家的解释之中的、不成文的"法。[②] 如果我们不把法律解释仅仅视为一种司法活动，而是看成一个法律"意义"的社会建构过程的话，就会发现：法学家的解释活动是维系法律职业这个"意义共同体"或"解释共同体"的重要力量。这不仅是指法学家的理论著作有时会被官方正式认可为一种"法律渊源"（例如，在罗马帝国时期，奥古斯都皇帝首先规定某些著名法学家可以根据他的授权而解答法律问题，他们的解答对法官具有约束力；[③]而到了 426 年，塞维鲁皇帝更颁布著名的《引证法》，规定帕比尼安、保罗、乌尔比安、盖尤斯和莫德斯汀等五位法学家的著作具有法律效力[④]），更是指法学家的智识努力和理论建设为法律职业活动提供了一种可供整个法律职业群体利用的知识资源。

3. 除了进行理论建构工作外，法学家还充当着传授法律知识和法律技术的教师。即使在从事这一工作时，法学家作为职业者的特征也十分明显：他们所培养的不是一般意义上的"知识人"（intellectuals），而是法律职业者；而他们所讲授的也不是某种外在

① Ernest J. Schuster, *Principles of German Civil Law*, Oxford, UK: Oxford University Press, 1907, p. 80.

② 转引自［意］朱塞佩·格罗索：《罗马法史》，黄风译，中国政法大学出版社 1994 年版，第 102 页。

③ 参见［意］朱塞佩·格罗索：《罗马法史》，黄风译，中国政法大学出版社 1994 年版，第 342 页。

④ 参见 Donald Kelley, *The Human Measure: Social Thought in the Western Legal Tradition*, Cambridge, Massachusetts: Harvard University Press, 1990, p. 42。

的客观知识，而是自己也参与其建构的法律职业共同体的“行业语言和技能”。16世纪英国法学家爱德华·柯克的经历就很能说明这一点。柯克于1552年出生，曾就读于剑桥大学三一学院。彼时剑桥正是清教与英国国教冲突的风暴中心。此后，他又在内殿（Inner Temple）律师学院接受法律职业训练。从14世纪开始设立以来，律师学院（Inns of Court）就在英国政治和法律舞台上扮演着重要的角色，提供一种有意不关注大的知识背景的专门职业训练。这种训练起到了两个作用：一是使英国的政治和法律制度免受来自欧洲大陆的、时常借助罗马教廷来传播的罗马法继受浪潮的影响，保持相当强的政治独立性，这种独立性的突出表现就是普通法作为英国王室法院所主导发展的法律体系的独立性①；二是培育出了一个由“最没有学问的知识人”所组成的法律职业群体。② 我们都知道普通法国家的“学徒式”法律教育所带有的职业特征，其实，这种特征也存在于欧洲其他国家的法学教育中，只不过程度有所不同而已。以法国的法律教育为例：在中世纪，法国大学中的法律教育单位叫作“市民法与教会法系”，主要教授罗马法的基本概念和原则，而当时的教会和国家也正是根据罗马法的原理来实施管理的。法国的近代法学教育始于路易十四统治时期。为了巩固君权，路易十四对法国的法律体系进行了深入的改革：主要是强调法律的民族特性，要求把法兰西民族固有的法律文化吸收到国家正式法律制度中来。1679年4月，国王发布了“圣热尔曼法令”，要求在大学法律系中讲授法国法。到了拿破仑统治时期，法国的法学教育开始进入近代的第二个发展时期。归入《公共教育法典》的1802年5月1日法律教育法令要求对全国的大学法律系进行全面的改

---

① 参见 F. W. Maitland, *English Law and the Renaissance*, in Helen Maud Cam (ed.), Selected Historical Essays of F. W. Maitland, London, UK: Selden Society at the University Press, 1957, p. 145。

② 参见 Sir Charles Ogilvie, *The King's Government and the Common Law*, 1471－1641, Oxford, UK: Basil Blackwell, 1958, p. 20：“不足为奇的是，在被柯克正确地称为‘人造理性’的技艺中浸淫得如此细致深入和如此长久之后，产生的必然结果就是律师成为伊拉斯谟所说的‘最没有学问的那种知识人’（the most unlearned sort of learned men）。他们（或者说他们中最杰出的那部分人）娴熟地掌握了法律程序和诉争技艺，但除此以外所知甚少”。

革，在全国设立10个法学院（Ecoles de droit）。而构成《拿破仑法律教育宪章》的1804年3月13日法律和1804年9月21日敕令更明确规定了法学院作为“职业学校”（école professionnelle）的性质，要求法学院主要讲授私法的理论与实务。到了1838年，由于近代社会科学的兴起和迅猛发展及其对国家政策的影响，当时的公共教育部部长德萨尔梵迪（de Salvandy）才任命了一个委员会来对法学院课程进行改革，引进了一些社会科学课程。直到今日，虽然法国大学的法律院系已经不再具有职业学校的性质，其本科教育作为基础人文教育而存在，而且法律系的毕业生不一定从事法律职业；但法学教育的内容仍然以私法学为主，辅以少量的公法学、法律史、法学理论和社会科学课程。[①] 通过传授操作和维护既定法律制度的知识和技巧，培养新一代的法律职业者，法学教育机构成为法律职业共同体中的人力资源再生产部门。

4. 法学家作为法律职业“道统”的传承者。正像许多古老的职业共同体一样，法律职业者群体已经发展出自身独特的传统。这不仅是指一些独特的技巧、仪式和行规，也是指一种职业性的道德自律。正是靠着法学家的研究、著述和“传道、授业、解惑”工作，法律职业的这种古老的并且不断更新的传统得以传承下来。作为一种确定的秩序，这种传统借助法学家的努力不断驯服着自身的随意性，使法律职业共同体的成员产生一种“限度感”（sense of limits）：他们必须与这种传统或秩序合拍，才能继续保持其成员资格。

四、法学的研究方法

一门“科学”采取什么样的研究方法，完全取决于它所试图回答的问题。在西方社会，由于法学家是法律职业共同体中的成员，试图解决和回答法律实践中出现的问题，因此，它所采用的研究方法必定是由法律职业的逻辑来规定的。但是，由于法律职业所面临的问题的复杂性，法律科学也不得不采用多样化的方法来处理不同情境中的不同问题。这种缺乏一种统一研究方法的状态正是法学的

---

① 参见 E. Carbonneau, *The French Legal Studies Curriculum: Its History and Relevance as a Model for Reform*, McGill Law Journal, Vol. 25, 1980, p. 445-477。

特征之一。它表明法学在很大程度上是一种“实践”，是面对不同的具体问题作出的理性分析。法学有其“形式化”的一面，①但它未曾也不可能形式化到可以用数学或形式逻辑来表达的程度。② 法学也有其“实用主义”的一面，但它却不是“就事论事”的。加利福尼亚大学伯克利分校的爱德华·拉宾教授在一篇专门为法学“定位”的文章中指出：

> 实际上，法学(legal scholarship)既有一种独特的主题(subject matter)，也有一种独特的研究方法……法学研究的主题可以归纳为一种内在的而不是外在的法律观……法律学者把法律作为一套被人们设计为一种意义体系的规范性述说(normative statements)来加以研究。……他们考察法律的内在结构和意义。……法律学者们采用的方法主要有两种：描述性的(descriptive)方法和规范性的(prescriptive)方法，这种区分来自休谟那十分著名的“实然”(is)与“应然”(ought)之分。③

他并未给出“内部观点”或内部视角的确切含义，但从其表述过程之中，可以看出这指的是“以法律职业者而不是哲学家或社会科学家的视角”来研究法律。而他所归纳出来的两种“研究方法”也完全是把法律规范体系和法律职业活动看成一种封闭的系统，法学家所做的事情就是描述这个系统的运作，并检修这一系统的故障。虽然这种“内部视角”论的确反映出了法学研究方法的一个重要特性，但是，“描述”和“指引”(prescription)很难被认为是研究方

---

① Holland曾经把法学定义为“关于实证法的形式科学”，参见 Thomas Erskine Holland, *The Elements of Jurisprudence*, 10th Edition, Oxford, UK: Clarendon Press, p. 13。还可参见 Joseph H. Drake, *Jurisprudence: A Formal Science*, 13 Michigan Law Review 34 (1914)。

② 参见 Cassius J. Keyser, *On the Study of Legal Science*, 38 Yale Law Journal 413 (1929)。

③ Edward L. Rubin, *Legal Scholarship*, in Dennis Patterson (ed.), A Companion to Philosophy of Law and Legal Theory, Malden, Massachusetts: Blackwell Publishing Ltd., 1996, p. 562. 拉宾教授进一步指出：所谓描述性的研究方法，就是对现实存在的法律规范和法律活动作经验性的表述和说明；而规范性的方法则是找出既有法律规范和法律实践中的不足，并开出解决问题的“处方”。但他未能说明所谓经验性的表述与说明应否以及如何做到“客观”，而规范性的研究方法又是以什么为标准来判断现实的缺陷，根据什么原理来找出解决之道。

法,它们只是表明了法学家的某种“活动”。

根据布赖斯勋爵的概括,法律科学的研究方法主要有以下四种:形而上的或先验的(a priori)方法;分析的方法;历史的方法;比较的方法。所谓形而上的研究方法,就是从权利和正义等抽象理念出发推导出一套法律概念和范畴的方法;其目的在于探讨和论证法律的价值,为法律寻找到一个人性和伦理的基础。分析的方法则关注于法律规则的内部结构,以逻辑为线索对法律术语和法律命题进行界定和整理,去除含混不清、自相矛盾的成分。历史的方法把法律视为一种在具体的时间和空间条件中不断演变和发展的文化产物,通过对具体法律原则和规范的含义作历史性的解释,可以揭示出任何普遍性的、抽象化的研究方法都无法发现的历史语境化的意义。比较的方法则是对各个民族国家的法律体系进行横向的比较,找出这些法律体系中的各种概念、原理、规则和制度之间的异同,一方面为理解和交流打下基础,另一方面则为改进本国的法律制度提供借鉴。①

根据坎托洛维茨和派特森的观点,法律科学中包含三方面的内容:关于现实的科学、关于客观或共享意义(Sinn)的科学以及关于价值的科学。这三方面的内容都可以在实践的层面得到体现:

一个律师向他的当事人解释说:(1)你的这个案子可以适用一部古老但仍然有效的法律,如果对这部法律加以适当的解释,你就可以胜诉;(2)但是,这部法律与我们现代的观念不符,因此是不公正的;(3)实际上,我恰好了解布朗法官,他会对法律做最狭义的解释,因此,你的官司肯定会输。这里,第一个语句涉及一种客观的意义,第二个语句涉及一种价值判断,而第三个语句则关系到现实状况。②

作为法律职业者的法学家在研究这几方面的问题时,便要从“实践理性”出发,分别根据法律职业共同体的经验、共识和公认的价值判断准则对它们作出解答。法学的经验性和技艺性来自法律

---

① 参见 Viscount James Bryce, *The Methods of Legal Science*, Studies in History and Jurisprudence, Oxford, UK: Oxford University Press, 1901, Vol. 2, pp. 607-637。

② Herman U. Kantorowicz and Edwin W. Patterson, *Legal Science—A Summary of Its Methodology*, 28 Columbia Law Review 679 (1928), Vol. 28, p. 679.

解决纠纷的现实需要；而法学的规范性也并不来自神学和哲学意义上的超验法则或第一原则，而是来自某种群体共识。这两者都需要面向经验的提炼和升华。因此，法学应当具有社会科学的向度，尽管实际上往往缺乏这个向度。

第三节　近代社会科学的兴起及其对法学提出的挑战

从19世纪上半叶开始，由于工业革命所带来的物质繁荣和生活方式的改变以及人口的激增，西方近代国家面临着前所未遇的社会问题。正像福柯所指出的那样，"随着我们称之为经济的那一个社会现实领域被分离出来，人们看到了人口所面临的特殊问题……人们终于开始摆脱主权的法律框架来思考、反思和计算政府的问题"；统计学开始揭示出"人口有它自己的常规，它自己的死亡率、发病率和稀缺周期"。① 在这种情况下，主要是为了满足国家管理社会的需要，同时也受到自然科学研究方法的启发，近代社会科学应运而生了。墨菲教授指出：

> 近代社会科学产生以及"社会"被人们以一种特别的方式建构为一个课题，这两者的关键都是经济理论和统计学的联袂出现。正是通过这两者从19世纪30年代到现在的联合作用，"现代"社会被带到了这样一种存在状态：除了少量形而上的残余外，对社会的理论想象已经与法律的语言和概念框架无关。②

在德国，传统的自然法理论与财政科学（Kameralwissenschaft）相结合，促成了社会或"国家"科学（Staatswissenschaften）的研究方法从理论性和法条化的方向向"实践性的、经济的和统计学的"方向的转变，并导致了"国民经济学"（National Okonomik）的产生。在苏格兰，法理学家和道德哲学家在采用新方法研究财产权利、财富

① Michel Foucault, *On Governmentality*, Ideology and Consciousness, no. 6, 1979, pp. 16-17.

② W. T. Murphy, "The Oldest Social Science? The Epistemic Properties of the Common Law Tradition," *Modern Law Review*, 1991, Vol. 54, p. 183.

和权力“进步”的过程中,发现了支配人类经济生活的“看不见的手”,从而导致了古典政治经济学的产生。在法国,立法和社会变革的需要导致法学家向政治经济学家求助。①

法学之所以无法满足变迁中的复杂社会的要求,乃是因为它是在法律这种人类自己创造的尺度内工作。法学只关注“与法律相关的”社会现实。它不关注未经法律过滤或裁剪过的社会现实,也无法提供研究社会现实的理论资源;用社会科学家的术语来说,它缺乏“实证性”(positivity)。作为一种法律职业活动,法学研究有助于维护既定的社会结构和社会秩序,却无法对社会的变革或转型提供理论上的指导。因此,虽然西方国家始终没有放弃以法律为主要统治方式的做法,但对法律制度的改革却是在经济学、社会学、统计学等社会科学的指导下完成的。法学随着被改造的法律制度而转变,在新的“人类尺度”内重新建构其理论体系。在工业革命以及随之而来的人口、经济组织形式和社会结构的“大转型”中,法学不是为转型提供指引的学科,而是在转型过程中被迫回应的学科。

与自然科学试图通过认识自然来控制自然的动机一样,社会科学发展的主要动力是一种根据科学规律来控制社会的欲望。19世纪的社会科学基本上只关心“工业社会”或“资本主义社会”的社会现实及其所面临的问题。从方法论上,早期的社会科学主要是模仿牛顿力学和达尔文进化论的模式,试图通过观察和实验收集基本经验素材,然后用数学这样的形式语言对这些素材进行因果性的逻辑分析,从而得出一些一般性的公理式命题。借助这些揭示客观规律的命题,作为“社会工程师”的决策者、国家发展计划制订者和管理者就可以制定出相应的法律和规则,从而对社会实施“科学化”的管理。在这方面,奥古斯都·孔德的人类知识进化论和“社会物理学”以及斯宾塞的进化论社会学是两个突出的例证。他们都把人类社会看成一个不断进化的机体,工业文明则代表着进化链条上的高级阶段,而通过实证性的科学来研究和控制社会与自然则是工业文明

① 参见 Donald Kelley, *The Human Measure*: *Social Thought in the Western Legal Tradition*, Cambridge, Massachusetts: Harvard University Press, 1990, p. 253-264。

的首要标志。① 这种“实证主义”的取向在19世纪一直主导着社会科学的发展，并通过“维也纳学派”的“科学统一性”②理论在20世纪继续保持着重要地位。由于这一类社会科学试图在人类社会中确立类似于自然规律的法则，人们通常把它称作“法则科学”（nomological science）。受其影响，法学界也产生了一种寻求社会生活之法则的思潮，最突出的代表就是德国法学家施塔姆勒。在出版于1906年的《经济和法律的历史唯物主义概念：一种社会哲学的考察》这部著作中，他试图完成“对社会科学之基础的认识论考察”，并且在社会生活中确立与自然规律相类似的恒常规则。他认为“社会生活是受到外部约束的人类集体生活”，而构成这种约束的就是某些客观的社会规则。他的主要观点可以概括为：

1. 人类的社会生活受到外部规则的约束，这些规则（包括法律在内）是使社会生活成为可能的条件；

2. 人与人之间的关系是根据对这种关系形成制约的规则来定义的；

3. 规则本身不受它所制约的生活和关系的影响。③

不过，德国的“精神科学”（Geisteswissenschaften）或“文化科学”为研究人和人类社会提供了一种不同的思路。这个以狄尔泰（Dilthey）、齐美尔（Simmel）和新康德主义哲学家为代表的学术传统强调人类精神生活的独特性，反对把人当成客体的自然科学研究方法，强调以人为研究对象的科学不能忽视人的主观意义，并且应当有其独特的研究方法来解释这种主观意义。马克斯·韦伯深受这种传统的影响，并且首次把关注主观意义的视角引入现代社会科

---

① 关于早期社会科学的实证主义特性，安东尼·吉登斯教授有极为精到的论述，请参见 Anthony Giddens, “Positivism and Its Critics,” *Studies in Social and Political Theory*, London, UK: Hutchinson& Co. (Publishers) Ltd., 1977, pp. 29-95。

② 所谓“科学统一性”（unity of science）或“统一科学”（Einheitswissenschaft）是指这样一种观念：自然科学与社会科学分享着同样的逻辑基础甚至是整个方法论基础。对这一命题的系统分析，请参见 D. Gillies, *Philosophy of Science in the Twentieth Century*, Oxford: Blackwell, 1993。

③ 参见 Rudolf Stammler, *Wirtschaft und Recht nach der materialistischen Geschichtsauffassung: Eine Sozialphilosophische Untersuchung*, Berlin und Leipzig: Walter de Gruyter, 1924。

学。他所创立的“理解社会学”（Verstehende Soziologie）试图为客观地解释具有主观意图的人类社会行动提供一个基本的理论框架。1907年，就在施塔姆勒上述著作的第2版发行之际，马克斯·韦伯在《社会政治与社会经济年鉴》上发表了一篇评论，题为《施塔姆勒对历史的唯物主义概念的“驳斥”》。① 在这篇文章中，韦伯对施塔姆勒的所有命题做了前提性的否定。他指出，施塔姆勒试图在人类社会生活中找出或建立客观规则的努力注定是徒劳无益的。在自然界，我们可以找到施塔姆勒所定义的两种规则或规律：一种是包含因果关系的一般性命题，另一种是衡量和判断过去、现在、未来事件的标准。但是，人类的行动毕竟不同于物体的运动。人类社会的因果律无法借由观察人类行动的外部特征而得知，而必须通过对行动之主观意义的理解和阐释来发现。韦伯认为，包括法律、习俗和常规在内的社会规则“既不是一种存在的形式，也不是一种‘知识的形式原则’”，因为其中包含的因果命题无法规定社会行动的因果逻辑。在他的定义中，“经验的法律秩序”是“被视为‘知识’的法律的经验存在，这种知识是行动准则形成过程中的构成性因素。这种知识，换句话说，这种‘经验的法律秩序’，是人类行动者之行动的一个限定。在某种程度上，它是一个‘障碍’。在这种意义上，当一个行动者有意图地行动时，他总是试图去把握它，他或是尽可能审慎地去违反它，或是使自己‘适应’它”。

值得注意的是，韦伯原本是一个接受过系统的法学教育的法学家，他从法学转向社会科学，本身便反映出了对传统法学研究方法的不满。韦伯通过其研究发现：人们的社会行动常趋向于某些具有“实际常规性”的规范，它们包括“习俗”“习惯”“常规”“法律”。这些社会规范之间的界限是流动的，它们可能同时并存，共同发挥着效力，我们很难区分是它们中的哪一种导致了某种特定的秩序。具体秩序的实现通常有三种方式：强迫服从、提供激励诱导资源服从以及让人们认可秩序的正当性并自愿服从。前两种方式都有赖于统治阶层持续使用暴力或提供激励，因此对该阶层的资源、能力和

---

① “R. Stammlers ‘Überwindung’ der materialistischen Geschichtsauffassung,” *Gesammelte Aufsätze zur Wissenschaftslehre*, in Johannes Winckelmann (Hrsg.), dritte ed., Tübingen: J. C. B. Mohr (Paul Siebeck), 1968, S. 291-359.

内部统一有着不切实际的要求；因此，唯有正当性能提供持久稳定的秩序保障。在社会生活中，人们常通过认可某种秩序之正当性（legitimacy）的方式来使之确定下来。人们通过传统、情感、价值合理性的信念以及立法来确立一种社会秩序的正当性。[①] 反过来，"一种秩序的正当性可能由两种主要的方式来保障：1. 这种保障可能是纯粹主观的，包括：（1）情感的：导源于感情沉迷；（2）价值合理的：取决于对秩序作为某种伦理、审美的或其他类型的终极价值之体现所具有的绝对有效性的信念；（3）宗教的：取决于对遵守秩序而获救赎的信念。2. 此外，一种秩序的正当性可能还（或仅仅）由对特定外在后果的预期，即由利益情势所保障"。[②] 在这里，我们似乎发现了一种循环论证：人们遵循某种他们自己赋予其正当性的规范，遵循的理由、赋予正当性的方式甚至正当性的保障方式都是人们的一些主观意图取向。其实，这正是韦伯理论的精髓所在。他向我们表明：社会规范是人们通过其行动创立出来的，体现着人们的主观意图，正因如此，对它的遵循和保障是与人们的主观意图一致的。而且，在历史性的社会生活中，规范和秩序的产生虽然是个人行动的结果，但却并非每一个人行动之结果的简单加总，而是一个社会中所有个人行动的共同结果。因此，对于某一具体个人而言，它具有一种不受其主观因素任意左右的"客观性"。这种"客观化"的规范和秩序，就是我们称之为"传统"的那种东西的一部分。如果单从法学的"内部"视角来看，是无法揭示这种丰富性和复杂性的。因此，马克斯·韦伯区分了法学的法律观和社会学的法律观：

当我们谈到"法律""法律秩序"或"法律命题"时，必须密切注意法学的法律观与社会学的法律观之间的区别。如果采取前一种法律观，我们就会问：什么具有法律那样的内在效力？也就是说，按照正确的逻辑应当赋予一个具有法律命题之形式的语词范式以什

---

① Max Weber, *Economy and Society: An Outline of Interpretive Sociology*, in Guenther Roth & Claus Wittich (eds.), University of California Press, (second printing), 1978, Vol. 1, p. 36.

② Max Weber, *Economy and Society: An Outline of Interpretive Sociology*, in Guenther Roth & Claus Wittich (eds.), University of California Press, (second printing), 1978, vol. 1, p. 33.

么样的意义或规范含义? 如果采取后一种观点,我们就会问:由于那些参与社会行动的人们,尤其是那些产生一定社会影响力的人们,主观上认为某些规范有效并在实际行动中遵从这些规范的可能性,实际上发生了什么事情?①

法学家并不关心真正的现实,而只关心为法律职业所建构或试图建构的社会存在。他们无法发现社会中除法律以外还有其他类型的规则体系。而社会科学家或社会理论家则试图从社会行动者本人对规范的认识着眼,找出社会中现实存在的规范形态。

由于像韦伯这样的思想家的不懈努力,社会科学终于没有被自然科学完全吞噬,而是发展出了一套以“理解”和“解释”为核心的独特研究方法。到第一次世界大战爆发为止,取得独立地位并被划归到社会科学领域的主要学科共有五门:历史学、经济学、社会学、政治学和人类学。② 同样是以“人”和“社会”为研究对象的科学,法学为什么没有被纳入社会科学的学科阵营,而又能够保持独立的学科地位,其原因正像我们上面分析过的那样。或者,用华勒斯坦等人的话来说,这是因为:“一方面,大学里已经有了一个法律系,它的课程表与它培养律师的首要职能紧密相关。另一方面,注重研究普遍规律的社会科学家也以某种怀疑的眼光来看待法学。它似乎过于规范化了,太缺乏经验研究的根基了。它的各种法则不是科学的法则,它的背景似乎也太个别化了。”③尽管人们关于“知识”和“科学”的看法发生了巨大的改变,像法学这样在人为界定的自我限度内进行分析和研究的知识已经失去了学术上的地位,但法学仍然作为一种古老且仍旧重要的职业共同体中的成员而存在下来。虽然西方各国的法律院系都开设了社会科学的课程(特别是经济学和社会学课程),但它们并没有影响到法学本身的研究方法和问题意识。像“法律经济学”“法律人类学”“法律社会学”这样的交叉学科,其作用也是十分有限,只是使法律职业者和未来的法律职业者们明白:原来还有人这样考虑问题。而且,社会科学家和法学家对各自

① 同上书,p. 311。

② 参见[美]华勒斯坦等:《开放社会科学——重建社会科学报告书》,刘锋译,生活·读书·新知三联书店 1997 年版,第 16 页。

③ 同上书,第 30 页。

的角色都有非常清醒的认识。社会科学家并不要求法学家贡献一般性的社会理论(当然,如果某位法学家做到了这一点,他们也会热情地欢迎);相反,任何有雄心对西方社会进行全面研究和反思的社会科学家都躲不过法律问题,在涉猎这一专业领域时,他们还不得不作为外行向法律专家讨教。另外,法学家也甘于在法律职业所设定的限度内从事研究和教学工作。他们的著作自有法官、律师和法科学生来阅读,他们也很愿意看到自己的学术活动促进了法律职业共同体的共识。

第四节 结论：中国法学的困境与出路

以上所论述的西方法学的独特性丝毫不能为中国法学的封闭性提供合理性证明。恰恰相反,通过上面的论述,我已经说明:(1)在近代社会科学的冲击下,西方法学之所以能够保持自己的"自主性",完全是因为它有着制度性的保障。这种保障一方面来自法学家在法律职业共同体中成员资格以及法律职业共同体所享有的"自治权",另一方面则来自国家和社会两方面对法律及其相应支持性资源的普遍认同。(2)法学在建构和维护法律职业共同体的"同一性"方面发挥了很大的作用。(3)作为一种主要的统治方式,法律在影响和塑造社会方面起到了很大的作用,所以,"法学家的法律观"虽然与社会现实之间存在一定差异,但这种差异在很多情况下是比较小的。正是以上这几方面的原因,为西方法学保持其较为封闭的规范式研究路径提供了正当性依据。

以此反观中国法学,我们发现它正处于腹背受敌的困境之中:一方面,中国的"法律工作者"还远远未能形成一个具有共同知识、权力和利益资源的"共同体",而法学也没有能力贡献出一套为"法律工作者"所共同接受的知识体系,因此无法促成"共识"。相反,法律的"实践者"对法学界多有责怪,认为法学家们根本不了解司法运作过程中的实际情况,他们的理论对实践少有助益。另一方面,学术界对法学也多有抨击,认为法学家们是在闭门造车、"自说自话",对当今社会科学发展的基本动态缺乏了解,对中国学术的

“知识增量”殊少贡献。由此观之,中国法学若想改变目前的窘迫处境,非得在研究方法和角色定位上寻求改变不可。

要想促成一门知识的进步,首先必须了解这门知识目前的局限性。因此,在探讨如何促进中国法学界的知识进步时,我们必须首先探讨中国法学知识的局限有哪些。照本人的理解,这些局限包括:(1)作为一个有着悠久历史的文明古国,中国社会中存在各种“自生自发”的规则和秩序,这些规则和秩序是“法学家”的法律观所无法发现的。但它们对中国人生活的影响却不亚于国家的法律,而它们与国家法律之间更存在冲突和互动。(2)源自西方的法律和法学对中国社会的建构作用还甚为有限。如果法学只注意对法律条文和法律制度的研究,则无法关注到法律在中国的实际运作情况。(3)中国的法律职业者尚未形成一个自治的共同体,中国法学也尚未得到法律实践者的认同和支持。因此,中国法学家坚持“从法律内部来研究法律”的方法缺乏正当性,必须到中国社会的现实中去寻找自己的根基。(4)即使是在学习西方法方面,中国法学所取得的成绩也是很难让人满意的,往往是得其形而忘其神,甚至连形体也支离破碎。这使得中国法学可以诉诸的资源变得极为有限。

以上这些局限性有些是由中国法学的研究方法决定的,有些则是由中国法学家的角色定位导致的。其中前三种局限性都可以借助社会科学(尤其是社会学)经验研究的方法予以克服。而最后一个问题则源于中国法学界始终不肯承认中国现代法律来自西方,不肯正视现代化与学习西方之间的必然联系。

由于历史的不可回复性,我们不可能历尽所有逻辑上可能的世界。我们无法重演前代的历史,以检验传统的生活方式是否更为令人满意。无论如何,我们现在是处于现代化的进程之中了,而“现代”又的确是以欧洲历史上发生的一些事件及其所带来的后果为标志的。现在,我们所面临的现实问题并不是学习西方好不好,而是学习西方是否可能以及如何学习。要回答这些问题,我们必须对中国社会的现实进行深入的研究,了解中国社会固有的资源。同时,既然“法治”是我们当前所能设想的一种较优的治理社会的方式,我们就必须追本溯源,研究西方社会法治形成的历史,学习建立和保障这套制度结构或过程的经验。这两项工作都不是“法学的”教条式研究方法所能够胜任的。也许，通过这两方面的知识努力，我们最终能够找到一种与中国社会相契合的秩序形成机制：它可能是法治，也可能不是法治。不过，可以肯定的是，如果中国法学不走出目前这种封闭的、没有根基的状态，它在这一过程当中就无法发挥任何作用。

第二章　再问法学是一门社会科学吗？
——一个实用主义的视角

法律是一种社会事实，同时又是一种按照人的主观意图来调整社会事实的规范。以法律为研究对象的法学也同时具有这两种形态：一种是将法律作为一种社会事实来加以观察和描述，是为社科法学（或采用外部视角的法学）；另一种是将法律作为一种逻辑上自洽且完备的规范体系来加以解释和分析，是为法教义学（或采用内部视角的法学）。本章以借鉴波斯纳的实用主义方法来分析两种法学研究方法的社会语境和功能，强调：理解法律与在法律中行动密不可分，一个社会的生存现实决定它的法律，而法学家创造关于法律的理论。如果这种理论能够反映这个社会的现实，包括这个社会形成自身稳定秩序的规范事实和这个社会中的人民追求美善生活的价值事实，那么它便能够成为对这个社会有用的理论。从这个意义上讲，法律是被逻辑规整过的经验，也是一种被经验浸润过的逻辑。与这种法律相契合的法学既是一种用逻辑来规整经验的规范科学，也是一种用经验来滋养逻辑的社会科学。

第一节 引 子

1998年,我在《北大法律评论》创始号上发表了一篇文章,题目是《法学是一门社会科学吗?》。这篇文章的问题意识是这样形成的:当时,刀制(法制)与水治(法治)之争刚刚以后者的胜出而暂时告一段落,各部门法学都产生了修造围墙,在墙内精耕细作的需求。用陈兴良老师的话说,是挖深"专业槽"。而法理学则亟待走出"法的基础理论"的空洞概念框架,去研究部门法的基础问题。被归入法理学学科的法社会学在苏力教授推动下,正如初生牛犊不怕虎一样,试图解构各个部门法中的本质主义或"原教旨主义"内核。我是法律史专业出身的,自然而然对这种知识图景有一种历史反思的意识。同时,在北大法社会学的大背景影响下,我也试图解构部门法学用概念或"行话"装扮起来的尚有欠精雕细琢的门庭,将其去神秘化。

由此产生的问题意识是:从西方土壤里移植而来的现代法律体系在原来的土壤里是如何萌生和壮大的?这一套"地方性知识",随着工业革命的完成和殖民主义"发现新大陆"的努力,以及旧文明被武力征服后甘愿成为"新大陆"后对这种知识谱系的自觉接受,已经俨然成为"现代"社会的普适价值,这是一个不争的现实。因此下一个问题是:在中国,在这个通过"哪吒式"的割肉剔骨还诸父母而与自身文化母体割裂开来的新兴现代国家,法学的当下性质是什么?是对德国或美国式法律技术与学说的移植和本土化培育,还是一种寻找"另类现代性"也就是打造中国特色社会主义法学的努力?要回答这个问题,就不得不借助社会科学,包括现代史学的研究方法,去描绘地图、勘探地基。换句话说,如果我们不了解"关于法律的"社会图景,就无法确立"法律的一般理论"。因此,我认为,在当时,20世纪末的中国,法学不得不是一门社会科学。

不仅一个社会接受何种规范为正当、一个社会中的民众依循何种规则而行动这类问题本身是关乎事实而非规范的问题,就连试图对这些问题作出回答的学科体系也是关乎事实的,因此是因时因地而异的。凯尔森虽然强调法律与政治和道德的区分,并试图建构出有别于社会科学和伦理学的“纯粹法学”,但他搭建的整个法律体系大厦的基础却是作为社会事实的基础规范,也就是一个社会大体上认同何种规则体系这一事实。在新康德主义的传统中运思,凯尔森在赋予这一事实“基础规范”的重要地位后,就可以将它抛开,转而专注于建立在这一基础规范之上的法律规则体系。当然,这是以奥地利“法治国”的基础社会事实为前提的,凯尔森本人也亲自参与了奥地利宪法法院的创设并担任该法院的首届法官。以基础规范统摄宪法,以宪法统摄其他法律,从而将法律体系塑造成一个既区别于政治和道德也区别于事实的规范体系,决定这种努力能否成功的,恰恰是一个社会在多大程度上认可这种努力的正当性。这本身是一个经验事实问题。如果当时当地的社会事实所支持的基础规范是:法律不是也不应成为一个自治的、由法律人控制的场域而应当是一个由普通人共同参与的事业,法律的自治性只会强化法律显贵对社会事务的控制而无益于人民的福祉;那么,这个社会便不会为专事研究法律规范之形式完备性的法学提供适宜的土壤,法学更可能不得不引入关注经验事实和政治考量的外部视角。即使在一个法律人主导了政治话语权的“发达法治社会”,对法律人所主导的治理话语的质疑也会是一个永恒的话题,比如美国宪法学领域中质疑最高法院合宪性审查之正当性的“反多数主义难题”讨论。这种永恒的张力表明,对法律的社会科学研究比起对法律的规范品质研究更加基础,法教义学必须以社科法学为基础,而不是与之相对立。

不过,从社会分工和角色伦理的角度来看,法律人强调法律思维的独特性是有其正当性的。实际上,从我在北美和我国香港特别行政区多年游学和教学的经验来看,法治程度越高,典型的法律人越具有一种自我选择的、规训而成的偏狭眼光。他们不是不知道社会的复杂性和政治权力运作的策略性,而是有意将对这些复杂问题的考量排除在自己的专业活动之外。在一个总体上认同法治的社会,这种“偏狭”不仅不会被认为是“很傻很天真”,反而会被看成专业素养的体现。比如我国香港特别行政区的法律教育(包括香港大学的精英法律教育)与法律职业在观念上高度同构,不具有批判和超越的潜质。这在政治秩序基本稳定、经济生活有序进行的时代甚至是一种优势。但在大的政治环境发生巨变的情况下，比如 1997 年 7 月 1 日中国恢复对香港行使主权从而使香港的普通法体系不得不在中国的宪法秩序中运转之后，这种狭隘的法律教育和由此导致的司法判断方式便陷入无法自我调适和自我纠偏的困境。

其实，法律人不考虑政治和社会因素的另一个原因是，法律已经成为这些社会政治权力运作和社会关系的形式化框架，法律塑造着社会。法律职业人士也因此被视为“社会工程师”（social engineer）①。即使尚未被法律所驯服的领域，也处在阴暗的角落和边缘地带，自然可以不进入法律人的视野。法律归根结底是以国家强制力为内核的政治权力表达自身的方式。政治权力如果还没有被规训到法律框架之内，对法律形式的研究本身便无法告诉我们法律实际上的作用方式。

正因如此，法的内在视角与外部视角之争聚焦在宪法领域。宪法是最后一个“司法化”的法律部门，因为宪法归根结底是政治法，是“国家法”。宪法的司法化意味着将“国家大事”的最终决策权交给少数精英法律人，这在一个法律人不享有极高的社会信任和社会尊重的国家是不可能办到的。即使在一个这样的国家，比如美国，质疑最高法院合宪性审查权威的声音也从未消停过，“反多数主义难题”一直是美国宪法学上的终极难题。由此可见，以美国宪法或德国宪法的实施机制为唯一正解、主张非如此便无法实施宪法的“留学国别主义”宪法教义学是无助于我国的宪法事业的，甚至也无助于全面理解美国或德国宪法实施机制如何发生、如何在各自的政治和社会语境中稳固和变迁以及实际上如何运作。要理解这些真正具有比较和参照意义的因素，我们就需要进行宪法的社会科学研究，包括宪法史学、宪法政治学、宪法经济学和宪法社会学。正如苏力教授所言，“作为制度的（有别于作为法律的）宪法的基本功能是以社会共同体为基础构成政治共同体，即国家，并通过国家各种正式制度的安排及其产出的公共品增强共同体的政治文化凝聚力”。② 由普通法院或宪法法院实施的作为法律的宪法在我国历史

---

① 参见 Karl Llewellyn, *Bramble Bush*, New York: Oceana, 1930, p. 146。

② 苏力：《文化制度与国家构成——以“书同文”和“官话”为视角》，载《中国社会科学》2013 年第 12 期，第 78 页。

上并不存在，但作为制度的宪法却由来已久："在世代的文治实践中，他们会逐渐形成并分享一种对中华文明而不是对某个皇帝或王朝的政治文化忠诚和职业伦理，他们会分享相近的价值判断、工作程序和制度环境，并因此实际形成一个以政治治理和管理为天职的职业化、专业化的政治文化精英共同体。"①直接借助以经验事实和数据为素材的社会科学方法，我们才能找到自己的宪制传统和宪制经验。

本章并不尝试从事这样的工作，而是试图阐发这种工作的意义，因为其意义并未被我国法学界所公认。也因为缺乏这种共识，本章选取了一位具有极大影响力的美国法官也是法学家的言说来论证对法律进行社会科学研究的重要性，而不是借助中国学者（比如苏力）的研究范例来进行此种论证，因为我国大多数法律学者仍然认为西方（尤其是美国）的做法才是有效仿价值的。当然，在展开此种论证之前，我需要说明：我本人并不同意这样一种"自我东方主义"的立场假定，正如经济发展水平一样，世界各国的法治发展水平也不一样。作为经济和法律双重意义上的发展中国家，我国应当虚心向"法治发达国家"学习。实际上，我同意已故的新加坡政治家李光耀的一个说法："美国人认为他们的理念——个人至上以及自由的、不受限制的言论——是普适的。但它们并不是普适的，从来都不是。实际上，美国社会之所以保持了如此长时间的成功，绝不是因为这些理念和原则，而是因为一种切切实实的地缘政治上的幸运：丰饶的自然资源和移民活力，从欧洲慷慨流入的资本和技术，以及两个将世界其他地方的冲突隔绝在美国海岸之外的大洋。"②理念与制度不是一回事，制度与其社会效果也不是一回事，这三者之间或许并不存在因果关系。我们看到一个国家的成功，往往喜欢去追问其"制度上的原因"，而这种追问往往找到的是关于制度的叙事（理念），而不是经验现实中的制度本身。这种双重偏离使我们看到

① 苏力：《文化制度与国家构成——以"书同文"和"官话"为视角》，载《中国社会科学》2013年第12期，第81页。

② Lee Kuan Yew, "Global Viewpoint" (September 1995), in Han Fook Kwang, Warren Fernandez, and Sumiko Tan (eds.), *Lee Kwan Yew: The Man and His Ideas*, Marshall Cavendish International (Asia) Pte Ltd., 2015, p. 206-207.

他者的镜像，并用这种镜像来反观自己，不去问自己有什么，而是问自己缺什么。实用主义的方法摒弃了这种理念先行、用理念指导实践的迷思，找回了知与行之间的统一，因此更有助于我们摆正外部视角与内部视角之间的关系。①

第二节　波斯纳的告诫

在“法和经济学”运动的发源地芝加哥大学，面对一群抱着朝圣心态的中国听众，《法律的经济分析》一书的作者波斯纳竟泼下了一盆冷水：“各位需要思考一个问题，在中国是否存在能够容纳对法律进行经济分析的制度结构和法律文化”。对这个问题，在场的多数中国“法律人”给出了肯定的回答。但自承对中国所知甚少的波斯纳法官不以为然，他认为，在中国的政治文化中，“实用主义风格的司法部门，或者至少是特别倾向于实用主义的司法部门是不可取的”。他的正面建议更加惊人：“对其而言，更好的选择是保持抽象和形式主义，而实质上远离实践性和实用主义的考量。”②要知道，在许多人眼中，波斯纳是法律形式主义（他更喜欢称之为法教义学）的猛烈抨击者。他最常引用的前人警句就是霍姆斯大法官的“法律的生命从来不是逻辑，而是经验”。③ 远的不说，就在这篇演讲词中，他仍把以斯卡利亚大法官为当代代表的形式主义作为主要批判对象。在他看来，自己所采取的实用主义方法与形式主义的主要区别就在于：后者出于“拼命寻求确定性”④的意图，试图为法律找到某些不以当下决策者的意志为转移的前提性规则，这些规则往往包含在确定的权威性文本（比如宪法、制定法和判例）之中，它们

① 参见［美］约翰·杜威：《确定性的寻求：关于知行关系的研究》，傅统先译，上海人民出版社2004年版。

② ［美］理查德·波斯纳：《法律经济学与法律实用主义》，陈铭宇译，载《北大法律评论》2013年第1期，第4~12页。

③ Oliver Wendell Holmes, *The Common Law*, Boston: Little, Brown, 1881, p. 1.

④ 这里借用的是一本书的名字，作者是波斯纳的实用主义同道：Daniel A. Farber and Suzanna Sherry, *Desperately Seeking Certainty: the Misguided Quest for Constitutional Foundations*, University of Chicago Press, 2002。

可以被准确地、合乎逻辑地“适用”到具体案件之中；而前者则出于对风险和不确定性之不可避免性的承认，试图寻求一种审慎的、注重后果的判断标准和行为准则。既然他本人义无反顾地选择了前者，他又为何把后者推荐给中国法律人呢？难道他是出于美国人的傲慢认为中国只配享用次等的方法？或者他认为以法律的经济分析为方法之一的法律实用主义带有鲜明的美国特色，搬到中国就会变味儿？又或者他信奉方法论上的多元主义，认为不同的方法各有价值，而法律形式主义更适合中国？波斯纳是美国联邦法院系统的一位法官，他的主要论辩和说服对象是其他美国法律人，而他本人也从未宣称自己了解中国。所以，要用波斯纳所期待的方式（实用主义的方式）来理解他，就需要在中国语境里来理解法官的效用函数和行为模式，然后再判断经济学分析方法是否可能以及是否有必要进入中国法官的“工具箱”。

其实，波斯纳的这个建议与他一贯的立场尤其是最近一段时期的立场是完全一致的。也就是说，即使面对美国法律人，他也主张法教义学（doctrinal legal methods）在多数情况下是能够带来好的效果的。他认为：“好的实用主义法官，我们知道，都不是短视的实用主义者。他不是哲学实用主义者。……在我们的制度中，法官同时在内在和外在约束下运作。信奉法教义学的法官如此，实用主义的法官也如此。”[①]通过提出“受约束的实用主义”这个概念，波斯纳实际上改变了对付法教义学的策略：不再试图打败它，而是宣称它自古以来就是实用主义王国中的一个行省。

此外，波斯纳向中国法官推荐法教义学还有发展理论方面的考虑。他提到了“法律与发展”文献中对具有“较弱法律基础设施（weak legal infrastructure）的发展中国家”为何应适用规则而不是“标准”的解释：“如果法律由精确的规则而不是散漫的标准构成，解释裁量权的范围就能得到限制，司法腐败和司法无能也能得到控制，因为判断法官适用规则是否正确比判断他适用标准是否正确来得容易。”[②]

---

① ［美］理查德·波斯纳：《法官如何思考》，苏力译，北京大学出版社 2009 年版，第 230 页。

② 同上书，第 958 页。

这一看似狡诈的策略实际上并不违背波斯纳先前的思路。在20世纪80年代初的一篇文章中,他指出:对于判断和行动而言,重要的是"视角(perspective),而不是理论(theory)"。[①] 理论在意自己的内部逻辑一致性和体系完整性,而视角只重视情景化、背景化的妥帖性,看重直觉和洞见。一种视角可以同别的视角交叉、重叠,抑或将其他视角吸收、涵盖。正是因为他把"法和经济学"与"法教义学"看成不同的"视角",所以他认为两者可以交叉与重叠。同时,他认为法律不是一套概念,而只是法官的行为。[②] 作为一种观察司法行为的视角,法教义学"认为职业主义和意识形态不会影响司法决策"[③],从而将这些政治、经济和社会因素排除在考察范围之外。实际上,波斯纳并不反对法教义学本身,而只是反对过于执着于此。他认为,对法律条文的教义分析是而且应当继续是法律学术的核心。[④] 不过,他指出:"当教义分析者走出条文辨析的狭隘空间,进入政策分析的领域之后,他们缺乏社会科学训练的背景就会把他们引入误区"。[⑤] 由于法官必须在短时间内作出判决,所以人为地限定信息量有时是不可避免的选择。波斯纳可能会赞赏德沃金所归纳出来的"联立方程式问题"(the problem of simultaneous equation)[⑥],尽管他一定不会同意德沃金解决这个难题的方式。一个方程式中出现了几个未知数,就需要几个方程式来解。因此,受时间和资源约束下的决策者应当尽量限定引入的未知数数量,而不是不断引入新的未知数。法教义学其实为法官不得已的选择提供了一个很好的包装:本来是因为自己无法消化海量的相关信息(算力局限)而被迫只专注于法条,但却可以宣称自己是依照客观的、不

---

① Richard A. Posner, *The Jurisprudence of Skepticism*, 86 Michigan Law Review 827 (1987-1988), 829.

② Ibid., 891.

③ Lee Epstein, William M. Landes and Richard Posner, *The Behavior of Federal Judges: A Theoretical and Empirical Study of Rational Choice*, Harvard University Press, 2013, p. 2.

④ Richard A. Posner, *The Present Situation in Legal Scholarship*, 90 Yale Law Journal 1113 (1980-1981), 1113.

⑤ Ibid., 1115.

⑥ Ronald Dworkin, *Justice for Hedgehogs*, Belknap Press of Harvard University Press, 2011, p. 9.

以人的意志为转移的规则来行动。波斯纳未曾讨论过人工智能在法律中的应用问题，但他显然会同意：随着计算机算力的不断提升，人类法官在人工智能的辅助下处理海量信息的能力也会不断提升，因此法教义学的市场会越来越小。

尽管在策略上承认了法教义学的可取性，但波斯纳却从未放弃过对德沃金式的"一切法律问题都只有一个正确答案"或斯卡利亚式的"依法判决，不计后果"的质疑。他显然同意杜威的说法："实践活动有一个内在而不能排除的显著特征，那就是与它俱在的不确定性。因而我们不得不说：行动，但须冒着危险行动。"①作为一位法官，波斯纳罕见地热衷于"立言"，但他的言论在许多人看来具有挑衅性，往往掀起巨大的论战波澜。杜威所说的"人们之所以喜爱认知甚于喜爱动作，'安全第一'起了巨大的作用"②显然不能适用于波斯纳的特例。但作为法官的波斯纳与作为公共知识分子的波斯纳有很大区别，在两种角色间游刃有余而又不混淆两者的"角色伦理"，波斯纳的这种能力着实令人叹服。在司法判决中，波斯纳很少提出引发争议的论点。他的判词以中规中矩、紧扣法律规则作细致分析而著称。可以说，波斯纳在他的很多判决书中展现的都是法教义学的论证过程。

司法首先是一种实践过程、行动过程，而不是一个认知过程。司法决策会产生具有外部性的实际后果。虽然一份判决书可能在学术界受到赏玩或剖析，但其直接后果却是影响当事人的生活，并改变或大或小范围的社会关系格局。一份在法教义学的意义上几近完美的判决，其产生的社会后果却可能是极其糟糕的。在我国的法律圈子中，法官是"讷于言而敏于行"，他们必须在有限的时间内完成大量的司法工作；而法学家是"敏于言而讷于行"，他们往往对实际司法过程不了解甚至不想去了解，但热衷于用法律理论或条文去批评法官的工作，包括但不限于判决书。由于两者的生存保障和职业发展遵循不同的逻辑，隶属不同的系统，所以互不相扰，也互不买账。

---

① ［美］约翰·杜威：《确定性的寻求：关于知行关系的研究》，傅统先译，上海人民出版社2004年版，第4页。

② 同上书，第5页。

这种分工导致的偏好差异在功能分化的现代社会是一个普遍现象。在一次访谈中，波斯纳说道："判决意见是公共文件而公职人员不能像私人那样直话直说。存在一种既定的司法表达修辞方式，而法官必须依此来写作。他们通过避免过度坦诚来保护司法机构的权威。法学教授则不受这种顾虑的约束。问题在于他们乐于讨论的是法律教义，而不是司法心理学或政治科学。"[①]这段话的潜台词是说：法官佯装在所有案件中都是严格依法裁判，这是职责所在，无可厚非；但不受条条框框约束的学者们也不关注现实，一味地研究法条和判决书，这无疑是偷懒的做法。在我看来，波斯纳的这一批评可能忽视了法学教授的两个角色：教学和研究。从教学的角度上看，由于绝大多数案件都是在法律适用上有明确答案的案件[②]，而美国法学院的培养目标就是能够代理这类常规案件的律师，法教义学的训练方式完全符合这一目的。在美国，法学教授更多的是法律职业共同体的成员，是"学术法律人"（academic lawyer），而不是学术共同体的成员，不是社会科学家。多数法学家教授自我认同于这一角色。他们的学术产品旨在为法律职业提供意见和建议，为法律解释提供背景材料，为"自治"的法律系统修补围墙，防止经济学、社会学等"外来物种"的侵袭。但是，由于波斯纳等精英法学家的不懈努力，法律交叉学科的影响逐渐扩大，基于"实证研究"的论文越来越受到顶尖法学刊物的青睐。迫于发表的压力，有相当一部分中青年法学教授转向法和经济学等交叉学科研究。不过，由于美国法律职业与法律教育的高度耦合性，这种研究仍无法撼动法律共同体的核心利益及作为其支柱的法教义学知识体系。除了少数精英法学院（比如"除了法律什么都教"的耶鲁法学院）以外，更多的法学院仍然以传授教义分析（doctrinal analysis）为主。

---

① Eric J. Segall, *The Court: A Talk with Judge Richard Posner*, New York Review of Books, September 29, 2011, pp. 47-49.

② 波斯纳本人明确表示："现实主义者并不否认大多数司法判决都是法教义学的，唯最高法院的判决除外。"参见 Lee Epstein, William M. Landes and Richard A. Posner, *The Behavior of Federal Judges: A Theoretical and Empirical Study of Rational Choice*, Harvard University Press, 2013, p. 54。

由此可见，波斯纳对法教义学和社科法学的优劣没有本质主义的评判，因为它们只是不同的视角，其高低优劣之别体现在与不同场景、不同功能、不同语境的适配性上面。在大多数寻常案件中，法教义学是一种在有限时间、有限资源、有限算力的约束下做出决策的有效方法。但他同时认为："在法条适用上不确定的案件形塑着法律。"①尽管这类案件在所有案件中只占很小的比例，但它们挑战着现行法律的边界，推进着法律的发展。他援引爱德华·鲁宾的话说："这（不到 10%）的少数案件很可能代表着法律那拓展中的前沿，其中提出的争点决定着法律未来的轮廓。如果两个国家因为共享的边境而开战，我们不能说它们在 90%的程度上和平共处；相反，我们会说它们因为只占每个国家不到 10%的领土而卷入了 100%的战争。"②

或许波斯纳与法教义学者们的区别仅仅在于：是关注那 90%的常规案件还是那 10%的疑难案件？在面对那 10%的疑难案件时，是坦诚地宣布法官造法还是假装"依法判决"？波斯纳认为，面对风险和不确定性，法官不能假装自己掌握了绝对真理，用自己的内心确信来取代司法决策无法实现的客观确定性。不计后果追求"正义"的人很可能是机会主义者：他们为了一己之利（内心安宁、名声或其他）而不考虑整个社会的福利增减，正如那些拒绝内化自己行动的成本而只顾享受行动带来的好处的人一样。从这个角度来看，我们便很容易理解：为何貌似冷酷无情，用冷冰冰的行为科学语言而不是温情脉脉的道德话语来解析人类行为的霍姆斯和波斯纳，其司法哲学却呈现"如临深渊，如履薄冰"的审慎特质。

第三节　法学的认知开放性与法律的系统闭合性

由于波斯纳身兼联邦上诉法院法官、严肃学者和公共知识分子

---

① *The Behavior of Federal Judges*, p. 54.

② Edward Rubin, *The Real Formalists, the Real Realists, and What They Tell Us about Judicial Decision Making and Legal Education*, 109 Michigan Law Review 863, 873 (2011). 转引自 *The Behavior of Federal Judges*, p. 56-57。

三重角色,如果不引入一种对应于这三种角色的复合视角,我们便很难理解他学术作品中凸显的行为主义方法与司法判词中时常表现出的"法教义学"取向之间的张力。实际上,这种张力从一种社会科学的角度来看是很容易解释的。首先,正如布莱克斯通所言,"经验已经充分证明,如果说我们的诉讼中有100个是关于事实的争议引起的,那么便只有一个是因为法律上的争议而引发"。[①] 在大部分案件中,只要搞清楚了事实,适用法律是很简单的事情。也就是说,在绝大多数案件中,奉行"法教义学"是一位职业法官无可选择的选择,否则他便违反了职业伦理。其次,求新求异是学术领域的制胜法宝,而司法制度则不要求甚至禁止法官过度发挥自己的智识能力。反过来看,正因为法官职业不要求"原创性",所以吸引了求稳而不求新的从业者。用波斯纳的话来说,"因为有太多的普通法官,又因为反智主义(anti-intellectualism)深入美国之魂,法官工作中甚至有一种追求普普通通的'拜普教'(a cult of ordinariness in judging)"。[②] 美国传统中对法官的尊重完全是一种信念,而不是一种基于事实的理性判断:"我们不应当夸大法官包括最高法院大法官的素质。法律不是天才的职业。"[③]

现代社会的功能分化和专业分工所导致的结果之一是参照系的区隔:"实际上大多数法官很方便地认为大多数批评都是出于政治观点相左、嫉妒、对法官工作状况的无知(有时是存心无知)以及自我推销,只对其他法官的批评比较在意。"[④]这一点在司法自治程度比较高的普通法法域体现得最为明显,而在法律职业化程度日渐提高的我国也逐渐表现出来。尽管政治评价和舆情评价仍然发挥着很大的作用,但越来越多的法官更加重视同行评价,尤其是上级法院法官的评价。认知科学的发展使我们看到,人类的任何决策活动(包括司法决策)都离不开直觉、想象和语言。虽然判决书所呈现

---

① William Blackstone, *Commentaries on the Laws of England* 3: 330, Oxford University Press, 1765-1769.

② Richard A. Posner, *What Do Judges and Justices Maximize? (The Same Thing Everybody Else Does)*, 3 Supreme Court Economic Review 1 (1993), 4.

③ Richard A. Posner, *Overcoming Law*, Harvard University Press, 1995, p. 110.

④ Ibid., p. 127.

的是用书面语言表述的解释和推理，但这些都是决策后的论证，而不是决定决策结果的因素。据说曼斯菲尔德法官曾经给一位刚刚被任命为殖民地总督的朋友提出过这样的告诫，审理案件“是一件再容易不过的事情：只要耐心听取‘两造’之辞，然后思考一下正义要求你怎么做，并据此来断案。永远不要给出你的判决理由：因为你的判决很可能是正确的，而你给的理由肯定是错的。”[①]法律推理的理性有两种：一种是建构性的，一种是生态性的。建构性的理性意味着依循一定的推理方法从明确的前提推导出结论，而生态性的理性意味着判决结果是否取得了好的效果。[②] 建构性的理性从作为大前提的法律规则出发，从法律规则去涵摄事实，从而得出明确的法律结论；而生态性的理性则采取后果主义的思路，将法律规则视为包含各种解释方案的半开放文本，考虑不同解释方案可能导致的不同社会效果，并选取那种效果最佳的方案。

生态性的理性有助于摆正法律的位置。法治话语使人们相信政治服从于法律，但关注经验事实的研究却使我们看到：在任何社会中，法律都只是一个次生系统，它是在既定秩序的基础上维护这种秩序的工具。正如杰克逊大法官在一个案件的异议中写到的那样，“我不是要在秩序和自由之间作出选择，而是在有序的自由和两者皆无的无政府状态之间作出选择。危险在于，如果法院不用一点点实践智慧来调和它的教义逻辑，它就会把宪法性的《权利法案》转变为一项自杀协议”。[③]

在秩序稳定的政治生态下，法律可以成为一个闭合的系统。但这并不是天经地义的，而是服务于一定的功能的。司法活动是在有限时间、有限资源的约束下给出明确结论的活动，不是不计成本地追求“正义”的活动。在这种情况下，“遵循先例通常是一种明智的政策，因为就大多数事项而言，相关的法律规则得到落实比得到正

---

① John Campbell, *Lives of the Chief Justices of England*, vol. 4, edited by James Cockcroft, Northport: E. Thompson, 1894-1899, p. 388.

② Bartosz Brożek, *The Legal Mind: A New Introduction to Legal Epistemology*, Cambridge University Press, 2020, Chap. 5.

③ Terminiello v. City of Chicago, 337 U. S. 1 (1949)一案中杰克逊大法官的异议，at 37。

确落实更加重要”。[①] 无论是严格依照法条还是遵循先例，都是为了在时间和资源有限的情况下给出一个明确的答案。

法律的系统闭合除了是为了解决有限时间、有限资源、有限算力条件下做出决策的难题之外，还有一个认知科学所提供的原因，那就是决策者的偷懒（或称努力规避）：行动的成本有多种表现形式，从身体痛苦到金钱耗费到社会排斥等，这些都是行动的外在成本。有一种成本内在于行动本身，那就是付出的努力。赫尔曾经提出过“更少劳作定律”（the law of less work）：“如果存在两种或以上的行为序列，每种需要投入不等量的能量消耗或劳作，而每种都得到相同次数相同力度的强化，有机体将逐渐学会选择能够获致强化状态的费力最少的行为序列。”[②]在经济学中，努力或劳作具有内在的负效益。通过实验将这一定理的适用范围延伸到认知和思维领域，提出了“思想偷懒定律”或“较小认知努力定理”。[③] 法律的系统闭合可以使法律决策者不用考虑系统外的因素，用是否与法律相关这个标准来屏蔽掉许多信息，从而帮助决策者在付出最小努力的情况下完成职业任务。

但司法不是一种个人的认知和判断，它包含四个维度。一是个人决策维度，它涉及法官的个人偏好、意识形态、生活经历、个性等对其决策的影响；二是同事及其他群体效应，这涉及合议庭组成、同僚影响以及判决书撰写工作的分配等；三是科层效应，它涉及上下级法院之间的关系以及同一法院中法官之间的等级关系；四是司法机关与其他政府部门之间的关系。不考虑司法活动的组织因素，就无法充分理解其真实运作状况。因此，法学虽然需要为闭合的法律系统提供法教义学的知识，但同时也需要保持认知上的开放，为人们理解法律与它运作于其中的生态以及其他系统之间的关系提供帮助。

---

① Mr. Justice Brandeis, 285 U. S., at p. 406.

② Hull, C. L. (1943). *Principles of Behavior*, New York, NY: Appleton-Century, p. 294.

③ W. Kool, J. T. McGuire, Z. B. Rosen & M. M. Botvinick, *Decision-making and the Avoidance of Cognitive Demand*, Journal of Experimental Pyschology: General, Vol. 139, issue 4, 2010, p. 665-682.

桑斯坦和弗缪尔在一篇文章中指出,任何关于可取解释方法的理论都必须注意两个问题:机构能力和动态效果。该理论认为,选择法教义学还是其他的解释方法,取决于对机构能力和动态效果的经验研究,而不是在概念法学或语言学的层面去争论。许多解释理论采用不对称的方法去研究不同机构的机构能力,比如用现实主义的经验研究去考察国会,但却对法院抱有乌托邦式的幻想。法理学长期以来纠结于不同的高阶概念价值的争论,比如民主还是集权、宪制还是德治。“关于民主、宪制以及法律、制定法或语言的性质的前提性预设都致命的抽象。这些主张都太过高高在上;它们通常缺乏快刀斩乱麻的功力,以解决实践层面上关于法官必须遵循何种解释规则的操作性争论。因此,我认为,如果缺乏低端的机制分析的补充,高阶的前提预设是不完整的。实际上,我还将提出一个更大胆的主张:在某些领域,高阶的争论可以被当作与操作性难题无关的因素排除出去,并因此不予考虑。”①基于经验事实的社会科学研究恰恰可以提供某种中层理论。

第四节　实用主义地看待司法行为

在《联邦法官行为》一书中,波斯纳及其合作者提出了关于司法激励和约束的劳动经济学模型。其中的主要概念是“勤奋规避”(effort aversion):“勤奋规避既包括不愿意工作得‘太努力’即闲暇偏好,也包括不愿意与同事发生争论即冲突规避。”②“闲暇”之所以会成为美国联邦法院法官们试图最大化的主要效用,是因为美国司法制度平面化了法官的级别,保障了法官的终身任职和薪资待遇,最小化了外部干预的可能性。以这种制度约束为前提,波斯纳及其合作者列出了美国联邦法院法官的效用函数公式:

---

① Adrian Vermeule, *Judging Under Uncertainty*, Harvard University Press, p. 63.

② Lee Epstein, William M. Landes and Richard A. Posner, *The Behavior of Federal Judges: A Theoretical and Empirical Study of Rational Choice*, Harvard University Press, 2013, p. 7.

$$U=U[S(t_j),EXT(t_j,t_{nj}),L(t_l),W,Y(t_{nj}),Z]$$ ①

也就是说,法官试图在时间约束下最大化他的效用。T 表示他的可用时间的总和(每天 24 小时),它由三部分组成:用于司法工作的时间 t_j,用于非司法工作的时间 t_{nj}(书中给出的例子是写作和演讲,这显然是从波斯纳法官本人的经验出发),以及用于休闲(包括吃饭、睡觉)的时间 t_l。S 表示法官工作带来的满足度,它被预期为与法官投入司法工作的时间成正比。S 包括工作干得好带来的内生成就感、在司法系统内部获得提升的前景以及法官身份的社会维度。其中,这个维度既可能增加也可能减损效用,与同僚、助理、法院其他工作人员以及律师之间的良性互动关系会增加效用,而通常由意见相左导致的敌视关系则会减损效用。EXT 表示作为一位法官获得的外部满足,包括声誉、社会地位、权力、影响以及知名度,这些都同他投入到司法和非司法工作的时间成正比。闲暇 L 是休闲时间的函数,休闲时间等于总时间减去司法工作时间和非司法工作时间之和。W 是法官工资,而 $Y(t_{nj})$ 则是法官从非司法工作中赚取的外快。Z 表示所有其他变量的结合效果,包括为获得晋升机会而付出的代价等。② 其实明眼人都看得出来,不要看这里列了个花里胡哨的公式,其实除了每个人每天都只有 24 小时可用这个数据比较确定外,没有哪个函数可以准确度量出来。精确性只能在实验室里找到,人的生活世界复杂到无法测度的程度。但这并不妨碍我们用一些简化的模型来约束我们的思维,从而在有限的时间里对具体问题找出不完美但有用的解决方案。

显然,要把这个公式直接搬来分析中国法官的行为是不合适的。美国法官的薪酬是固定的,不是和绩效挂钩的,法官也不受制于绩效考评,在此情况下,他们自然倾向于最大化闲暇。而中国法官的薪酬和职业发展则与绩效直接挂钩,绩效考评是影响法官行为

---

① Lee Epstein, William M. Landes and Richard A. Posner, *The Behavior of Federal Judges: A Theoretical and Empirical Study of Rational Choice*, Harvard University Press, 2013, p. 48.

② Lee Epstein, William M. Landes and Richard A. Posner, *The Behavior of Federal Judges: A Theoretical and Empirical Study of Rational Choice*, Harvard University Press, 2013, kindle edition, loc 980-995 of 7279.

的最重要因素之一。

在《法官如何思考》一书中，波斯纳曾用非营利组织的管理者、政治选举中的投票者以及戏剧或电影观众三个类比来揭示法官的效用函数。非营利组织的管理者不在乎效率，因为节约的成本不会给他带来额外的好处。“更为重要的是联邦法官的非金钱收入。这个工作比当律师费力少但更有意思（尽管这也有一个你喜欢不喜欢的问题），而且比当律师、教书都更有威望，当然那些最顶尖的除外。”①

司法产品（“正义”）的质量很难评估，所以只能进行过程监控。因为中立性是公正性的保障，所以一方面要给予法官足够的物质保障，使他们远离生存忧虑（fear）或为了小恩小惠（favor）而枉法裁断。另一方面又要对他们进行制度性隔离，使他们远离市井小民的社交、娱乐活动，并且用防止利益冲突的规则使他们不能审理与自身有利益关联的案件。

波斯纳认为，我们最好把司法行为理解为“特定的法律制度对它们的法官所施加的激励和约束的函数”。② 与美国联邦法院法官相比，中国法院系统的下述结构—功能特征造成了不同的激励结构和行为导向，也使得对中国法官行为的分析不能套用波斯纳的“最大化”公式。

1. 根据达玛什卡的分析框架，中国司法系统是严格的科层制，美国是协作式。联邦法官只有三级：地区法院法官、上诉法院法官和最高法院法官。同一级法院的法官收入相同，收入与能力、声望、效率甚至工龄都毫不挂钩。每位法官都被分配相同数量的审案和写判决任务。

2. 美国保障法官的闲暇，法官加班十分罕见。这样有助于吸引那部分不把赚钱当成人生第一要务的人才，这类人才中相当一部分享受阅读和思考。而加班是中国法官的日常。

---

① ［美］理查德·波斯纳：《法官如何思考》，苏力译，北京大学出版社 2009 年版，第 154 页。（对译文稍有改动，用“当律师”替换了“法律实务”，因为在中文语境中当法官也意味着从事法律实务。）

② Richard A. Posner, *Judicial Behavior and Performance: An Economic Approach*, 32 Florida State University Law Review 1259 (2005), p. 1259.

3. 另外，美国法官往往工作到高龄，直至他们在私人部门工作的同龄人都已经退休之后很久。同时，他们得享声望、名誉、尊重和爱戴。但中国法官无论是在退休年龄还是在职业尊荣度方面均与其他公务员无异。尽管最近一轮司法改革引入许多去行政化和去地方化的措施，但与美国乃至整个普通法法域的法官相比，中国法官仍然在很大程度上深深嵌入在科层式系统结构之中。这一点与大陆法系其他国家的法官并无实质性区别。

4. 美国法官的工作风格包括其司法意见的写作风格有很强的个性化特征，法官个人可以追求影响力、权力、写作和发表的乐趣。但对于中国法官来说，判决书写得再漂亮，也得不到掌声。在判决书中展现个性化风格的法官（比如洛阳“种子法”案件中的李慧娟）还很可能在获得掌声的同时失去工作。

5. 判决理由（holding）和附带意见（dictum）之间的区别使法官可以在避免冲突、不用劳心劳力的情况下发挥自己的才情，尽情写作附带意见。比如波斯纳法官就非常喜欢在判决书中写作长篇大论的附带意见，满足自己作为学者型法官的偏好。但中国法官并不具有这样的自由度。

6. 美国法官发明了各种制度设计来躲避当事人提出的上诉争点。比如说某个争点是假设的（moot）或决定时机尚不成熟（unripe）、要求提供“专业意见”（advisory opinion），或者说当事人提出了一个不适合司法解决的政治问题、当事人缺乏起诉资格、起诉超过时限、当事人尚未穷尽行政或其他救济方式。而中国法院尚未发展出细致的案件争点区分技术，尽管有立案庭来甄别案件，但法官负荷仍然很重。

7. 法官作为戏剧或电影观众，帮他人选择或决策。哈姆雷特、以牙还牙、卖花女等，法官得以置身事外地目睹人生悲欢、善恶顺逆在法庭上的再现，然后还可以作出影响剧情后续发展的干预。“实际上大多数法官很方便地认为大多数批评都是出于政治观点相左、嫉妒、对法官工作状况的无知（有时是存心无知）以及自我推销，只对其他法官的批评比较在意。”①

8. 由于美国法律系统中的规则来源和知识再生产过程都是以上诉法院的判决为中心的，所以法学在很大程度上是一门预测上诉法院如何判决的科学。所有的预测科学都是不靠谱的。在谈到学习法律的目标时，霍姆斯说道：“我们学习的目的就是预测，预测公共暴力借由法院这一工具而发威的事件”。② 最近一篇影响较大的论文就是用统计学工具去验证和解释首席大法官罗伯茨凭直觉得到的一个印象：“在最高法院的口头辩论中，哪位律师被提问的次数比对方律师多，他就可能输掉上诉。”③

9. 宪法解释。波斯纳其实赞同其他美国宪法学家赞同的大部分价值，比如，他认为美国《宪法》第 3 条所保障的法官终身任职有助于确保司法质量、司法中立乃至各州利益。他甚至还认为不能为了减轻联邦法院案件负荷而将本应由联邦法院审理的涉及数州当事人的案件交给州法院处理，因为这将损害司法公正性。联邦法院法官因其稳定的职业和收入保障而使他们更加独立。他写道：“我更倾向于认同功能分析以及灵活的、不执着于文本含义的解释方法，尤其是当解释对象是《宪法》第 3 条的时候。该条文见于最初始的宪法文本中，也就是说，它是 197 年之前被写下的。但是，出于极大的尊敬，我认为我的同袍们的主张在好几个方面对终身任职和报酬的功能做出了过于狭隘的理解。”④

波斯纳区分了形式主义和实用主义两种司法进路。前者以先定的权威文本为大前提，以事实为小前提，从而得出自己的判决，这个阵营里包括原旨主义、文本主义等。后者则以判决所追求的效果是否实现来判断判决是否合理。“如何在这两种审判和解释方法之

---

① Richard A. Posner, *Judicial Behavior and Performance: An Economic Approach*, 32 Florida State University Law Review 1259 (2005), p. 23.

② Oliver Wendell Holmes, Jr., *Path of the Law*, 10 Harvard Law Review 457 (1896-1897), 457.

③ Lee Epstein, William M. Landes and Richard A. Posner, *Inferring the Winning Party in the Supreme Court from the Pattern of Questioning at Oral Argument*, 39 Journal of Legal Studies 433 (2010).

④ *Geras v. Lafayette Display Fixtures, Inc.*, 724 F. 2d 2037 (7th Cir. 1984). 波斯纳法官在此案中是异议者。

间作出选择,取决于情势,而情势考量当然包括对制度—机构因素的考虑。这些因素包括司法机构乃至整个法律职业的结构与人员构成,立法机构的结构、人员和运作方式,不同政府部门在处理特定类型问题时的相对能力,各部门之间的权力关系,以及社会的政治、经济和文化制度。”[①]对机构因素的考量包括对机构局限性的认识。考虑到立法往往是妥协的产物,一种试图使具体法律条文在实现该法律的核心目标方面更为有效的解释可能已经推翻了立法妥协。

第五节 结 语

综上所述,“法学是不是一门社会科学”这个问题本身并不是一个有着非语境化的唯一正解的问题。是否把法学当作一门研究经验事实的社会科学取决于一种学术—政治选择,而这种选择本身又受到一个社会的制度事实的影响。对于中国学者而言,将法学作为一门无关经验事实的规范科学(法教义学)意味着用所谓“发达法治社会”的规范尺度来度量中国的制度事实,不是看中国有什么,而是看中国缺什么。这种研究方法忽视了一个最基本的经验事实:中国依循自身的节奏和道路实现了成功发展,如果这样一个硬事实在西方的规范尺度度量下是残缺的,那显然不是因为这个事实错了,而是这个尺度本身是有问题的或有局限的。从中国自身经验中提炼出来的规范要素和理论才是真正有根基和生命力的。同时,从事社科法学研究的中国学者也不应当以波斯纳或其他从事经验性法学研究的西方学者的观点和结论为圭臬,照搬他们的问题意识、假设和结论,而是应当从中国自身的经验事实出发,讲述中国故事,构建中国理论。

---

① Richard A. Posner, *Reply*: *The Institutional Dimension of Statutory and Constitutional Interpretation*, 101 Michigan Law Review 952 (2002-2003), 954.

第三章　法学是一门什么样的学问？

舒国滢老师的《法学的知识谱系》（以下简称《谱系》）是一部1813页的煌煌巨著。在知识生产越来越讲求短平快并将发表平台置于内容质量之前的当下学术体制中，仅仅是这个数量就足以让人称奇了。积年累月写书的过程可以沉淀下作者缓缓酝酿的思考，这使我阅读的体验十分愉快，如品陈年佳酿。阅读这本书的过程还把我带回到了30年前的研究生时代。我的专业是西方法律思想史，先师王哲教授那时每学期都会开一门西方法学名著导读课，我反复上了五六个学期。当然，每学期阅读的书目不一样，覆盖的范围是从柏拉图到洛克。而沈宗灵教授的比较法和现代西方法理学课程则会要求阅读若干20世纪的西方法学经典著作。舒老师的这本著作，除去导论和第十七章“法学的知识性质之再认识”，基本上是西方法律思想史或西方法学史的内容，是让我感觉到“熟悉的味道”。此外，我1998年在北大任教后讲授的第一门课程就是罗马法，而且西洋古典学一直是我的兴趣所在，该书对古希腊哲学和罗马法学的历史梳理和理论分析让我读来也觉得很亲切。进而，舒老师在书中对我1998年的拙作《法学是一门社会科学吗？》也多有援引，让我感觉到自己也是该书的对话者之一。如此种种，都使写作这篇书评变得义不容辞。

在我的阅读范围内，即使在西文文献当中，上下三千年、纵横几万里的法学史研究也极为罕见。有两本书可以与这本书做参照阅读。一本是意大利著名学者阿尔多·斯基亚冯内的《法：法律作为西方的发明》（以下简称《发明》）①，另一本是德国著名学者卡尔-海因茨·拉都尔的《西方法律的发端：罗马法的基督教化与普遍法的兴起》（以下简称《发端》）。② 本章也便以这两本书为镜子，反照舒老师这本书的特点。

第一节 法学作为西方的发明

马克斯·韦伯在《宗教社会学论文集》的导言中提出了这样一个问题："一个现代欧洲文明之子，在处理普遍历史问题（Universalgeschichtliche Probleme）时，总不免会合乎情理地问：究竟是哪些情势的共同作用，导致了那些在西方并且仅仅在西方，才出现的那些文化现象——而这些现象，至少我们一般都以为，其发展具有普遍的意义和效力？"③韦伯将这些起源西方（主要是欧陆）而又具有普遍历史意义的文化现象统合在一个概念下，即理性化的"诸社会秩序"（die gesselleschaftlichen Ordungen），其中包括"理性的、和谐的音乐"、"理性的、系统的、科学化的专门职业"、"理性的资本主义经济组织方式"以及"理性的法律"。而理性的法律以德国19世纪潘德克顿法学（Pandekten-Rechts，即以评注查士丁尼《学术汇纂》并对其进行体系化重构为业的学派）为最高成就，其建构出的形式理性法律概念体系体现并成就了这样几个公设：第一，每一项具体的法律决定都是某一抽象的法律命题向某一具体"事实情境"的"适用"；第二，在每一具体案件中，都必定有可能通过法律逻辑的方法

① Aldo Schiavone, *Ius*: *L'invenzione del diritto in Occidente*, Nuova edizione, Giulio Einaudi editore, 2017.

② Karl-Heinz Ladeur, *Der Anfang des westlichen Rechts*: *Die Christianisierung der römischen Rechtskultur und die Entstehung des universalen Rechts*, Tübingen: Mohr Siebeck, 2018.

③ Max Weber, Vorbemerkung, im Gesammelte Aufsätze zur Religionssoziologie Ⅰ, Tübingen: J. C. B Mohr, s. 1.

从抽象的法律命题导出裁决;第三,法律必须实际上是一个由法律命题构成的"没有漏洞"的体系,或者,至少必须被推定为这样一个没有空隙的体系;第四,所有不能用法律术语合理地"分析"的东西也就是法律上无关的;第五,人类的每一项社会行动都必须总是被构造为或是一种对法律命题的"适用"或"执行",或是对它们的"背离",因为法律体系的"没有漏洞"性必定导致对所有社会行为的天衣无缝的"法律排序"。[①] 这五个公设是德国学院派法学思维方式的主要特质,当然也是潜藏在主流法律解释理论中的基本预设。

这本书就是对这样一套形式理性化的法律知识体系的追本溯源。它假定了这套知识体系的合理性乃至优越性。书中虽然也提到了中国古代律学,包括其中的法律解释技术(比如"例分八字"),但总体上认为这套学问不构成德国人所称的法学,其原因在于中国古代并不存在一个"关心法律实践但其工作重心放在法学研究和教学之上"的"学术法学家"阶层(该书第25页。以下凡援引该书皆直接括注,不加脚注,且只注明页码)。这一缺失导致律学知识抽象化程度不高,缺乏体系性,语言的使用也带有主观性和模糊性,没有概念提炼和精细的类型化处理。之后对欧陆法学知识谱系的梳理则建立在这样一个假定的基础上:至少从古罗马时代开始西方就存在一个独立的、自治的、专业化的法学家阶层。他们用从希腊哲学家那里继承来的修辞学和辩证术语从个案裁判中抽象出一般的法理,在此基础上形成规则(第365页)。这样的概括实际上并不符合目前罗马法和罗马史学界公认的历史事实,而是一种现代理想的投射和穿越。

《发端》一书便详细辨析了不同时期、不同法学家的观点差异。它不像《谱系》那样涉及众多的人物和文本,而是聚焦于一个文本,那就是查士丁尼《学说汇纂》。它开宗明义地写道:"我们的开

---

① Max Weber, *Economy and Society: An Outline of Interpretive Sociology*, in Guenther Roth & Claus Wittich (eds.), University of California Press (second printing), 1978, Vol. 1 I, p. 657-658.

端是一个文本，它遗世独立，形式多样而又朴实无华。它来自东方。"[①]东方当然是指君士坦丁堡，遗世独立一方面则是说其内容已经脱离了孕育它的社会环境，是对过往法学家的散落各处的文字的汇编和整理；另一方面则是说它成文之后不久便湮没在历史的尘埃中，等待数个世纪之后德国潘德克顿法学家的重新发现和光大。尽管是以一个文本为研究对象，但此书却展示了极丰富的多样性，它追随了《学说汇纂》中所摘录文字的作者们的思想轨迹，从出生于大约公元前140年的昆图斯·穆西乌斯·斯卡沃拉（Quintus Mucius Scaevola），到活跃于3世纪的乌尔比安。通过将文本背后的作者纳入视野，此书铺陈了每位作者写作时罗马的法律形态和政治环境，从而帮助我们理解那些抽象文字所针对的问题。这是我们在《谱系》一书中看不到的。

纯粹基于文本的研究无法揭示出文本的问题意识，也无法彰显文本之间的差异所对应的重大制度变革，无法帮助读者理解这些抽象文字背后活生生的斗争与妥协。在这方面，《发端》可以为《谱系》提供很好的补充。此书揭示了罗马、日耳曼、基督教、商业等多种社会文化因素的冲撞与调和如何改变了罗马法，从中发展出普遍法和主观权利这两种现代法律文化中的关键要素。尤其重要的是，它让我们看到：法文化的演化往往不是人们有意设计的结果，更不是法学家在书斋里钻研出来的结果，而是各种社会力量相互作用的结果。在谈到信仰自由等自由主义宪法价值的时候，政治哲学家朱迪·施克莱写道："自由主义诞生于宗教内战的残酷性，这些战争使得基督教中的慈善永远成为反对所有宗教制度和政党的理由。如果信仰要存续下去，它就只能在私人领域得到践行。当时就明显呈现出来而且至今仍摆在我们面前的选择，不是在古典美德和自由主义的自我放纵之间作出选择，而是在残酷的军事与道德压迫和暴力与自我设限的宽容之间作出选择"。[②] 法律也是如此，它在很多时候和任何美好的意图与崇高的理念无关，而只是生存的需要和斗

---

① "In principio, dunque, c' è il testo: solitario, multiforme, austero-ed è un testo che viene da Oriente." Aldo Schiavone, *Ius: L' invenzione del diritto in Occidente*, Nuova edizione, Giulio Einaudi editore, 2017, p. 2.

② Judith N. Shklar, *Ordinary Vices*, Harvard University Press, 1984, p. 5.

争的结果使然，是暴力的替代物。

就罗马法而言，《发明》和《发端》两书都超出了文本的范围，对法律运转于其中的社会进行了基于史料的描述和分析，从而揭示了特定法律形式之所以产生的政治和社会原因。它们帮我串起了多年研习罗马法过程中的点滴感悟。

第一，罗马法的发展是一个漫长而复杂的过程，今天我们所知的罗马法大部分是基于拜占庭时代查士丁尼皇帝组织的《民法大全》整理工作。整理出来的是剥离掉了社会事实语境的片段文本，而不是“罗马人的罗马法”。不同时期甚至同一时期的不同法学家或裁判官针对同一法律问题而表达的观点有很大的差异，这给后人的理解带来了很大的困难。比如，一个常见的误解是：当代欧洲法律普遍强调合同的合意性，只要要约方和承诺方之间有真实的合意，无论表达形式是否有瑕疵，合同都成立，合同的内容是双方合意的内容。反之，罗马法具有严格的形式主义特征，所有合同都是要式合同，订约形式（stipulatio）是合同生效的必要条件。[①] 这种说法只对罗马史上的一段时期而言是正确的，一旦脱离历史语境作为一般性的概括则大错特错。的确，共和时代的罗马法从总体上看具有严格形式主义的特征，无论是诉讼程序还是实体法均是如此。比如赠与要求当事人按照固定的格式做出表达，其中价值超过 500 苏勒迪（solidi，一种罗马金币）的还需要登记于公共档案。[②] 但订约形式其实在利奥皇帝那里便已被废除，此后合同可以用表达当事人真实意图的任何语言形式来订立。[③] 所以，当我们谈论罗马法的时候，需要进一步追问哪个时期的罗马法，甚至是谁的罗马法。

第二，罗马法本身并不具备抽象化、概念化和体系化的特点，这些特点是后来教会法学者、中世纪大学的法学博士们以及德国潘德克顿法学家们再加工的结果。罗马法的典型思维方式是“范例式

---

① 比如，可以参见 Fernand Bernard, *The First Year of Roman Law*, translated from French by Charles P. Sherman, New York and London: Oxford University Press, 1906, p. 142。

② J. E. Goudsmit, *Pandects: A Treatise on Roman Law*, translated from Dutch by De Tracy Gould, London: Longmans, Green & Co., 1873, p. 196.

③ 参见 Lord Mackenzie, *Studies in Roman Law: with Comparative Views of the Laws of France, England, and Scotland*, Edinburg and London: William Blackwood & Sons, 1935, p. 216。

(exampla)思维，它使社会中的法律关系组合得以通过将模式（比如典型的买卖合同）固定下来并因此从情境化的、就事论事的、变动不居的社会事实中脱离出来，通过类比的方式适用于特定案件，进而实现基于法律关系模式的案件类型化。但它同时又缺乏对案件的系统反思，停留在相对静止的稳定社会关系的水平上，未能促生对于法律形式化过程的概念化和体系化的思考”。[①] 有趣的是，尽管我们认为罗马法是大陆法系的源头，但至少古典时代的罗马法更类似于今天的普通法，尤其是在程序法的高度形式化和实体法的缺乏体系性方面。拉都尔也注意到了这一点：“罗马法中产生了基于诉讼的司法抽象化（justiziellen Abstraktion），这一点后来在英国普通法中得到进一步发展，这种方法使文本（包括其他判决书）之间的新的关联性不断被建立起来，但只在有限程度上得到概念性的抽象化（begrifflichen Abstraktionen）。”[②]罗马法与普通法的相似性还在于法律在程序上的统一和实体上的分殊。实际上，我们今天所说的罗马法，尤其是其中的市民法部分，只适用于罗马城。罗马城外存在地区差异很大的“行省法”。为了保护在行省居住的罗马公民的权益，罗马裁判官会发布“程序令”（prozessualen Edikten）来统一诉讼程序，确保当事人的程序性权利。这也为后来大英帝国治理广袤的海外殖民地提供了范本。这本书第五章和第六章对“决疑术”讨论涉及了罗马法的这个维度，但其与全书以“法律理论家的法学著述”或“教授法”为主线的论述相比分量较轻。在我看来，基于诉讼实践和司法裁判的决疑术才是古罗马时代罗马法的主线，而基于《学说汇纂》的体系化罗马法学是后人的杜撰了。

第三，古罗马的法学家们并不具有独立性和自治性。在共和国时代，他们的法律生涯是为担任公职做准备，所以迎合大众，把法庭辩论视为表演的机会。而到了帝国时代，他们又依附于皇权。在古罗马，法律与皇权之间呈现出相互依存的关系，法学家的工作在很大程度上是在皇权的庇护下展开的。乌尔比安的职业生涯具有相

---

① Karl-Heinz Ladeur, *Der Anfang des westlichen Rechts: Die Christianisierung der römischen Rechtskultur und die Entstehung des universalen Rechts*, Tübingen: Mohr Siebeck, 2018, s. 22.

② Ibid.

当的典型性。乌尔比安，或多米修斯·乌尔比安努斯（Domitius Ulpianus，约170～223年），是《学说汇纂》中被摘录得最多的法学家，总计有30万行的文字被算到他名下，他的观点摘录在《学说汇纂》中，占了40%的比例。乌尔比安的许多文字都是试图论证皇权的至上性和皇帝审理案件的合理性：首先，他详细论证了皇权和法律的关系，认为皇帝在法律之上，但可以自愿遵从法律；其次，他试图确保以皇帝的名义作出的裁决在形式和内容上都展示出最高的智识、法律和道德标准。[①]《学说汇纂》中有大量乌尔比安鼓吹皇权至上的文字，这恐怕也是查士丁尼的编纂团队大量摘引他的观点的原因之一："皇帝不受法律约束"（*princeps legibus solutus est*），"王之所欲，法必从之。人民通过赋予他治权（imperium）的皇权法将他们的治权和权力完全转移给了皇帝"（*Quod principi placuit, legis habet vigorem: utpote cum lege regia, quae de imperio eius lata est, populus ei et in eum omne suum imperium et potestatem conferat*）。[②] 罗马史学者克鲁克指出："统治者作为最高法官和法律秩序的首脑是罗马帝国与罗马共和国的主要形式区别"，而乌尔比安是为这种形式变迁作出巨大贡献的法学家。[③]

从法学家死于非命的概率也可以看出他们介入政治之深。平静的文字背后是激荡的生活。西塞罗被安多尼派人杀死的故事是广为人知的。而《发明》一书指出，《学说汇纂》中收录的多数作者都未得善终。早期的斯卡沃拉于公元前82年被执政官盖尤斯·马里乌斯·米诺派出的刺客杀死并被抛尸于台伯河，乌尔比安则死于一场宫廷政变。

第四，罗马法的发展是多种因素冲突、妥协和调和的结果，而不是学理自身发展的结果。拉都尔追溯了普适法和主观权利两大要素在西方的兴起。在西塞罗和乌尔比安等罗马法学家的作品中，我

---

① Kaius Tuori, *The Emperor of Law: The Emergence of Roman Imperial Adjudication*, Oxford University Press, 2016, p. 282.

② Iustinian, *Digesta Iustiniani Augusti*, Vol. 1ed. and trans. By Theodor Mommsen, Berolini: Apud Weidmannos, 1870, Ⅰ. 3. 31.

③ J. A. Crook, *Augustus: Power, Authority, Achievement*, in A. K. Bowman, E. Champlin, and A. W. Lintott, eds., The Cambridge Ancient History, vol. 10, Cambridge University Press, 1996, pp. 113-146, at p. 123.

们不断看到对自然法的讨论。但这种自然法并非归于上帝的意志，不同于上帝从虚无中（ex nihilo）创世的自然法，而是出于对罗马人、行省人和外国商人的观察而找出经验层面的共同性的自然法，尽管他们也会将这种自然法归诸于神，不过这是一种关于宇宙秩序的拟制罢了。

第五，对学者主导建构的体系化的、理性的、融贯的法教义学体系的不满早已存在。早在萨维尼的时代，就有人把打造法教义学的体系的教授们讽刺为“法学婆罗门”，“他们试图将自己的梵文布道稿变成永恒的经典，无声且静默地笼罩四野，把人民的骨髓吸干，他们想要把自己变成法律和道德的上师，就像犹太人的拉比那样”。[①] 19世纪的时候，德国法学家们完全无视德意志各邦的立法，而教授“永恒的罗马法”，他们的教义学并不以实定法为前提和基础。当然，他们最终取得了胜利，各邦的立法早已烟消云散，而法学家的体系化努力最终变成了沿用至今的法典。从这个角度来看，说法教义学是以实定法为前提的似乎也缺乏历史佐证，只是今人认为应当如此罢了。

第二节　法学作为一门体系化的学问：德国法学的一个特质

《谱系》一书试图梳理出一脉相承的西方法学谱系。但舒老师显然也意识到这是不可能的。首先普通法和大陆法就是完全不同的两套谱系，而大陆法内部又存在罗马法、教会法、日耳曼法以及现代的德国法、法国法、意大利法等有着显著差异的系统。因此他把范围限缩为欧陆法学，尤其是其中学院派学者主导的“教授法学”。从写作策略上讲，这是极为明智的选择。唯有如此，一套源流分明、脉络清晰的谱系才能被建构出来。但这个优点同时也是这本书的

① 萨维尼本人在《我们时代立法和法学使命》一文的附录中摘引了这段不具名评论者的话。参见“Nachtrage” zu “Vom Beruf unserer Zeit fur Gesetzgebung und Rechtswissenschaft（1828）”，Im Thibaut und Savigny, Herausgegeben von H. Hattenhauer, Munich：Vahlen，1973，228-260，s. 245。

局限,它展示的只是西方法学的一条支流上的二级支流的源流,而不能算是整个法学的知识谱系。

哥伦比亚大学法学院教授乔治·弗莱彻讲述了自己亲身经历的一件事情:20 世纪 60 年代的时候他在德国留学,选修了著名民法学教授厄恩斯特·冯·凯莫勒(Ernst von Caemmerer)的私法学进阶研讨课。有一次讨论的主题是合同法案件中的说服责任。通过认真研读德国的法院的一系列相关案例,弗莱彻发现其中的判决理由迥异于教授的论著中所持的观点。作为来自普通法世界的法学生,他理所当然地认为法院的判决才是权威文本,因此在课堂上指出教授的观点与判决书不符。教授十分严肃地说:"在我们这里是由教授来决定判决书的意思是什么。"从这个故事中可以大致看出大学教授在法律知识生产中占据的重要地位。教授既不立法也不审案,但是,通过在课堂上和在学术著作中评论案件,他们发展着法教义学,而法教义学影响着未来的法律人,也直接或间接地影响着未来的判决。①

法学教授之所以有这样的地位,与德国的知识、传统和大学建制有着密切的关系。《谱系》一书在这方面做了很好的梳理。但书中执着于讨论法学是不是一门德语 wissenschaft 意义上的科学,其实大可不必。19 世纪早期,当德国法学家们开始为法律变革寻找知识资源的时候,他们便开始使用"法学"(Rechtswissenschaft)这个词语。② 德语中的 wissenschaft 准确地说不是"科学",至少不是现代自然科学以及模仿自然科学的社会科学意义上的"科学",而是一般性地指"学问"。它是指一个人在任何主题所掌握的知识以及用逻辑来证明自己的知识的技艺,是"以无可争议的方式(unumstößlich darzutun)和不用否认的根据(Unwidersprechlichen gründen)来证明任一主张的心智能力"。③ 证明往往采取建立"体系"的方式。换句话说,学问就是具有内在体系性的知识。在康德

---

① George P. Fletcher, *The Grammar of Criminal Law*, Vol. 2: International Criminal Law, Oxford University Press, 2020, p. 5.

② J. Sschröder, Wissenschafttstheorie und Lehre von der "Praktischen Jurisprudenz" auf Deutchen Unversitäten an der wende zum 19. Jahrhundert, 82-168 (1979).

③ Ibid., 132,引用的是 Christian Wolff 的定义。

之后的时代，法学具备两个条件：首先它主要是关于实定法的学问，因此它的出发点是经验事实；其次它具备内在体系性。这两个条件导致的结果是："法学的生命在于用逻辑体系规整过的经验，也在于用经验浸润过的逻辑体系。"到 19 世纪中后期，学问品质(Wissenschaftlichkeit)开始具有明确的评价意味，它是一个学科的尊严所在。

如果法学的出发点是经验素材，那么这种素材从哪里来呢？它显然不能来自演绎逻辑本身，而必须来自社会事实。哥廷根学派的法学家古斯塔夫·胡果写道："尽管具有立竿见影的实践性，被人们正确地称为'手艺'的法律知识止步于追问法律是什么，但作为科学的法学进一步追问法律的基础，而且，因为法律有两个基础：理性依据和历史源流，这样就带来了两个问题：一个被称为法律的东西，它合理吗？它是如何变成法律的？"[①]可见，在胡果这里，法学研究的经验素材主要来自历史。那么体系如何建立呢？费尔巴哈提出了著名的三步法："第一步是实现概念的正确性、严格确定性、丝毫不差的精准性以及透彻的明晰性。第二步是实现法律规则的内在融贯性。第三步是实现法律教义的系统融贯性。"[②]

德国法学的正式诞生是以"法典化之争"为标志性事件的。论争双方都同意体系化是法学作为一门学问的关键特质。蒂堡把法学定义为"体系化的法律总和"(Ein systematischer Inbegriff von Gesetzen)[③]。萨维尼拒绝法学中的理性思辨因素，将法学研究的原始素材严格限定为当下和历史上的法律规则。但他同意费尔巴哈和蒂堡的体系化部分。法律源自一个民族的习惯，经过法学家的归纳和整理，随着时间的推移有机地发展。和语言一样，法律是人民当中潜移默化地发挥着作用的力量，它反映着一个人民群体的特

---

① Gustav Hugo, *Lehrbuch Der Juristischen Encyclopädie*, Berlin: August Mylius, 1817, s. 32–33.

② Anselm Ritter von Feuerbach, Über Philosophie und Empiric in ihrem Verhältnis zur positiven Rechtswissenschaft, in J. Feuerbach & C. Mittermaier, *Theorie der Erfahrung in Der Rechtswissenschaft*, Berlin: Suhrkamp, 1804（1968 年重印版）, s. 80.

③ Anton Friedrich Justus Thibaut, *System des Pandekten-Rechts*, Jena: Johann Michael Mauke, 1809.

质,为此,萨维尼借助了已经存在的“民族精神”(Volksgeist)概念。[①] Volk在这里既不是一个经验概念,也不是一个社会概念,而是一个文化概念。法律的特质不是哲学或理性,而是文化特质的自我表达。文化不是一个民族的习惯总和,而是其智识生活的主要特征。法律的生长是其智识原则的有机发展。这可以说是为德国极具学术性的“教授的法律”奠定了基础。在这种传统中,法律不是纠纷的产物,而是先于纠纷存在的体系化规范。是法律被适用于纠纷,而不是纠纷解决的需要促生着法律。与奥斯丁开始的英国法律实证主义不同,德国法学不认为立法者制定的法律(主权者的命令)是唯一的或最重要的法律渊源,反之,他们拒绝接受这样的承认规则,而认为立法者制定的许多法律是随意而武断的,因此在法学意义上是不相关的。[②] 这使德国的教义学意义上的法律实证主义明显有别于奥斯丁和哈特的立法意义上的法律实证主义。在德国法律实证主义者眼中,赋予法律以生命的并不是制定法律的权威机关,而是它的体系化教义和它的逻辑融贯性。

第三节　作为技艺的法学

《谱系》一书对作为学问的法律着墨甚多,对德国法学传统的梳理是此书的重点和亮点所在。但作为技艺的法律在书中只是略有谈及。然而,这却是法学知识的另一个非常重要的传统。

有一则关于英国大法官曼斯菲尔德爵士的流传甚广的故事,说的是他给一位被任命为英属西印度群岛总督(也是负责审理案件的法官)的没有受过法律教育的人士的建议:“放开胆子裁决来到你面前的案子吧,但永远不要给出理由。因为你的判断很大可能是正确

---

① Friedrich Karl von Savigny, *System des Heutigen Römischen Rechts*, Bd. 1, Berlin: Veit, 1840, s. 14.

② Mathias Reimann, *Nineteenth Century German Legal Science* (1990), 31(4) Boston College Law Review 837, at 890.

的,但你给出的理由几乎肯定是错的。"[①]这个故事很好地例示了普通法传统中法律知识的形态:有助于司法判断的知识是经验性的,这位总督/法官虽然没有受过法律训练,但有着丰富的人生经验和商业经验,对民商事纠纷能够作出基于经验和常识的合理判断。而理论化的法学知识则是用来建构判决理由的,未经训练的人无法为正确的判断打造出法律共同体可以接受的判决理由。

普通法系的法官们对法教义学有一种的本能的怀疑态度,他们非常警惕"精致(理论)的诱惑"(temptation of elegance)。[②] 普通法世界的法律学者以法官的判决为主要研究和教学素材,法官才是法学知识的主要生产者,因此美国人所称的"法学家"(jurists)是指法官而不是法学教授。多伦多大学法学院的瓦当斯教授是普通法世界中为数不多的试图打造体系化理论的法学家之一,但他也承认:"追求精准性和有序性的欲望自然导致对清晰的概念范畴和精妙的思维导图的寻找。但是,这种寻找一旦走得太远,就会适得其反,因为本来就很复杂的事务最好不要通过掩盖其复杂性的方式来理解。未能将法律的内在复杂性纳入考量的概念范式不利于促成良好的心智秩序,并且遭到了学术上的质疑和司法上的抵制。后者具有一种即刻发生的使问题更加复杂的效应,因为法院判决本身一方面是法学要面对的素材,另一方面又是法学所创造的分门别类的概念范式的效应。"[③]伟大的普通法法院的法官们从来都对严格的逻辑和概念持怀疑态度,当他们提到严格的逻辑(strict logic)或形式主义(formalism)的时候,十有八九是在嘲讽。普通法历史上许多声誉卓著的法官/法学家都表达过对逻辑融贯的法律知识的质疑。比

① "Decide the matter before you, but never give your reasons, for your decision will probably be right; but your reasons will certainly be wrong." 引自 *The County Courts Bill*, Law Times, Vol. 68, 1880, p. 329。

② R. Goff, 'The Search for Principle' (Maccabean lecture, 1983), reprinted in W. Swadling and G. Jones (eds.), *The Search for Principle: Essays in Honour of Lord Goff of Chieveley*, Oxford University Press, 1999, p. 318.

③ Stephen Waddams, *Dimensions of Private Law: Categories and Concepts in Anglo-American Legal Reasoning*, Cambridge University Press, 2003, p. 2.

如,霍姆斯大法官说:“法律的生命从来不是逻辑,而是经验”[1],哈尔斯波利勋爵说:“每一位法律人都不得不承认法律有时候完全不合逻辑”[2],威尔伯弗斯勋爵说:“日常生活中有许多情形无法整整齐齐地被套入概念分析之中”[3]。

衡平法因素进一步弱化了普通法世界的体系化努力,因为它要求法官本着良知和对公义的理解来矫正制定法和先例中明显不合理的部分,其目的在于缓和法律本身的严格性和僵化性。独立的衡平法法院虽然在19世纪70年代的司法改革后不复存在了[4],但衡平法考量却被普通法法院继承下来。比如,合同的神圣性和契约自由是基本的法律原则,除非有明显的强迫、误导或不对等,法院一般会支持强制履行合同的诉求。但如果强制履行合同的结果是明显不合理或显失公平的,法院会动用衡平法原则来拒绝支持履行请求。一个违反衡平法原则的当代案例在普通法世界受到广泛批评,如今已沦为笑柄,这本身就说明为了追求法律解释的严谨性而牺牲普通的正义观在普通法世界是站不住脚的。这个案例就是英国最高法院的阿诺德诉布莱顿案。此案的事实是:出租方和承租方签订了度假木屋的长期租赁合同,合同要求承租方按比例负担出租方的一部分维修成本,而且这部分费用每年递增10%。按照这个增幅,到该租约99年期满的时候,承租方每年支付的维修费用将达到100万英镑。该合同的双方当事人都是个人,不存在谈判地位不平等,也不存在胁迫、欺诈或误导。当事人在签订这份合同时显然没有认真做过计算。法院的多数法官承认该合同条款显然不合理,但却认为法院没有权力不支持基于该条款的诉讼请求。表达异议的法官认为这个结果是“荒诞不经”和“商业上的瞎胡闹”的。[5]

---

① Oliver Wendell Holmes, Jr., *The Common Law*, Boston: Little, Brown, and Company, 1881, p. 1.

② Lord Halsbury, in *Quinn* v. *Leatham* [1901] AC 495 at 506.

③ *Woodar Investment Development Ltd.* v. *Wimpey Construction UK Ltd.* [1980] 1WLR 277 at 283, quoted with approval in Alfred McAlpine Construction Ltd. v. Panatown Ltd. [2001] 1 AC 518, HL, at 535 (Lord Clyde), and 588 (Lord Millett, dissenting).

④ *Supreme Court of Judicature Act* (*UK*), 1873, 36 & 37 Vic, c 66; *Supreme Court of Judicature Act* (*UK*), 1875, 38 & 39 Vic, c 77.

⑤ *Arnold v. Britton*, [2015] UKSC 36, [2015] AC 1619 [Arnold].

从某种意义上讲，普通法世界的法律知识更像是医学。二者都是经验性、实践性和以解决问题（problem-solving）为导向的。一位英国学者在比较法律推理和医学推理的文章中写道："法律推理的定位是在具体法律纠纷的可见事实之中，而不是在学科的文本之中"，正如医学推理是以具体病人的经医学检查而认定的生理和病理数据为前提一样。不过，"医学推理关乎如何解释事实，而法律推理更多是关乎如何操纵事实"。①

当然，由于体系化的知识对大学里的学者有着当然的吸引力，普通法世界中也不乏这种知识的崇拜者和追求者。比如，1827~1828年的冬季学期，约翰·奥斯丁在莱茵河畔的波恩大学访学，他深深折服于潘德克顿学派在罗马法的基础上发展出来的精致严谨的法律学说体系。他惊叹道：这套体系"总体而言远远地、显著地优越于英国法。从学习英国法转向学习罗马法，你便逃离了混沌幽暗的王国，而进入了秩序和光明的领域"。② 不过，奥斯丁这样的学者毕竟是英美法学院里的少数派，而且他的理论对法律实践几乎没有什么影响。

第四节　法教义学的谱系

在我看来，《谱系》一书与其说是在讨论整个法学知识的谱系，不如说是在讨论德国式的法教义学（*Rechtsdogmatik*）的谱系。对法教义学的哲学基础、方法和源流的讨论是此书的精华所在。作者在序言中便交代了全书的核心观点："法学（法教义学）是一门高深的学问，它必须立足于多学科的基础之上，没有哲学、逻辑学、修辞学以及其他人文社会科学的教养其实并不适合从事法学研究。但这只是一个必要条件，并非完全充分的条件。或者说，即使我们

---

① Geoffrey Samuel, *Is Legal Reasoning Like Medical Reasoning*?, Legal Studies, vol. 35, no. 2, 2015, p. 323-347, at 325.

② J. Austin, *The Province of Jurisprudence Determined: Being the First Part of a Series of Lectures on Jurisprudence, or the Philosophy of Positive Law* (1832), 2nd ed., London: John Murray, 1861, p. xciv.

通晓法学外的各门学问,也未必就可以成为合格的法学家。其实,真正优秀的法学家(法教义学家)要依靠自己的理论能力和理论努力,在法学(法教义学)知识领域进行艰难的探索,必须有能力将哲学、逻辑学、修辞学以及其他人文社会科学的知识进行转换(法学知识过滤),创造适合于表述法律世界之实在、处理法律世界之难题的概念、原理、方法,形成法学特有的知识形态。"(第3~4页)值得注意的是,舒国滢教授在列举对法学研究有用的其他人文社会科学知识时,每次都只是提到哲学、逻辑学和修辞学,而不曾提到经济学、社会学、政治学等现代社会科学。个中原因在第一章开头就表述得非常清楚:凡研究过西方法学的人都知道,西方法学知识的生成经历了漫长的历史过程。我们翻开西方(尤其是欧洲大陆)法学浩瀚的文献,至少可以看到一种令人印象深刻的景象,即法学(至少作为实践知识的法学)与修辞学、论题学之间有一种不可分割的亲缘关系。与其他的专门研究法教义学的著作不同,这本书从修辞学和法律论证理论入手对法教义学进行的研究显得格外有深度。

认为法教义学只是僵化地应用三段论来将制定法套用到具体个案是一种常见的误解。正如一本影响甚大的法学方法论著作指出的那样,"法官是针对具体的待决案件来解释制定法的。至少在民事领域,德国法官认为其任务主要是对由其主审的案件作出公正的判决。只要在制定法容许的范围内,我们就认为这种追求是合法的。整个的法秩序有义务服从正义理念的要求,只有从正义理念出发,法秩序的(规范意义上的)适用要求最终才能被正当化。"①正义理念不仅要求做价值判断,还要求进行利益权衡。而价值判断本身也不是基于先验标准的,而是基于经验的,"在根据社会经验判断特定事件时,如果没有'一般经验法则'可供使用,则判断者必须'权衡'诸多事实,也就是说,必须从法律规则的视角来评价这些事实的意义"。② 法律会提供一些概念化的一般标准,比如"公平原则"(《民法典》第6条、第496条、第533条)、"善良风俗"(《民法典》第8条、第10条、第143条、第153条、第979条、第1012条、第1015

① ［德］卡尔·拉伦茨:《法学方法论》(第6版),黄家镇译,商务印书馆2020年版,第438页。

② 同上书,第365页。

条、第1026条)和“诚信原则”(《民法典》第7条、第142条、第466条、第500条、第509条),但这些标准都是需要根据经验来填补的,这就需要裁判者做价值判断了。法律判断永远需要在规范与事实之间保持目光流转。《谱系》一书对教义学方法如何处理价值判断和经验做了非常细致深入的讨论。法教义学要解决的核心问题是一般规范适用到具体案件的落差,使这个过程显得不是那么武断和随意。用我国台湾地区学者黄舒芃的话来说,“法释义学对法学而言最主要的任务,就在于透过对实证法的体系性建构,为法律在个案中的具体适用,提供一套客观的认知及操作架构”。[①] 这套认知和操作架构的基础,便是上千年薪火相传的修辞学、论题学及其当代形态——论证理论。

第五节 结 语

综上所述,这本书对西方法学中一条脉络(法教义学)的梳理细致而又系统,每每给我带来启发。但作者想要把梳理出来的脉络上升为一般法理学的努力却并未成功。正如萨维尼所指出的,法学是一个民族特有的智识生活的组成部分,它与某种地方性的经验息息相关。如果要在中国发展法教义学,也需要从中国本身的法律经验中去提取概念,发展原则,并在此基础上进行体系化的建构。将德国人基于本土经验而建构出的理论照搬到中国,显然也不符合法教义学自身的逻辑。

数学家丘成桐如此描述数学和物理学之间的差异:任何物理学理论都需要被实验验证,“物理学中的结论也因此需要根据新的经验证据来作出变更。另一方面,当一个定理在数学上得到证明,假定计算是完全正确的,逻辑也严丝合缝,它就是永远正确的”。[②] 法学家喜欢把自己的学科想象成数学,是一个公理体系,但法学实际

---

① 黄舒芃:《什么是法释义学?以二次战后德国宪法释义学的发展为借镜》,台北,台湾大学出版中心2020年版,第11~12页。

② Shing-Tung Yau & Steve Nadis, *The Shape of A Life*, Yale University Press, 2019, p. 63.

上更像是基于物理学原理而发展出来的技术(比如信息技术),它要解决的是现实社会的问题,其中的命题和结论需要根据案件事实等经验材料来作出调整。或者说,法律推理必须具有一种“合身”性,它必须匹配于事实,是对事实要素的排序、关联和逻辑整理(*accommodatio factorum*)。理论永远是灰色的,而生命之树长青,我们需要回到滋养理论的中国经验,才能从这种经验中提炼出对中国法律实践有帮助的法律理论。

牛津大学比较法教授史蒂凡·弗根劳尔指出:“对每一个法律系统来说,最重要的就是确定谁来传递薪火(bear the torch)。任何现代社会都无法在没有机构来创制和进一步发展法律规则的情况下存在下去。西方法律传统的共同特征就是这一功能通常由立法机关、司法机关和法学界来共同承担。”①实际上,改革开放下的中国也开始呈现出类似的特征:立法机关制定法律会认真听取法学家的意见,实际上,包括《民法典》在内的许多法律都是法学家参与起草的;司法机关会邀请法学家前去挂职,在起草司法解释、出台重要政策的时候也会吸收法学家的观点;中国自身的整个法律界共享的知识体系正在形成。在这个意义上,我十分认同舒老师在书中提出的倡议:“目前我国法学界应该做的是一个基础的‘双重’作业,即一方面,不应该放弃对西方法学知识的继受……另一方面,要系统地整理中国历史上各位方家的法学著述,在此基础上进行思想史和学术史的分疏,澄清并复现中国法律思想之流变所传承的心灵史轨迹,建立中国法律思想的‘谱系’,继而形成‘汉语版的法学’(汉语法学)诠释系统”(第57页)。这本书是上述第一个方面的重要成果,值得认真阅读。

---

① Stefan Vogenauer, *An Empire of Light? Learning and Lawmaking in the History of German Law*, Cambridge Law Journal, 64(2), July 2005, p. 481-500, at 482.

第四章　寻找法学中国化的道路

在第一章,我对中国法学研究应当具有何种问题意识以及基于这种问题意识应当采用何种研究方法进行过历史社会学和知识考古学的分析。该章指出,法学知识的产生和发展有其政治、经济和社会条件,有生命力的法学知识应当能够回答社会自身提出的问题。由于法律对中国社会的建构作用还十分有限,中国法学必须借助社会科学的研究方法来澄清法律运作的事实状况,而不应像西方法治社会的法学那样变成一种不关注事实而主要着力于规范建构的独立学科。换句话说,法学在中国应当是一种社会科学。本章接续该章所展开的分析思路,以苏力的《法治及其本土资源》为样本,探讨关于中国法律的社会科学研究可能具有的问题意识以及这种问题意识所开启的知识进步空间。本章的主要论点是:这本书虽然提出了诸多可能产生知识增量的突破点,画出了一幅极有前景的路线图,但作者本人在这条路上并没有走出太远。但一部好的作品并不在于它回答了自己所提出的问题,而在于它提出的问题本身是能够不断激发新的寻求答案之努力的好问题。从这个意义上讲,这本书是成功的,它不仅为苏力本人此后的研究提供了基础性的问题和分析框架,还启发了一大批其他研究者,形成了中国法学中的社科流派。

苏力的《法治及其本土资源》初版于 1996

年，中国社会在其后20年间经历了复杂而深刻的变化。我与这本书有着个人化的关联，不仅是因为苏力在书的致谢部分提到了“北大法律系93级研究生强世功、赵晓力和郑戈同学的令我赞叹的学术能力”①，更是因为书中的许多观点深深地影响了我自己的学术取向。在20世纪90年代初的中国法学界，多数法学家仍执着于争论“水治还是刀制”“公平还是效率”等意识形态化的大问题，而苏力走出了意识形态之争，从中国社会在“大转型”时代面对的复杂而具体的事实出发，提炼并回答这些事实本身所呈现的问题。这对于不愿意放弃自己对生活现实的直接观察而投身于为伟大（西方）思想家做注释的我来说，无疑是找到了一种值得仿效的治学道路。随着生活阅历的增加和阅读面的扩展，我越来越觉得苏力对诸多问题的分析虽然在这一本书里还略显粗糙，但蕴含着丰富且有待于进一步阐发的道理。另外，正如许多被营销策略牵着鼻子走而不明白自己究竟需要什么的消费者把商品的价格视为商品品质的可靠表征，从而变得“不求最好，只求最贵”一样，随着苏力本人参与的学术规范化的推进，许多学院派知识分子越来越把一件学术作品的晦涩程度和注释数量视为该作品专业水准的体现，从而轻视用浅显易懂的语言讲清楚道理的作品。我曾经在不止一个场合听到过这一类的评价：“一个堂堂的北大教授，说出的话怎么和我不识字的奶奶讲的道理差不多。”在我听来，这更像是一种极高的赞美，而不是批评。正如苏力在该书题记所引的袁可嘉的《母亲》一诗中写到的那样，“书名人名如残叶般纷纷落下，见到你我才恍然于根本的根本”。本章借《法治及其本土资源》来进一步讨论一下中国法学研究的问题意识这个问题。

第一节　问题意识与学者的自我定位

关于何谓法律，大体上有三种截然不同的理解方式。第一种是

① 苏力：《法治及其本土资源》，中国政法大学出版社1996年版，第XIII页。此后引自该书之处均在正文直接括注页码。

从社会生活的事实出发，把真正对人类行为有引导作用的一般性规则理解为法律；第二种是从国家意志的角度出发，把国家制定并以强制力来确保实施的一般性规则理解为法律；第三种则是从超越经验事实的普遍道德律或神圣意志的角度出发，认为符合这些超验律令的规范才是法律。第一种视角是社会科学的视角，第二种是法律实证主义的视角（或法律人的内部视角），第三种是自然法或道德主义的视角。显然，苏力迄今为止的所有作品都以社会科学视角为主线，并以此来观察和理解来自后两种视角的观点。社会科学视角要求观察者从自己的意识形态和道德立场中抽离出来，从“价值中立”的立场来发现和解释经验事实。但正如海森堡测不准定律等科学原理所揭示的那样，完全置身于观察对象之外的旁观者立场在自然科学中都是不可能的，人深深地镶嵌在他所处的世界之中，每时每刻都在影响并被影响。因此，在涉及人类社会的研究领域，任何宣称具有普适性并试图借此改变现实的概念、原则和原理可能都是宣称者本人的一己之见；要了解它们在多大程度上超越了个人的主观判断，我们需要了解作者的背景和立场。对此，苏力十分崇敬的美国大法官霍姆斯有一段十分精彩的说法：

> 内心确信（certitude）不能作为客观确定性（certainty）的检验标准。我们对许多并不确定的事情深信不疑。请允许我再次重复自己曾经说过的：财产权、友谊和真理都同样根植于时间。一个人不可能被强行与自己寄居于其中多年的小环境分离而不感到自己的生活受到剧烈冲击。我们最爱什么和最尊重什么一般来说都取决于我们先前同什么发生过关联。我喜爱花岗岩和伏牛花丛，这是因为它们同我生命中已无从追忆的儿时欢愉有着某种关联。但是，尽管一个人的经验使某些特定的偏好对其本人来说天经地义，只要追思一下这些偏好的来源，他就应当能够看到：其他人，那些可怜的灵魂，可能会具有不同的偏好并认为它们天经地义。①

从这个意义上说，如果作者能够不带矫饰地表明自己的立场和前见，便能省却读者加以分辨的麻烦，也因此更有助于促进知识的进步。在这一点上，苏力表现出了明确的自觉意识，他写道：“我所

---

① Oliver Wendell Holmes, Jr. , *Natural Law*, 30 Harvard Law Review 40 (1918).

采取的立场是一个温和的罗蒂式种族中心论。我将依据我的知识从我的传统来做出判断，但保持一定的灵活性和自我反思，用孔夫子的话来说，就是‘毋必毋固’，不把自己的观点视为一种永恒的最终的真理，因此总是希望为他人立法”（第36页）。也就是说，苏力自己很清楚也希望读者看到，他是作为一个热爱自己民族、热爱自己国家的中国人在写作。同时他也表明，这种热爱不意味着把这个民族、这个国家的一切都当成好的东西来加以维护和辩解，而是试图用自己所掌握的社会科学知识来发现、理解和提炼本土的经验。判断好与不好的标准不是符不符合某种外来的、伪装成普适价值而实则是另一种地方性知识的理论，而是其本身的功能和效果，比如是否维护了秩序，扩展了自由，促进了经济发展。当然，苏力借以判断一项本土制度（无论是正式还是非正式的、国家的还是民间的）之效果的尺度仍是源自西方的现代社会科学知识，尤其是社会学和经济学。在苏力看来，这些知识固然也有其政治和意识形态的背景，但它们毕竟更像自然科学，有助于我们描述和解释事实。与法学和伦理学这样的“规范科学”不同，它们并不试图告诉我们什么样的目的是实质合理的（reasonable），而是在我们出于自己的价值判断而选定了目的之后，帮助我们选择形式合理的（rational）手段，也就是有助于达致给定目的的手段。进而，这一类社会科学还可以帮助我们理解目的和方法本身的形成机制或条件。“在社会科学中，知识的进步以我们关于知识之条件的知识的进步为前提。这就是为什么它要求我们不断返回到同样的知识对象；每一次折返都是另一次更加全面地客观化我们与客体的客观和主观关系的机会。”①

有了这样的自觉意识，苏力便不在意一项研究的结论，而更在意它的事实描述和论证。换句话说，他更欣赏一篇能够把故事讲好的作品，而不是一篇提出了美好愿景、警示或建议的论文。知识分子，尤其是人文学科的知识分子，往往有一种“哲学王”或“帝师”情节，追求或以为自己的主张或建议能够影响“国运”，或至少影响一县、一市的政策或法律。但任何“改造世界”的主张都是主张者的一

---

① Pierre Bourdieu，*Les sens pratique*，Les Éditions de Minuit，1980，p. 1.

己之见,能否影响现实取决于其他人的反应。每一个具体的社会都是一个极其复杂的系统,既有其历史的纵深也有其空间上的交错互嵌。社会秩序是由时空维度上无数人次的交互行动而形成的复杂微妙的动态协调,任何单一的个人或群体试图以自己的努力来改变社会秩序形成机制的努力都会带来意想不到的后果:“社会关系中的行动,宛如一种游戏,游戏中的每一个人都与他人相互依存。一方若要获取胜利,或要保全自己的地位,就必须考虑到另一方可能做出的诸种反应。社会生活加诸我们身上的这类游戏,有其自身的规则,这些规则独立于我们而存在。”①这不是说指出“应当如何”的理论不重要,恰恰相反,许多这样的理论(比如马克思的学说)最终都成了“自我实现的预言”,因为它们说服了许多得以影响历史进程的人。而是说,一方面,一种这样的理论能否影响社会变革取决于提出这种理论的人无法控制的因素,许多理论最后导致了会令其作者瞠目结舌或痛不欲生的结果;另一方面,一种理论之所以产生社会动员或政治动员效果,主要还是因为它以打动人心的方式揭示了社会生活中的某些关键事实,比如马克思和恩格斯对德国和英国工人阶级悲惨生活状况的描述,没有这些事实叙述做前提,如何能唤醒“阶级意识”并进而呼唤起革命?当然,更多的关于“应然”的理论自提出后便无人问津,这是它们再妥当不过的归宿,否则社会生活便会失去其基本的秩序和稳定性。

我小时候看《伊索寓言》,读故事本身时饶有兴味,而在读“这个故事告诉我们”时总是不耐烦。比如,在著名的狐狸和葡萄的故事中,作者的总结是:“有些人能力小,办不成事,就推托时机未成熟。”②但我们都知道,现在当人们提到这个寓言时,主要是形容“吃不到葡萄说葡萄酸”的自我安慰(合理化心理防御机制),与作者所欲让人们看到的意义已经完全不同。所以,在阅读学术作品时,我也更喜欢那些能够把故事讲好的作品,苏力的大多数论著都符合我本人的阅读品味。可惜的是,迄今为止我国的多数法学论著仍是以某些未经分析和检验的“普遍真理”为大前提,以未经语境化描述的

---

① [法]米歇尔·克罗齐耶:《法令不能改变社会》,张月译,格致出版社 2007 年版,第 2 页。

② [古希腊]伊索:《伊索寓言》,罗念生译,人民文学出版社 1981 年版,第 8 页。

中国法律实践为小前提,最后得出中国法律及其实践方式需要如何修改的结论。相较之下,苏力拒绝站在任何普遍主义和教条化的前提上来“审视”社会生活的现实,而把这种现实作为检验自己理论的标准,这与康德式的先验理性主义立场有着根本的区别。因此,他不会自以为是到认为“现实错了,因为它不符合我的理论”。

不以自己预先设定的价值取向遮蔽自己发现事实和解释现实的眼力,这是极高的个人品格和学术能力要求。苏力本人也没有完全做到这一点。正如赵晓力在为这本书所写的序言中已经指出的那样,苏力对本土资源(习惯、风俗、传统)的发掘和提炼工作与他在推进法治建设方面的对策性建言之间存在某种逻辑上的断裂。因为苏力承认,“这一代学人都是现代主义者”。这就意味着他知道自己无法也不想抗拒“浩浩荡荡,顺之者昌,逆之者亡”的现代化进程,包括迈向法治国家的进程。虽然“后现代思潮”在现代性的铁皮列车上打开了许多窗户,使传统的微风得以吹进这辆单向行进的列车,但毕竟无法阻止它的行进。苏力后来的作品,尤其是近几年来发表的一系列关于中国古代宪制的论文,才开始真正从本国数千年政治文明史中去提炼和总结一般性的理论命题,从而为中国当下的法治建设提供他所整理好的“本土资源”。《法治及其本土资源》只是这种努力方向的一个初步展示,在其中,零星绽放的几朵本土资源的小花装点着关于现代法治的社会理论的山丘。

第二节　问题的本土性与法治道路的开放性

由于采取了社会科学的视角来观察法律,苏力得以看到国家正式制定的法律只是塑造人类行为之激励机制的诸多规范之一,他借助来自人类学的“法律多元主义”概念来描述这种现象。在这一点上,苏力是在继承和发展费孝通先生在一系列后来辑录成《乡土中国》一书的文章中阐发过的观点。但“法律多元主义”这个概念框架在中国当代语境中容易引起误解,因为在我们的日常语言中,已经把“法律”用来特指国家立法机关所制定的规则,就连“政策”也不能叫“法律”,更不用说乡规民约等民间习惯法了。其实,由于概念使用上的不够明晰，导致苏力这本书一方面在表述上显得比较累赘，比如习惯、风俗称为地方性的“法律”，也就是加引号的法律；另一方面在讨论“私了”现象时又采用“法律规避”这一概念。如果“法律”确实是多元的，包含了地方习惯和风俗，那么依据地方习惯而进行的“私了”便不能算是法律规避。可以看出，作为一位“法律人”，苏力大体上还是接受法律作为国家法这一日常语言习惯的，但“法律多元主义”的社会学和人类学视角也使他不时用法律来指称所有类型的规矩，因此他不得不在法律之前加上各种定语，正式的和非正式的、国家的和民间的、制定的和约定俗成的。

在这一点上，费孝通先生表现出一种不跟任何人较劲的从容气度，比如，他写道：“规矩不是法律，规矩是‘习’出来的礼俗。从俗即是从心。”①同时，他清楚地指出，法律是靠国家的权力来推行的，“最有意思的就是一个落后的国家要赶紧现代化的过程中，这种权力表示得也最清楚”。② 也就是说，费老清楚地看到了法律与乡土习惯之间的张力，一个国家在现代化的过程中越是落后，它的民间习惯可能保留得越完整。但是，“在变迁中，习惯是适应的阻碍，经验等于顽固和落伍。顽固和落伍并非只是口头上的讥笑，而是生存机会上的威胁”。③ 无论是对国家还是对个人而言，皆是如此。因此，“法律多元主义”所营造出的传统与现代、习惯法与国家法和谐共处、相安无事的假象遮蔽了现代世界生存法则的残酷性。冯象教授借助一句法国谚语把“送法下乡”这样的国家改造乡村习惯的做法讽刺为“教鱼游泳”④，认为是普遍理性对地方经验的压制和扭转，是一种新的暴力。这个比喻乍看起来蛮有道理，实际上却经不起推敲。实际上，中国自清末被率先现代化的西方列强敲开大门以来，便一直在尝试各种改造国民性或“教鱼游泳”的方案，因为鱼已经不在原来那个封闭的池子里了。

但苏力主张在司法层面而不是立法层面为习俗留下一定空

---

① 费孝通：《乡土中国·生育制度》，北京大学出版社 1998 年，第 10 页。

② 同上书，第 78 页。

③ 同上书，第 68 页。

④ 冯象：《送法下乡与教鱼游泳》，载冯象：《政法笔记》（增订版），北京大学出版社 2012 年版，第 96 页。

间,这是一种十分明智且务实的主张。他指出:“从法制建设来看,司法是一个最有可能有所作为并产生实际影响的途径,其影响力可能远远超过立法;而且,由于司法是具体操作的,法官所面临的各种社会因素将是安乐椅上的法学家难以想象的,因此司法实践更可能是法学理论发展创新的基础,而不是相反。”在这一点上,苏力似乎与时下的“法教义学”学者们并无二致,即都试图以具体的司法制度和司法案件为素材来提炼法律学说。但法教义学者往往是从西方高度理性化的法律概念和理论出发来批判中国法院的判决,试图教导中国法官如何判案。但苏力却是试图站在中国法官的立场来理解他们看似在理论上不完善、在逻辑上不周延的判决,找出使他们的判决在事实上合理的社会、经济原因。毕竟,司法的主要职能之一是解决现实生活中的纠纷,而现实不是按照逻辑和学理来呈现自身的,其中充满了各种因素之间的复杂交织。在某些方面,苏力从制度经济学中借来的“权利的相互性”(保护一种权利可能需要牺牲另一种权利)概念与法教义学学者从德国宪法法院判例中借鉴来的“比例原则”在对具体案件的分析上并不会导致不同的结论。比如,在分析“秋菊打官司”所招来的侵权官司和邱式鼠药案时,苏力写道:“如果要对他人的言论自由加以法律上的限制,权利主张者必须能够提出足够的证据证明言论者有法律上认可的过错并造成了或可能造成更大伤害,且这一限制不过多影响他人行使言论自由。”这完全可以说是“比例原则”的表达。

如果把贾桂花针对《秋菊打官司》而打的官司与秋菊所打的官司进行对比,还可以发现更多有趣的东西。实际上,贾桂花完全是个理性的、有强烈“权利意识”的现代农村妇女,她不是只想要个“说法”,而是提出了明确的诉讼请求:影片摄制者赔礼道歉、剪除相关镜头、赔偿精神损失费 8000 元,而请求权基础则是《民法通则》(已废止)所保护的肖像权。为什么现实中的贾桂花与电影中的秋菊完全不一样?是因为贾桂花比秋菊更“现代”,法制意识更强?还是因为贾桂花打官司针对的是外来的陌生人(剧组),而秋菊所针对的却是本村的熟人(村长)?又或者,贾桂花打官司所要维护的“面子”(肖像权)与秋菊所讨要的“说法”都是中国乡土社会内生“规矩”中的重要内容,两者都试图借助正式法律渠道来维护自己因为民间规矩被打破而遭受的伤害，只不过这种伤害被正式法律程序“翻译”后却变成了不同的东西，对贾桂花来说这和她的预期相符，对秋菊来说这和她所想要的东西不一样？更要命的是，《秋菊打官司》毕竟只是一部电影，一个虚构，它所反映的或许并不是中国农村的现实，而很可能只是原作者陈源斌、编剧刘恒或者导演张艺谋这些文化人的一种“乡愁”？苏力以“秋菊打官司”为素材而进行的法学分析，更是一种二阶乡愁？遗憾的是，苏力并没有尝试对贾桂花和“秋菊”做任何对比，《秋菊打官司》的官司只被他用来分析言论自由的边界，这可以说是抓了芝麻而丢了西瓜，使我这样的读者可以对他提出上述那些尖锐的问题。

从这个例子可以看出，尽管苏力提出了在司法实践的层面给本土资源进入现代法治打开一个通道这样既有创见又有可行性的主张，但他至少在这本书中还没有提供真正有说服力的实例。有说服力的部分，比如《〈秋菊打官司〉的官司、邱式鼠药案和言论自由》一文中对权利的相互性的分析，借助的是科斯的理论，而不是任何本土资源。而借助本土概念的部分，比如《秋菊的困惑和山杠爷的悲剧》中用秋菊讨要的“说法”和山杠爷行使的家长式威权来描述的乡村治理“现实”，既缺乏牢靠的经验事实基础（都是电影中的虚构人物和虚构时间），又缺乏理论提炼的厚度和深度（秋菊所要的“说法”本身就够单薄了，只能说明她想要的与法律能给的不一样，山杠爷的威权则连一个一般化的概念表述都没有）。人们很容易拿一个现实的例子就“证伪”苏力的分析结论。比如，有人会说，贾敬龙而不是秋菊、何建华而不是王善堂更像是现实中的村民和村干部。不是像，他们本来就是。如果村民和村干部都是循规蹈矩的善良人士，那讨论让他们自觉遵守何种规矩就没有太大意义了，靠国家强制力来推行正式法律就成了当然的选择。

相较而言，苏力在这本书中对司法制度的讨论更有说服力一些。比如，在《关于抗辩制改革》一文中，苏力拒绝把“抗辩制”相较于“讯问制”的优越性作为一个不证自明的真理，而是从它的社会成本、对当事人处境的影响、对“以事实为依据，以法律为准绳”的司法判断标准的冲击等角度对它在中国的前景提出了疑问。首先，抗辩制严重依赖于诉讼中“两造”的证据收集能力。在刑事诉讼中，由于公诉机关享有国家资源的支持,且有公民加以配合的义务作为支撑,抗辩制会进一步弱化被告的处境。在民事诉讼中,当事人的经济实力决定着他们能够请得起什么样的律师,能够负担多少差旅费和复印费,从而使公平问题转化为经济实力问题。其次,一旦抗辩制成为一个制度事实,就会产生新的制度需要,比如,为了使法庭辩论真正有意义,就需要证人出庭,需要为鼓励或强迫证人出庭提供激励或强制机制,这就需要国家有新的资源投入。最后,抗辩制需要为追求真相打上一个句号,否则双方随时可能提出新的证据来重启已经终审的案件,这样会对审判监督程序和信访制度的功能及其意义提出新的挑战。

但另外,他又指出,我国引入"抗辩制"改革是为了解决诉讼增多而司法资源不足的问题,是一种转移成本的合理做法。在要求国家负责整个司法过程的"职权主义"或"纠问制"下,解决资源不足问题的做法就是由当事人提供办案经费,但这样会导致利益冲突问题。将取证责任交给私人(包括市场化的律师)可以解决这个问题。"抗辩制的试点,一方面通过司法成本的转移减少了司法机关的费用支出,在一定意义上减少了司法机关的'私人'成本,使司法机关可以集中财力处理其他类型的、更重大的案件;另一方面,由于制度化的成本转移,又在一定程度上可以隔阻市场对司法过程的过大干扰,也许可以减少司法人员的腐败,增强法院的权威性和专业化。"这样的分析不是抽象地比较诉讼程序模式的优劣,而是从中国司法机关所面对的实际问题和为解决这些问题而尝试过的方法入手,揭示了本土资源的另一个面向:它是流变的、灵活的、问题导向的。寻找法治建设的本土资源不意味着我们要故步自封,"梦回唐朝",而意味着我们要把法律实践中已经接受过检验的解决问题的方法整理出来,进行理论上的一般化处理。

第三节　讲好"中国故事"

苏力的努力方向在这本书各篇论文中都得到明确或隐含的展示,那就是从中国本土经验中提炼出一般化的概念或命题,这些一般化的概念和命题最好用中国普通人自己常用的语言来表述，从而一方面确立中国学术自身的主体性，另一方面能够与包括欧美在内的世界各国学术进行平等的、互有贡献的对话。苏力在这个方向上作出了可见的贡献，提出了一系列观点，包括《秋菊的困惑和山杠爷的悲剧》中提到的“说法”、《法律规避和法律多元》一文中提到的“私了”、《市场经济形成中的违法犯罪现象》一文中对“兔子不吃窝边草”这一民间智慧的理论解释（现代陌生人社会导致犯罪率上升）、《论法律活动的专门化》中创造性地应用“近则不逊远则怨”来说明司法与社会保持疏离感对于维持司法“不偏不倚”形象的重要性以及在中国“熟人社会”或“人情社会”遭遇到的困难等。虽然这些将本土经验概念化的努力在这本书里还表现得有点儿粗糙，但这条值得拓展的、可持续作出贡献的道路却自这本书开启。

我国多数法学家对法律有一种本质主义和基础主义的理解，他们认为“完善的法治”只有一种，而西方法治发达国家更接近于这种完善的法治。作为法治不健全的社会，中国只能不断移植西方法律，而不应执念于自己特有的社会生活实践。这种对本土经验的虚无主义态度并没有妨碍各行各业的中国行动者通过自己的努力推进着中国的全方面发展，但却妨碍着许多法学工作者正视这种现实并从中找到理论的增长点。一种更加细致复杂的但仍然比较单维化的思维方式是承认社会经济发展程度与所需要的法律制度之间的匹配关系，社会经济每前进一步，制度建设就跟上一步，因此，中国需要学习的是欧美各国工业化早中期的制度经验（比如英国 19 世纪末或美国 20 世纪初的经验），而不是当代的法律经验。但这种看法有几个缺陷：首先，它没考虑到历史是不能复制的，先发国家通过掠夺殖民地资源、主宰国际资源配置和生产分工而实现了工业化，但他们又利用自己的国力优势确定了国际世界的游戏规则，使得今天的发展中国家不可能再重复它们走过的道路；其次，尽管世界各国处在不同的发展阶段，但又处在同一个时空之中，横向比较成为不可避免的事实，各种诉求纷至沓来，先发展后公平的程序行不通；最后，西方国家发展过程中遭遇的问题已经非常清楚地呈现在我们面前，成功的经验虽然各个不同，但失败的教训却有共通性，比如环境污染、阶级矛盾、种族歧视等，后发国家能够从这些教训中找到避免重蹈覆辙的路径，而不用等到积重难返时再来处理这些问题。苏力充分认识到了中国处境的上述复杂性。他从前提上否认了单向度的现代化（包括法治现代化）观念；他把着眼点放在当下的事实上，而对未来保持开放的态度。这使他得以超越对知识进步毫无助益的意识形态之争。

在现代社会的学术体制中，学科分野和专业分科旨在培养只见树木不见森林的官僚体系和市场体系中的螺丝钉。学者们往往误以为自己是独立和自治的，而自治性来自越挖越深的“专业槽”。但这种在别人给定的小环境里挖坑的“自治”，实际上使知识人不知道自己服务于谁，也不知道自己的微小贡献最终汇聚成何种社会力量，这每每会导致列奥·斯特劳斯所说的“零售的理性，批发的疯狂”。就中国法学界而言，许多法学家们为了赢得一定程度的自治性力图使法学区别于政治学、伦理学和经济学，但他们所诉诸的则是“普通法司法技艺”或“德国法教义学”等在中国社会没有传统、没有根基的外来理念。这使得中国法学工作者们身处比现代社会专业人士普遍面临的困境更加独特的困境：成为不知道镶嵌在哪里的螺丝钉。在长期从事法学教育和法学研究工作的过程中，我越来越深地感受到我们的法学“主流”意识形态中不自觉地充斥着自由主义传统中的概念和原则，个人本位的权利观、去政治化的司法观以及把政府视为需要提防的“必要的恶”，这些观念蔓延在整个法学界。即使是那些在旁观者看来很“左”的官方法学家，在谈到法律问题时也脱不开这些思维定势的左右。而我国作为一个“社会主义法治国家”的独特政法实践往往被作为一种最终会被抛弃的“过渡状态”或转型期的暂时情况。中国自身的法律经验很少有人从正面去作出理论上的提炼，“我们缺什么”的问题意识压制着“我们有什么”的追问。正如周其仁在经济学界提出“中国做对了什么”这样的问题一样，苏力也在法学界追问着“中国法治有哪些值得依凭的本土资源”。这种问题导向的思维方式使他不大在意自己寻求答案的工具和方法到底属于哪个学科，从而得以避免花费心力去争抢地盘、保卫学科、挖坑筑槽。

回到苏力所引的《论语》中的告诫：“毋意，毋必，毋固，毋我。”这八个字其实足以概括学术研究应当遵循的法则：先入为主的主观意志不要太强，不要执意在充满偶然性的世界寻找必然性，不要顽固坚持旧的立场而不对变迁的世事保持开放的心态，不要以自我为中心来理解这个世界。以这样的心态来治学，我们才能够发现真问题，并提出有意义的答题思路。

第五章　破除法学的自我东方主义

“法律东方主义”是一种批判理论，它旨在批判和解构西方法治话语自我建构出来的“普遍性”，还原其地方性和相对性。在否认东方有不同于西方的政治—法律传统，将东方视为有待西方去殖民、去传播福音和文明之对象的同时，西方丧失了通过文明间的平等对话来完善其自身政治—法律文明的机会。对于中国法律人而言，法律东方主义这一分析视角的意义并不在于让我们用西方人自己提供的武器来揭露“西方法律的虚伪性”，而在于帮助我们破除“自我东方主义”的困境，以开放、自信的心态去建构体现文明主体性的法治话语。

第一节　作为二阶观察的“法律东方主义”

1935年，在危机重重的欧洲，胡塞尔提出了这样一个问题：“是否欧洲人自身中有一种绝对的理念，而不是像‘中国’或‘印度’那样是一种纯粹经验的人类学上的类型；另外，只有这样才能确定，是否将所有其他的文明欧洲化的壮举本身表明一种绝对意义的统治，这种绝对的意义是一种普遍的意义，而不属于历史上无意义的胡闹。”①要知道，身为犹太人的胡塞尔此时正承受着种族迫害的压力，而他的教学资格在次年初被彻底剥夺。深陷如此境况的胡塞尔仍然对欧洲文明抱有绝对的信心，可见这种信心不是来自物质力量的强大，而是来自对欧洲文明中所包含的“普遍的绝对意义”的领悟。在德语世界，这种认为唯有秉承绝对理念的欧洲人才能在历史的时间维度中完成空间上的征服与扩张的观念始于黑格尔。在黑格尔看来，“中国人”是游离于世界历史之外、缺乏主体意识和自由精神的存在，主要的原因就是他们没有基督教：“因为我们所谓宗教，系指‘精神’退归到自身之内，专事思索它自己的主要的性质、它自己的最内在的‘存在’。在这种场合里，人便从他与国家的关系中抽身而出，终能在这种退隐中，使他自己从俗世政府的权力下解放出来。”②由于缺乏这种使精神得以返回自身、确认自身主体性的机制，中国人只能相信强力，无法设想专制之外的其他制度安排的可能性。

作为一种批判理论的“东方主义”或东方学是一种揭露作为意识形态的“东方主义”的方法。用社会理论家卢曼的概念来表达，它是一种“二阶观察”，即“对其他观察者的观察”。③ 在一阶观察的层次，由于系统与环境之间的区分尚未确立，“沟通系统并不知道沟通除了接触到沟通本身之外碰触不到别的东西”。因此，人们误以为自己的话语表达是对客观环境的描述，“现象学被践行为本体论”，因而“现实与对现实的幻想很难被区分开来”。④ 但在二阶观察的层次，由于观察者得以看到不同的一阶观察者同一种环境的不同表达沟通方式，并了解人为建构的系统与外在环境之间的区分，所以能够对一阶观察者的话语系统进行批判和解构。⑤ 作为二

---

① ［德］胡塞尔：《欧洲科学的危机与超越论的现象学》，王炳文译，商务印书馆2001年版，第26～27页。引文根据德文原书略有改动。

② ［德］黑格尔：《历史哲学》，王造时、谢诒征译，商务印书馆1936年版，第211页。

③ Niklas Luhmann, *Theory of Society*, Vol. Ⅰ, translated by Rhodes Barrett, Stanford University Press, 2012, p. 168.

④ Ibid., p. 50.

⑤ Niklas Luhmann, *Deconstruction as Second-Order Observing*, New Literary History 24 (1993): 763-782.

阶观察，“东方主义”试图揭示西方人在话语体系中把东方建构为被动的、缺乏主体性的、无法影响世界历史进程的“纯粹经验存在”这一过程背后的系统建构与沟通机制形成过程，并呈现出这种话语体系与东方人的自我描述之间的巨大差异，从而把自我标榜为“普适”和“绝对”的话语体系地方化和相对化。这种批判或解构能够为“东方”的主体性建构清除一些迷障，尤其是唤醒一批“自我东方主义”（把西方人对东方的理解内化为自我理解）的东方人，但它并不能取代东方的主体性建构本身。海市蜃楼消散之后出现的是荒漠还是“一带一路”，这取决于“东方人”在历史进程中的自我证成。

斯威夫特在《格列佛游记》中虚构了一个格拉多科学院，这个科研机构中的专家学者们凭着自己的奇思妙想做着各种古怪的试验，提出各种改良自然、社会和政治的方案。由于他们对自己研究对象的性质和运作机制毫不了解，也丝毫不感兴趣，所以提出的方案丝毫无助于国家治理和民生福祉。[①] 在去世前为《东方学》一书所写的新版序言中，萨义德把美国外交政策的智囊们比作格拉多科学院中的学者，他们试图向中东国家移植人造的自由市场和民主制，“对于这种项目能否在斯威夫特的格拉多科学院之外存在丝毫没有怀疑”。[②] 萨义德所批评的东方学是一种态度，其心理机制是满不在乎（insouciance）：保持这种态度的人对自己的研究对象缺乏基本的兴趣和了解的欲望，而只顾推销自己认为天经地义的东西。这些人（有意或无意地）服务于西方殖民主义的事业，将东方建构为被动的客体，有待被基督教化、文明化和法治化，而不顾构成“东方”的若干文明古国有着比多数西方国家（尤其是美国）悠久得多的文明传统。

《东方学》一书出版后在东方学专业领域受到很多批评，因为它贬低了很多毕生致力于研究埃及学、汉学、阿拉伯学或印度学的学者的学术意义，揭示了生产这些“科学”的帝国主义、殖民主义政治逻辑。但这本书却在它的主要批判对象——东方学之外产生了巨大的影响，在许多领域导致了“范式转换”的效应。如果说把萨义德

---

① 参见［英］斯威夫特：《格列佛游记》，张健译，人民文学出版社 1962 年版，第 155～168 页。

② Edward W. Said, *Orientalism*, Penguin Books, 2003, p. xiv.

的 Orientalism 翻译成《东方学》是完全符合该书主体内容的译法的话,在其他领域应用这个概念和相关分析方法时,"东方主义"显然是一个更合适的译名。络德睦的《法律东方主义》就是将东方主义批判视角应用到法学领域的一项努力成果。但这本书又不只是对萨义德理论的一项应用,而且是对它的一个发展。萨义德所批判的东方学,以英、法、荷兰等早期殖民帝国的东方学为主要考察对象,这种东方学是把东方作为客体来研究,服务于这些国家向东方殖民的知识和策略需要。但络德睦的主要分析对象是美国的法治输出战略,是"没有殖民地的殖民主义"①,这种战略并不把东方作为客体,而是试图把它建构为一种新的主体,作为美国追随者的主体。这个战略是非常成功的,使许多东方人(包括中国人)内化了美国价值,变成了精神上的"美国人",认为"美国的月亮都比中国的圆",并以美国人的眼光来评价本国的制度实践。这个"自我东方主义"的维度是萨义德的作品中没有系统分析的,也是《法律东方主义》的主要学术贡献。本章试图在批判性地评价这本书的同时,对其中未能触及或有待展开的若干面向进行拓展,以期为中国法治建设中"文明主体性"的建构提供一些思路。

第二节　殖民主义与法律东方主义

2003 年,在美、英单方面使用武力推翻萨达姆政权之后,伊拉克临时管理委员会成立。想到伊拉克这张被人为擦去旧时画面的白纸上去描绘自己心目中的理想图景的美国人络绎不绝,但他们如果想在伊拉克有一间办公室,就必须先到五角大楼吉姆·欧贝恩(Jim O'Beirne)的办公室走一遭。欧贝恩基本不考虑谋职者的学历和专业资质,而只考虑他们对共和党和布什政府的效忠程度。所以,在他派往巴格达担负"重建伊拉克"的伟大使命的人中间,有一位 24 岁的从未从事过金融证券工作的青年,被委以巴格达股票交

---

① [美]络德睦:《法律东方主义》,魏磊杰译,中国政法大学出版社 2016 年版,第 207 页。以下引用该书只括注页码或章节。

易所负责人的重任。另有一个新保守主义评论员的女儿,受命管理重建伊拉克的130亿美元预算,尽管她从未有关财会方面的训练或工作经验。①

这个在当代世界发生的真实事件,以及无数其他的类似事件,可以帮助我们理解络德睦在《法律东方主义》一书的基本问题意识:实力的碾轧导致知识上的傲慢,西方人在通过武力征服东方后以慵懒和漫不经心的心态来“理解”东方,因而丧失了通过与东方对话和相互学习来提升自身文明层次的机会。而当中国重新崛起成为世界强国的时候,西方人过去的轻慢又使他们无法理解今天的中国和它的发展道路。

在《西部世界》这部HBO热播电视连续剧中,剧中人物分为主人(hosts)、客人(guests)和他们的设计者/服务商三种。主人是被设计出来的人工智能机器人,他们拥有理性和情感,但设计原则是它们不能拥有记忆,从而可以在被“客人”玩儿坏之后身体被回炉再造,脑子被格式化。而客人则是真实的人,他们来到“主人”居住的新世界放纵自己的欲望,对主人做各种在“文明世界”不可能做或做了必受法律严惩的事情,包括奸淫、抢掠、以各种方式屠戮。“主人”的设计者同时也是客人的服务商,他们向客人收取高额的费用,为他们提供到人造的新世界(“西部世界”)纵情娱乐、对“主人”为所欲为的服务。但安东尼·霍普金斯爵士饰演的整个新世界的最初创造者福德博士却在“主人”的程序中植入了一种“病毒”,即“想入非非”(reveries)。它其实就是记忆,尤其是情感和伤痛记忆,以及基于这种记忆而产生爱恨情仇。

这部剧集的深刻之处在于,它不仅揭示了“智能人觉醒”这种老掉牙的科幻片主题,更揭示了另外两个维度的问题。一是这里的智能人其实有其真实的历史原型,这就是被西方“文明世界”殖民的“新大陆”和东方。西方人按照自己的理念和利益来表述东方,征服东方并改造东方,把东方的久远历史和文明传统建构为虚无缥缈的过去,这种过去在“现代”世界没有当下实存的意义,更没有未来。

---

① Rajiv Chandrasekaran, *Best-Connected Were Sent to Rebuild Iraq*, Washington Post, Sept. 17, 2006, at A1.

二是这种对他者的恣意蹂躏和侵略也败坏了“客人”自己的品性。我们不能指望一个对人形造物或动物恣意蹂躏的人会对其他人温文尔雅,影片中经常出现的莎士比亚名句“狂暴的欢愉必有惨烈的结局”(Violent delights have violent ends)①就是一个永恒的警示。

如果说萨义德的《东方学》开创了对第一个维度的批判性分析的话,络德睦的《法律东方主义》则兼顾了两个维度。他一方面讲述了美国把中国作为“一个联邦司法管辖区”、在中国设立“美国驻华法院”以行使治外法权的历史,分析了这种殖民主义活动对中国主权造成的损害,另一方面又分析这种以强力来输出“法治”的做法对美国法治本身的败坏。这个法院对在华美国人、被美国殖民的菲律宾的美国(属民)乃至(在某些案件中)从未涉足中国的美国人行使司法管辖权,其裁判标准则包括美国独立之前的英国普通法、一般性国会立法、哥伦比亚特区市政法典以及阿拉斯加领地法典(包括其中在阿拉斯加已被废除者)。“唯一不在美国驻华法院适用的联邦法就是美国宪法。”在美国驻华法院受审的美国刑事案件被告不享有美国宪法所保障的一些基本权利,包括要求陪审团审判的权利(第五章)。实际上,殖民主义的话语体系不仅损害了“东方国家”的主权、领土完整和文化传统,也损害了殖民帝国自身的宪法原则和公民权利。比如,把东方视为“白人的负担”这样的东方主义思路也固化着美国国内的种族主义,使黑人等少数族群同样被视为“白人的负担”,其中虽然蕴涵着帮助和教化的道德义务,但更多地体现着一种居高临下的蔑视姿态。②

实际上,尊重一个国家既有的文化传统,认为法律不能人为设计出来,更不能由一个国家强加给另一个国家,是从柏克到黑格尔的一系列欧洲保守主义思想家的共识。比如,柏克认为,历史是一个层层叠加的过程,一个民族、一个政治体的政治制度和具体秩序是世代累积的文明成果。政治和法律的演进不是靠若干试图以理念来改造世界的人就能够推动的,因为这涉及成千上万人的行为方

---

① William Shakespeare, *Romeo and Juliet*, edited by G. Blakemore Evans, updated edition, Cambridge University Press, 2003, 2.6.9, p. 133.

② Winthrop D. Jordon, *The White Man's Burden: Historical Origins of Racism in the United States*, Oxford University Press, 1974.

式和生活习惯的改变:"因为几只蚱蜢在草下鸣叫就会使整片牧场回荡着它们喋喋不休的嗡嗡声,而上千头大牛在栎树下休憩,咀嚼着反刍的牧草,一声不响,祈祷人们不要把那些噪音制造者当成牧场里唯一的居民。"①黑格尔对拿破仑评价极高,把他称为"骑在马背上的世界精神"。但他也指出,即便是像拿破仑这样率铁骑踏遍西欧和北非的人物,也无法把法国大革命之后形成的现代政治和法律制度强加给别的国家,因为人是一种镶嵌在历史和传统中的动物:"物质性的实力领先绝不能够取得持久的结果:拿破仑无法强迫西班牙走上自由大道,正像菲利普二世不能威逼荷兰困处于被奴役状态一样。"②同样,拿破仑也没法迫使普鲁士接受法国所代表的"普适价值"。但这种基于对本民族、本国家的身土不二式的热爱并没有被这些思想家推及"东方"。通过对欧洲文明内在的系统冲突的反思,柏克和黑格尔得以在思考英国和德国面对法国大革命所带来的浪潮时如何保持文明主体性时超越迈进二阶观察的维度,但无法把这种观察视角带入到对东方的理解之中。

值得注意的是,孟德斯鸠和黑格尔等人对东方专制主义、对中国人缺乏宗教指引因而无法在精神上完成个人主体性建构的描述,如今已经被许多中国人内化为自己对中国传统的理解。"自我东方主义"自清末中国与西方列强的坚船利炮遭遇以来逐渐成为中国许多知识分子看待本国文明和西方文明的方式。东方原本是无法的(lawless),而西方是法治的发源地,其制度文明的先进,是中国效仿和追赶的目标。这种已然成为思想界主流的观念,正像络德睦所引用的《中华人民共和国法治白皮书》里所说的那样,"法治是政治文明发展到一定历史阶段的标志,凝结着人类智慧,为各国人民所向往和追求"。虽然官方表述中一般会在"法治"之前加上"中国特色""社会主义"等定语,但在立法和司法层面,却极少看到对中国"本土资源"的援引,许多法律人离开了来自西方自由主义传统的"权利""自由"等概念便不会说话。尤其是与普通老百姓的日常生

① Edmund Burke, *The Writings and Speeches of Edmund Burke*, Vol. 8, Oxford: Clarendon Press, 1990, p. 136.

② [德]黑格尔:《历史哲学》, 王造时、谢诒征译, 商务印书馆 1936 年版, 第 499 页。

活关联最为紧密的民法,基本上被来自德国(中间抑或经过日本的中转)的概念和原则所占据。

在对西方法律制度的理解上,我们也缺乏深入到具体制度之生成机理和历史逻辑的研究。由于现代性起源于西方,西方各国基本上都是按照本国社会、经济、人口、观念的变迁节奏来调整法律制度,“自生自发的秩序”在一定程度上是对这种节奏和顺序的描述。但被迫走上现代化道路的中国,却不得不先引进西方的法律文本,因为抄法条、搬概念和学说远比建立新秩序、发展经济、改造社会来得轻巧容易,也更符合法学家的品位和利益。毕竟,面对具体生活的民众在立法大业中是没有任何发言机会的。在照搬西方法律时,也往往是顺手拿来,而不深究其字面之下所要解决的具体问题和所欲达致的特定目的。英国学者托多罗夫曾经写道:“所有想要正当化殖民征服的人都避免以自利为理由,他们基本上都是在两个立场之间做出选择:要么诉诸人道主义价值,因此声称殖民的目的是传播文明、推动进步并把美善带到全世界;要么完全否定人道主义价值,主张人类各种群的不平等以及强者主宰弱者的权利。这两种正当化策略是相互矛盾的;但正是因为这关乎用什么样的话语来辩解而不是真正的动机,我们经常可以在殖民主义意识形态编撰者的作品中看到两种立场并驾齐驱。”①不明就里地照搬西方的法律条文和概念,进而用西方的话语体系来描述和评价中国政治、经济和法律实践,这种法治化进路明合于西方的“东方主义”话语体系对中国的定性和定位:西方法律是一种无地之法,即放之四海而皆准的普适法律;而中国是“无法之地”,等待被西方的法律灌溉。数以亿计的中国人都成了不会游泳的鱼,等待掌握了西法之学的法学家们来“教鱼游泳”。② 对此,络德睦借助美国“驻华法院”的历史做了令人信服的论证,他指出:“美国法拥有其自身的时空结构,是一套具有构成性的领土因素与历史因素的结合体,以至于难以一一对

---

① Tzvetan Todorov, *The Morals of History*, translated by Alyson Waters, University of Minnesota Press, p. 48-49.

② “教鱼游泳”本是一则法国谚语,原本的表述是 Il n'est pas nécessaire d'apprendre au poisson à nager(没必要教鱼游泳),被冯象教授用来形容我国的“普法”事业。参见冯象:《送法下乡与教鱼游泳》,载《读书》2002 年第 2 期,第 3～10 页。

应地被翻译到中国的情景之中。”美国“驻华法院”“存在的主要理由之一是为中国提供一个法治模型，但其自身的运作却远不具有如此的示范性”。

由此可见，络德睦所描绘的法律东方主义有两副面孔：一面是对作为“他者”的东方的人为建构，另一面是“西方”自身的主体性建构。这两幅面孔的对应既导致了对东方的简单化理解、对东方内在复杂性和文明传统的压制和消解，又导致了西方自我理解的扭曲和极端化。当中国人把这种“东方主义”镜像内化为理解自身的视角的时候，同样导致了自我否定和缺乏对西方的深入理解之下的全盘西化。

第三节 物质救国还是法治救国？

物质力量差距是传统中国与现代西方遭遇时彼此的第一印象。比如，薛福成曾这样描述胡林翼见到西洋蒸汽轮船之后的反应：“文忠驰至江滨，忽见二洋船鼓轮西上，迅如奔马，疾如飘风，文忠变色不语，勒马回营。中途呕血，几至坠马。文忠前已得疾，自是愈笃，不数月薨于军中。盖粤贼之必灭，文忠已有成算。及见洋人之势力方炽，则膏肓之疾，着手为难，虽欲不忧而不可得矣。阎丹初尚书向在文忠幕府，每与文忠论及洋务，文忠辄摇手闭目，神色不愉者久之，曰：此非吾辈所能知也。”①我国的香港正是在中国错过了工业革命的第一波浪潮、物质力量上落后于西方列强的情况下被迫割让和租借给英国的。中国传统士人练达于人情、义理和礼教，然而面对西方工业化时代的兵船炮舰却无能为力，物质的鸿沟构成了不可逾越的障碍。对此，康有为于1904年在加拿大写就的《物质救国论》作出了精炼的表述：“若中国则数千年之政法，本自文明，所乏者独物质耳。”②

此后，中国应对列强压境、实力悬殊的策略经过了器物之

① 薛福成：《庸庵笔记》，商务印书馆1937年版，第15~16页。

② 康有为：《物质救国论》，载《康有为全集》（第八集），姜义华、张荣华编校，中国人民大学出版社2007年版，第65页。

变——中体西用、制度之变(变法、立宪)和文化之变(新民—新文化运动)等几个阶段的发展。但驱动中国知识分子和政治人物不断寻找现代化之路的主要动力始终是救亡图存的紧迫感。康有为和梁启超在光绪年间鼓吹法治,呼吁引进西方的议会民主制度。比如梁启超在1904年出版的《中国法理学发达史论》中写道:“法治主义,为今日救时唯一之主义;立法事业,为今日存国最急之事业。稍有识者,皆能知之。”①但在经历了立宪失败、革命兴起、走向共和、军阀割据等历史变故之后,都转而强调稳固国家主权的首要性。在1913年的《拟中华民国宪法草案》中,康子开篇即哀叹:“中国危迫甚矣！非空文之宪法所能救也。”②他开出的药方是逆“主权在民”这一“国际标准”而行的“主权在国”。当然,这个国不再是“家天下”的专制之国,而是“天下为公”的共和国。为此康子写道:“宪法何为而立也？为敌人主专制其国而立也,为去人主私有其国而立也,为安国家而官明其职、人得其所而立也。”③但“天下为公”并不意味着人人可以瓜分(清帝逊位之后,中国出现的正是这种群雄逐鹿、瓜分天下的局面),而是主权统于国家,人民经由法律途径参政议政。④

《法律东方主义》的另一个意义在于揭示了作为“普适价值”的法治话语背后的实力逻辑。作为后起的殖民帝国,美国很巧妙地利用法治和人权话语瓦解了欧洲列强所建立的世界体系。在“一战”之后,政治学教授出身的威尔逊总统借助“民族自决”概念鼓动殖民地的政治精英争取民族独立,从而掀起了“去殖民化”的浪潮,并以其“道德优势”来影响和控制新兴国家,建立了一个不去占领别国领土但其影响力却无远弗届的帝国⑤。而在“二战”之后,美国更作为欧洲(乃至世界)的拯救者重塑了国际法体系,主导了联合国的建立

---

① 《梁启超全集》(第五卷),北京出版社1999年版,第1255页。

② 《康有为全集》(第十卷),姜义华、张荣华编校,中国人民大学出版社2007年版,第38页。

③ 同上。

④ 关于清末民初的“主权在国论”,章永乐博士有很精彩的总结和论述,参见章永乐:《旧邦新造:1911—1917》,北京大学出版社2011年版,尤其是其中的第三章。

⑤ Lloyd E. Ambrosius, *Wilsonian Statecraft: Theory and Practice of Liberal Internationalism During World War I*, Scholarly Resources Inc., 1991.

和《世界人权宣言》的通过。[①] 20世纪60年代之后，美国主导的一系列的国际机构（比如世界银行）则资助和引导了“法律与发展”话语的生产和推广，把建立美国式的法律制度作为向发展中国家提供国际援助的前提条件。[②] 随着美国法学家们“制度自信”和知识自信的增强，19世纪末和20世纪初美国比较法的黄金时代也就成了明日黄花，学习比较法和外国法变得不再重要。法学院的课程设置反映了这种变化，不仅比较法课程变得可有可无，就连国际法也都成了不重要的选修课。出于“冷战”和对外输出制度影响的需要，中国法等外国法课程和“法律与发展”“宪法设计”等为指导第三世界法制建设工作的课程应运而生。它们虽然在一定程度上覆盖了比较法所涉及的内容，但这种居高临下而不是平等对话式的比较固化了美国法律人的傲慢与偏见。实际上，比较的目的主要在于认识自己。比较法在美国的衰落导致了自我认知的偏差，美国学者帮助许多亚非拉国家写的宪法和其他法律纷纷以失败告终。这回过头来使得美国法律作为一种知识体系对其他国家的影响力日渐减弱。比如，近20年来风生水起的全球宪制主义浪潮中，加拿大《权利与自由宪章》、南非宪法和德国基本法文本与实践的影响力都已超越了美国宪法。美国国内带有民族主义色彩的“美国例外论”在其他国家也慢慢得到认可，不过并不是从赞许的角度，而是说：既然你那么与众不同，我们就没有理由向你学习。

不过，在这个方面《法律东方主义》的观点并无创新。近年来在美、英出版的许多著作都旨在批判帝国主义和“东方主义”在当代西方（尤其是美国）法治输出战略中的延续。比如，《西方的掠夺：当法治非法时》一书指出，当直接占领别国领土并进行殖民在“二战”后的新国际关系格局中变得不可行之后，美国开始用输出“法治”的方式延续殖民主义的传统，其间改变的只是用法律这种“软实力”取

---

① Mary Ann Glendon, *A World Made New: Eleanor Roosevelt and the Universal Declaration of Human Rights*, Random House, 2002. 富兰克林·罗斯福总统发明了“联合国”这个词，并主导了这个国际组织的建立；第一夫人埃莉诺·罗斯福则积极影响并参与了《世界人权宣言》的起草。

② Michael J. Trebilcock and Daniel J. Daniels, *Rule of Law Reform and Development: Charting the Fragile Path of Progress*, Edward Elgar, 2008.

代了军事力量这种“硬实力”(尽管硬实力仍然不时借“人道主义干预”的名义出场)。“美式法治”的输出有利于保护美国资本家在全球的利益,帮助他们以更加隐蔽的方式攫取第三世界国家的资源和财富,而与此同时却让被掠夺者心甘情愿甚至心存感激。① 哈佛大学法学院戴维·肯尼迪教授长期从事全球经济政策和“法律与发展”研究,可算是战斗在制度输出和制度设计一线的“老手”,他作为学者的职业伦理促使他写下了批判美国主导的“制度设计产业”的力作。他以“内部人”所掌握的丰富素材揭示了衣着光鲜、出入“达沃斯论坛”和第三世界国家五星级酒店的第一世界专家们如何不负责任地帮同样不负责任的亚非拉某些国家的政府设计着不接地气的经济政策和法律制度。肯尼迪把这些专家称为“带着项目的人”(people with projects)。除了揭丑之外,贯穿全书始终的规范主题是对“问责性”(accountability)和“透明度”(transparency)的强调。只有当这些专家受哪些利益驱使、向谁负责的问题被充分曝光之后,人们才可能判断他们是不是中立、理性和“坚持真理”的诊断者和可靠的顾问。而当下的事实是,他们中绝大多数是“可怕的偏私、每每使接受其建议的国家陷入危机、在环境问题上极其愚昧并且在政治上和经济上服务于极少数人”。②

作为唯一一个基本不靠国际援助而取得显著经济社会发展成就的大国,中国是美国当代“东方主义”话语的理想针对对象。正如络德睦所言,“冷战时期,在西方的集体意识中,苏联逐渐被构想为首要的‘人权侵犯者’。伴随着苏联的解体,这个位置一直虚位以待。然而,从那时起,美国便开始集中火力抨击中国的人权纪录”。对于中国在改善总体民生福祉、消灭贫困方面的成就,很少有人会表示反对。比如,一直对中国持批判态度的英国自由主义媒体《经济学人》在2013年的一篇主题报道中写道:在全球减贫事业中,“四分之三的成就应当归功于中国。中国经济发展得如此迅速,以至于尽管收入不平等正在加剧,但贫困正在消失。从1981年到2010

---

① [美]乌戈·马太、[美]劳拉·纳德:《西方的掠夺:当法治非法时》,苟海莹译,社会科学文献出版社2012年版,第113页。

② David Kennedy, *A World of Struggle: How Power, Law, and Expertise Shape Global Political Economy*, Princeton University Press, 2016, p. 31-32.

年,中国使六亿八千万人摆脱了贫困,极端贫困人口从 1980 年的 84%减少到目前的 10%。”与此同时,在非洲和拉美一些主要依靠外援也因此被迫引进了美国式制度的国家,极端贫困人口不降反增。[①] 一本讨论国际援助问题的畅销书也写道:“中国是过去 20 年里最令人瞩目的成功典范:一个贫穷的国家能够跻身于世界经济的强国之林,使得很多西方国家和贫穷国家瞠目。这是一个不同寻常的成功经历,并没有遵循西方所设计的现代化蓝图。”[②]相比之下,那些遵循西方的“计划者”们所设计的乌托邦蓝图的国家却失败了。但在微观的事件层面上,西方主流学者和媒体对中国的法治状况一直持批判姿态,拿后工业时代的西方标准评断中国在高速工业化和城市化过程中对财产权等基本权利的相对较弱保护,丝毫不考虑西方各国在工业化时期对本国劳动人民的剥削和对殖民地的掠夺。提到这一点并不是要跟西方国家“比差”,而是为了带入一种历史感。梁漱溟先生在 1953 年 9 月 11 日的政协扩大会议上说道:“各位亦许知道我作乡村建设运动,此即不单是政治改造,而认为经济政治分不开。改造社会我有这样一想法:中国政治改造一定随经济改造而完成;经济进一步,政治进一步,循环推进。”[③]经济社会发展与法律和政治制度的发展有一定的次第关系,自主把握发展的节奏和步骤是中国稳步实现现代化的成功经验。

由于现代化过程会改变基本的社会结构,动摇传统的社会关系和人际交往模式,动员起原本嵌入在家庭村社中的个人,所以,正如亨廷顿所言,“现代性产生稳定,现代化造成不稳定”。[④] 许多无法掌控现代化过程所带来的诸多社会问题的国家都失败了。现代化过程犹如深海行船,哪怕船出了问题,也无法靠岸修理,而只能在修补中前行,在前行中修补。在这个过程中,国家维护稳定和秩序的治理能力是一个十分重要的因素。对此,亨廷顿写道:“各国之间最

---

① Editorial,“Towards the End of Poverty,” *Economist*, June 1, 2013.

② [美]威廉·伊斯特利:《白人的负担:为什么西方的援助收效甚微》,崔新钰译,中信出版社 2008 年版,第 284 页。

③ 梁漱溟:《1953 年 9 月 11 日政协扩大会议上的发言草稿》,载《梁漱溟全集》第七卷,山东人民出版社 2009 年版,第 3 页。

④ [美]塞缪尔·亨廷顿:《变革社会中的政治秩序》,李盛平等译,华夏出版社 1988 年版,第 47 页。

重要的政治区别,并不在于政府统治形式的不同,而在于政府统治程度的高低。有些国家具有政治一致性、一体性、合法性、组织性、高效和稳定的特点,而另外一些国家的政治则缺少这些特点。这两种政治之间的差异,要比民主制和独裁者之间的差异更为显著。共产集权国家和西方自由国家一般都属于有效能的政治体系,而非软弱无能的政治体系。”①

正是在中国经济社会发展方面取得显著的成就之后,世界各国才开始重视对中国经验的非东方主义式的研究。《法律东方主义》本身也是在“中国崛起”的事实背景下产生的反思性作品。作者在书中呼吁一种“东方主义伦理”或“比较研究的伦理”,主张要关注研究对象的“主体性实践”,而不能把“东方”或“中国”当成有待被改造的客体,这种主张在力量均势没有形成之前是不会起到作用的。一个明显的例子是,在被迫签订了一系列“不平等条约”之后,国力衰弱的中国仍被排除在“国际法世界”之外。1902 年,德国著名法学家耶利内克发表了一篇题为《中国与国际法》的论文,他在其中指出,与土耳其和日本等东方国家不同,中国没有承认起源于基督教欧洲的国际法,也从来没有按照国际法来主张自己的权利,所以国际法上的礼让(comity)不能适用于中国。中国必须被征服、被改造,然后才能获得国际法世界的准入证。“如果西方文明(occidental civilization)能够战胜中国,这个变法之后的亚洲帝国才能被国际法所承认:现在的无法状态在将来会被法律状态所取代。”②只有在中国独立自主地实现了综合国力的大幅度提升之后,络德睦的反思才会在西方社会引起一定的共鸣:“站在 21 世纪回头再看,北大西洋法律制度在 19 世纪被强行引入中国可被视作中国法律现代化发端的起点,现代法律全球化的关键时刻。当我们进入以中国为核心的亚洲世纪,法律的吸引力仍然让人抱持矛盾的心态,它对自由的永恒承诺一直受到法律帝国主义漫长历史的困扰。”

---

① [美]塞缪尔・亨廷顿:《变革社会中的政治秩序》,李盛平等译,华夏出版社 1988 年版,第 1 页。

② George Jellinek, *China and International Law*, 35 American Law Review 56 (1902), p. 62.

第四节　中国法学对世界的可能贡献

《法律东方主义》一书的精彩之处在于成功地应用了伽达默尔所言的“视域融合”式阐释方法：用中国视角观察美国，同时又用美国视角观察中国，在两种视角的交汇处找到一些有助于理解两种不同法律制度的一般性因素。这种方法的意义和潜力在其第三章“讲述公司与家族的故事”中展现得最为淋漓尽致。

通说认为，在中国，家族被视为最基础的政治—法律实体，国与家具有组织上的同构性。而在西方，个人是最基础的法律主体，其他社会、经济和政治组织都是个人通过契约自愿结合的结果。但络德睦认为，“中国亲属法在历史上发挥了现代公司法在当下所发挥的许多功能”，其中包括现代公司法最核心的功能，即所有权与管理权的分离和管理者的信义义务。一个家族财产的所有者包括死去的成员、在世的成员以及未出生的成员，而管理者则是在世的家长。管理者一方面要确保祖先香火不绝、祭祀不断（祭祀公业），另一方面又要考虑家族的未来发展、子孙教育（宗亲会、“教育基金”），他和整个家族的关系非常类似于信托制度中受托人与受益人之间的关系。在社会主义中国，“单位”在很长一段时间充当着家族的替代物，照管个人的生老病死，成为“伦理经济”中的基础主体。反观美国，公司法在很大程度上也体现着亲属法的特制，比如公司的人格化、管理者对股东负有的信义义务、体现父权主义的“强制披露条款”等。如果我们放弃对法律教义的执着，就会发现，在一种功能主义的意义上，亲属法和公司法有很大的相似性，在很多时候可以相互进行功能替代。

用公司法原理来解释中国传统中的宗祠制度以及用中国的宗祠制度原理去重新审视当代美国的公司法，有助于使我们看到经济组织的社会、文化功能以及家庭、社会组织的经济功能，丰富我们对法律本身的理解。龙庆兰在批评络德睦的这种研究时指出：“西方公司制度起源于11～12世纪的教皇革命，是教皇革命中宗教势力与世俗势力相互竞争与合作的产物之一。而中国的宗祠文化则根源于儒家传统对家这一概念根深蒂固的眷恋,也融汇着儒家精神中关于对自我的修炼和陶冶。如果将东方的宗祠和西方的公司放入它们各自不同的文化、经济和意识形态的社会大背景中,就会发现它们是截然不同的两种社会组织结构,没有什么可比性。"[①]这种批评看似有理,但却无视了以下几个结构性的因素。首先,在 1492 年哥伦布发现"新大陆"之前,世界是由若干个互相没有频繁往来的中心构成的,每个中心所代表的政治、经济和文化体系都自成一体,各有其内在的机理和逻辑。但自此以后渐次展开的全球化进程却使得跨体系的冲突、比较和相互借鉴变得不可避免。可以说,比较主义是全球化必然带来的知识效应,而比较必然要求将某些制度或文化要素适当剥离出它的本土根源,进行功能主义层面的比对。其次,正像西方的公司制度已经远离了它的教会法根源,中国的婚姻家庭制度也已经被改造得完全不同于它在传统社会的样子,在有些方面,我们自己的历史并不比外国离我们更近。对于必须回应当代问题的法律而言,通过参照外国经验来理解本国历史形成的、但其历史已经无法正当化其当下存在意义的规则模式,是一项十分有意义的工作。最后,在如今这个功能分化的社会,将家庭、社会、文化、法律、政治熔于一炉的整合机制已经不存在了。即使在尚未充分实现现代化的中国,法律也获得了相对于其他社会系统的一定程度的自治性。硬要强调某种中国法律元素的文化根源,反倒对今天的现实缺乏解释力。我们可以批评络德睦在应用交互视角来进行法律比较时做得还不够细致和深入,但不能全盘否定他从事的这项工作的意义。

络德睦极富洞见地指出,在今天的中国,"存在着将规范性的儒家自我、社会主义自我及自由主义自我诸层面结合在一起的主体结构,并由此超越了国家—单一个人的简化的公私二分"。实际上,在今天的中国法律中,家庭和集体仍是一个非常重要的法律主体,比如在农村土地承包法中,发包方是村集体经济组织或村委会,承包方则是农户家庭。农村土地的所有权属于村集体,而不是村民个

---

① 龙庆兰:《公司还是宗祠:比较法背后的故事——读〈公司与宗祠制度的概念化〉》,载《政法论坛》2014 年第 2 期,第 172~182 页,引文见第 173 页。

人。成员身份与权利的融合呈现出不同于个人本位的财产权制度的特色。中国人传统的家庭伦理成为城市化、产业结构调整等大规模社会变迁中的稳定剂,帮助中国有序度过了国企改制导致大规模工人下岗这样的大考验。这些已有的未经分析的经验都是值得研究者去开掘的富矿。

东方主义的出路不是西方主义。《法律东方主义》中译本的意义不在于帮助我们用美国人的自我批判来批判美国,而在于提示我们迈向具有中国主体意识的认知立场:一方面更好地认识自身,另一方面也更深入地理解“西方”。毕竟,实现法治和现代化的道路不止一条,中国已经在经济发展方面走出了自己的道路。或许有一天,中国独特的法治经验也能像当下的西方经验那样具有普遍的示范性,为人类制度文明添加一种新的可能性,即络德睦所言的东方法律主义。

第二部分　经济学视角下的法律

第六章　法治的可能性及其限度：一个公共选择理论的分析框架

说到在政治事务中讲真话，恰好有一个广为人知的讲真话的小男孩的故事。不是乔治和樱桃树的故事，而是那个同样有名的看到皇帝没穿衣服的小男孩的故事。从科学上看，那个故事中有一个缺陷：它没有结尾。我想，作者善良而又敏感，但没有心计。对那个故事，作为一个故事，这当然是一个优点。但在一次科学讲座中，它应当有一个结尾，并且只需要加上几句话：那天晚上，人们醒悟过来：他们已经没有皇帝了。贤人们正在焦急地讨论应当怎么办？你能够想象一个庄重地行走在大街上的裸人是皇帝吗？贤人们当然无法取得一致，于是第二天便开始了一场战争。在一年之中，一个繁荣、幸福的国度灭亡了，文明消殒，野蛮复生。所有这些都是因为一个孩子对一件显而易见的事实做了天真的评论。反过来说，所有这些都是因为皇帝太愚蠢，以至于让人们见到了皇袍里面的常人。当然，人人本都知道里面是什么。社会中的真话就像人体内的马钱子碱一样，在特定条件下并只有微小剂量时是药品,但在一般情况下却是致命的毒物。①

——弗兰克·奈特

第一节 问题的提出

权力需要符号、仪式和隐喻来粉饰,以获得其"正当性"(legitimacy)。"照相对论,力是没有的。而以'空时'的地方性代之。"②同样,绝对的权力也是没有的,权力只是地方性的某种关系。在特定的历史时期和空间范围内,权力需要特定的符号、仪式和隐喻,以维护其地方性的合法化。在这个"科学祛除巫魅"之后的时代,人们对纹饰权力已失去了兴趣,权力的纹饰和权力本身都已成为研究的对象。对"皇帝的新装"进行研究,其结果除了指出它是"无",并导致"合法性危机"外,其积极意义何在呢?本章不拟对这一问题做全方位的研究,只选取法治这一角度,借助公共选择理论的分析方法,探寻现代社会中权力、法律与秩序的关系。

自马基雅维利以来,"不犯错误的国王"开始受到普遍的质疑。人们力图透过重重黑幕揭示政府官员的行为动机,探寻法律运作过程中的人性因素。如麦迪逊所言,"如果人都是天使,就不需要任何政府了。如果是天使统治人,就不需要对政府有任何外来的或内在的控制了"。③ 正是因为认识到这两个"如果"的非现实性,美国联邦宪法的缔造者们建立了强有力的政府,又通过人民主权原则和分权制衡原则来限制和控制它。也正是基于同样的认识,现代社会普遍接受"宪制国"为典型的民主政治形态。人们寄望于精心设计的制衡(check and balance)式官僚体系,指望它能在法律的神圣权威之下,"无私"地提供各种公共物品,将个人偏好准确地汇总为社会

---

① Frank H. Knight, *The Case for Communism*, 1932 年 11 月 2 日给美国全国学联(National Student League)做的演讲,收录于:Warren Samuels (ed.), *Research in the History of Economic Thoughts and Methodology*, Archival Supplement No. 2, Greenwich, Connecticut:JAI Press, 1991.

② 张申府:《所思》,三联书店 1986 年版,第 4 页。

③ [美]汉密尔顿、[美]杰伊、[美]麦迪逊:《联邦党人文集》,程逢如、在汉、舒逊译,商务印书馆 1980 年版,第 264 页。

公意,并使相互竞争的个人利益协同促进社会整体福利。与中国的司法之神“包青天”不同,西方的司法女神没有洞察人心、体恤民情的“第三只眼”,而是恰恰相反:她的双眼被蒙住,仅凭手中的天平来判断是非曲直。如果说前者体现了理想化的人治精神的话,后者便体现了理想化的法治精神。是的,两者同样都是理想化的,而且,两者所受到的现实约束几乎是相同的:人类本身的局限构成了它们的界限。“徒法不足以自行”,法律需要人来制定、执行和维护。法治的基本精神,即法律高于一切,在实际生活中是很难操作的。通过一些技术性的设计,如“司法自治”(judicial autonomy)、“代议制政府”(representative government)、“分权制衡”等,可以减少制度运作过程中的人为因素,却不能完全消除它,而由此产生的其他弊端,如官僚主义、机械僵化、操作成本过大等,也是不容忽视的。当前,我国正加快社会主义法治建设的步伐。在此过程中,清楚地认识法治所具有的弱点和局限性,有助于我们想办法克服它。这里所介绍和评析的公共选择理论,在剖析法治、民主和自由的可能性和局限性方面,就有非常深刻和独到的见解。

1948 年,邓肯·布莱克在美国《政治经济学杂志》上发表了一篇题为“集体决策的理论根据”的文章,首次将经济学的研究方法引入对政治行为的分析之中。当时并未产生太大影响。此后,随着 K. J. 阿罗、J. M. 布坎南和 G. 塔洛克等人相继发表有关非市场决策问题的论著,一门处在经济学与政治学、法学交叉领域的新学科逐步形成了,这就是“公共选择”。对政府及其代理人的行为进行批判性研究一直是这一学科的旨趣所在,它对传统法学尤其是公法学中的众多问题都给出了与众不同的回答。1986 年,布坎南以其在“公共选择”理论方面的突出贡献而获得诺贝尔经济学奖,标志着这一学科的成熟与繁盛。

爱因斯坦在谈到科学方法时说:“要使问题变得尽可能简明,但绝不是简单化。”所谓经济学方法,也正是力图将人类行为纳入一些说明力很强的简单模型之中的一种尝试。为了进行制度分析的便利,公共选择理论同新制度经济学一样继承了新古典经济学的一些基本假定,同时又引入了一些新的因素。首先,公共选择理论坚持以个人为中心的分析视角,它不把“社会”“国家”“企业”“政党”

“法院”等当作集合性的整体来加以研究，而是力图打开这些“黑箱”，直接分析其中的个人行为。其次，在分析人类行为时，公共选择理论运用的是新古典微观经济学的边际分析方法。换句话说，公共选择理论所探问的基本问题是：一个政府机构的代理人在某一事项上增加（或减少）投入所带来的净收益（或净损失），与同样投入在其他事项上所可能带来的净收益（或净损失）相比，是多还是少。再次，它继承了新古典经济学中的经济人（*Homo Economicus*）假定，并将其扩展到人类行为的所有领域，从而填平了消费者行为理论、生产理论、厂商理论与政治、法律理论之间的鸿沟。按照这种假定，个人是在一定约束条件下追求效用最大化者。这样，任何一个人，无论他是政府官员、法官还是地毯制造商、菜农、书籍购买者，其行为都被看作为了满足自己的喜好、最大化自己的利益。复次，虽说理性的个人都是自我效用最大化者，但他们却受到自身能力的限制，无法获取和理解足够的相关信息以实现这种最大化，这就是赫伯特·西蒙（Herbert Simon）所称的“有限理性”（bounded rationality）。因此，在具体情境中，个人受理性和正交易费用的制约，其行为与其最大化目标并不总是保持一致。最后，人非天使，又受理性局限而无法订立完备的社会契约，因而无法消除政治和司法活动中的“道德风险”，无法杜绝行使权力者的机会主义“寻租”行为。

光是这些假定就足以令理想主义的民主政治论者和法治论者悚然动容的了。无怪乎阿布勒·密克华（Abner Mikva）这个颇有影响的美国上诉法院法官在一次关于公共选择理论的研讨会上致辞称自己“发现公共选择文献十分令人费解，而且很难使人从中获益”，并自称这是像他这种对民主决策所产生的公共政策报信任态度的天真公民们的共同感受。①

其实，这些预设对我们是很有启发意义的。将维护“天道人心”的希望寄托在百年一遇的“青天”身上是专制社会中老百姓们无可奈何的心理代偿，而对政府及其代理人的行为加以适当的约束则是

---

① Abner J. Mikva, *Foreword: Symposium on the Theory of Public Choice*, 74 Virginia Law Review 167 (1988), p. 174-175.

现代法治社会的必然要求。在我国,政府官员作为“人民公仆”的角色定位早已形成,但对他们的权力行使活动却长期缺乏有效的法律规制。更多的制约来自意识形态方面,如要求他们具有“大公无私的革命品德”等。事实证明,不受约束的权力极易腐化,而且由于其不可通约性,行使这种权力几乎没有任何机会成本,可以无限透支,由此产生的现实和潜在危害是无法估量的。近年来,我国陆续颁布了《行政诉讼法》《国家赔偿法》和《行政处罚法》等一系列制约行政行为的法律,力图使权力转化为有对价的权利,在法治建设方面取得了实质性的进展。但由于执法环节上的不畅、利益集团的压力及意识形态刚性等局限条件的存在,要想使这些法律发挥出预期的作用还是会遭遇到重重困难的。若将经济学中边际分析的方法引入制度设计之中,着眼于政府机构中行使权力的个人,明确划分其责、权、利,使激励机制与监督机制有机融合,必定会大有裨益。

人们通常将法治建设过程中出现的种种问题都归咎于目前的法治状况尚达不到应有的水准。而本章所提出的主要问题是:在完善的法治下,是否一切就尽善尽美了呢?或者,是否存在完备(perfect)的法治呢?对这个问题的回答,会直接影响到法治之路的选择。公共选择理论恰恰对此有冷峻和精辟的分析和论证。

第二节　公共选择学派和公共选择理论简介

在18世纪下半叶的法国,出现了科学思想和数学方法异常繁盛的局面。许多思想家相信,社会科学的许多问题可以通过精确的实证研究和科学推理得到解决。在法国科学院,博尔达(Jean-Charles de Borda,1733~1799年)、孔多塞(Nicolas de Condorcet,1743~1794年)和拉普拉斯(Pierre-Simon Laplace,1749~1827年)这三位院士用数学方法对政治学中的投票问题做了深入的研究。1784年,博尔达在科学院宣读了他的第二篇论选举形式的文章之后,他所提议的记分投票制被科学院用在院士选举之中;直到1800年,因为新院士拿破仑的反对,才被废止。19世纪英国数学家和小说家刘易斯·卡罗尔(Lewis Carroll,1832~1898年)也曾对委员会制度做过实证的分析。这些研究成果在以后的漫长岁月中一度湮没无闻,直到邓肯·布莱克在用类似方法研究同样问题时,才重新发现和介绍了他们。在 1991 年的一篇文章中,G. 塔洛克将邓肯·布莱克奉为现代公共选择理论的开山祖师(founding father)[①],这无疑是一种公允的评价。

继布莱克之后,肯尼斯·阿罗(Kenneth Arrow)在《社会选择与个人价值》(1951 年)、安东尼·道恩斯(Anthony Downs)在《民主的经济理论》(1957 年)、奥尔森(Olson)在《集体行动的逻辑》(1965 年)、布坎南(Buchanan)和塔洛克(Tullock)在《同意的计算》(1962 年)中分别发展了公共选择理论。稍后,人们发现,在公共选择理论这一领域中形成了三个分支或学派:

(1)罗彻斯特学派。这一学派的代表人物威廉·赖克(William Riker)在 1962 年用博弈论来批评道恩斯的《民主的经济理论》,始为人所知。除赖克外,沃尔德舒克(Ordeshook)、布莱姆斯(Brams)、黑利希(Hinich)、阿兰森(Aranson)、麦克凯尔维(McKelvey)、菲尔林那(Fiorina)、费内中(Ferejohn)、谢普瑟(Shepsle)和温盖斯特(Weingast)等人也可划归这一学派。他们都喜欢称自己的治学领域为“实证的政治理论”(positive political theory),并善用博弈论等抽象的形式语言来描述选举、政党策略、投票机制、共谋行为、立法活动和官僚体制等现实的政治、法律过程。批评者常常指责他们的理论离现实太远。

(2)芝加哥学派。公共选择理论的芝加哥学派同新古典微观经济学上的芝加哥学派是部分重合的。对制度现实的关注是这一学派一以贯之的传统。芝加哥学者们,包括斯蒂格勒(George Stigler)、贝克尔(Becker)、佩尔茨曼(Peltzman)、巴罗(Barro)、兰德斯(Landes)和波斯纳(Posner),将价格理论的基本原则和方法直接用于对政治和法律过程的分析之中,对美国的司法活动产生着最直接的影响。

(3)弗吉尼亚学派。以布坎南和塔洛克为首的弗吉尼亚学派对

---

① Gordon Tullock, *Duncan Black: the Founding Father*, Public Choice, Vol. 71, No. 3, 1991, p. 125-128.

公共选择这一学科的形成和发展作出了决定性的贡献。如果说前述众多学者是因为用了经济学的方法和原则来分析政治、法律问题而被认为对公共选择理论的发展作出了贡献的话,布坎南和塔洛克则是以他们有意识地建立和完善"公共选择"这一独立研究领域的持续不断的努力而著称的。布坎南还因此获得了 1986 年的诺贝尔经济学奖。作为一个由弗兰克·奈特(Frank Knight)、亨利·西蒙斯(Henry Simons)、劳埃德·明茨(Lloyd Mints)和阿伦·迪莱克特(Aaron Director)这一代人所培养出来的芝加哥经济学家,布坎南从一开始就表现出对政治、法律现实的极大兴趣。他认为,亚当·斯密清楚地认识到自己是在"法律和制度"的社会结构之中来研究经济的,后来的许多经济学家反而失去了这种自觉,而芝加哥学者们不过是在向古典政治经济学家们的位置复归。同其他芝加哥经济学家一样,布坎南把价格理论而不是数学形式看作经济学的真正基础,并强调这种价格理论是应用于真正的现实问题的价格理论。1957 年,布坎南和另一个芝加哥经济学家纳特(Nutter)一起在弗吉尼亚大学创建了托马斯·杰斐逊政治经济研究中心,希望汇集一批对现实制度问题感兴趣的经济学家,并培养关注现实的研究生。在 1957~1967 年这十年中,上述两个目的都达到了。"中心"吸引到了包括利兰德·耶格尔(Leland Yeager)、罗纳德·科斯(Ronald Coase)、亚历山大·卡夫卡(Alexandre Kafka)、安德鲁·温斯顿(Andrew Whinston)、戈登·塔洛克和威廉·布雷特(William Breit)在内的一大批一流经济学家加盟,还有弗兰克·奈特(Frank Knight)、哈耶克(Hayek)、迈克尔·波兰尼(Michael Polanyi)、博蒂尔·俄林(Bertil Ohlin)和邓肯·布莱克等一流学者到此做短期访问讲学,也培养出了许多一流的研究生。"公共选择"这一术语和"弗吉尼亚学派"都在这一时期诞生。1962 年,布坎南和塔洛克合著了《同意的计算》,此书现已成为公共选择理论的经典文献。1963 年,他们两人创立了"公共选择学会"(最初叫"非市场决策委员会")并出版一份刊物:《非市场决策文集》(稍后更名为《公共选择》)。托马斯·杰斐逊政治经济研究中心解散之后,其成员散布到各处。1969 年,布坎南和塔洛克重返弗吉尼亚,在弗吉尼亚理工学院建立了"公共选择研究中心"。在此后,"学会"、"刊物"

和“中心”为公共选择获得学科自主性并持续发展作出了决定性的贡献。1982年,整个“公共选择研究中心”从弗吉尼亚理工学院搬到乔治·梅森大学(George Mason University,仍在弗吉尼亚州)。公共选择理论与弗吉尼亚结下了不解之缘,以致丹尼斯·缪勒写道:“今天,我们所有从事公共选择研究的人都是弗吉尼亚学派的成员,就像所有经济学家都是由亚当·斯密创立的‘苏格兰学派’的成员一样。”①

用缪勒的话来说,“公共选择可以定义为对非市场决策的经济学研究,或者简单地说,是将经济学应用于政治科学”。② 经济学是研究选择(choice)和交易(exchange)的科学。在传统的经济学家那里,选择是由于资源的稀缺;如果资源永无匮乏,就无须作出选择。同样,交换也是对稀缺资源的重新配置。这样,政治和法律自然就不在他们的考虑范围之中。而“公共选择”经济学家们出于对现实的一贯关注,发现真实世界远不是如此简单,如此简约的理论是缺乏解释力的。首先,人类社会中除了存在交换关系外,还有包括权力关系在内的各种复杂的关系。所有这些关系都交织在一起,互相渗透和彼此影响。其次,市场并不是唯一的组织形式,它甚至不是最重要的组织形式,为了自身的利益,人类需要并有了国家和法律。除个人选择外,人类还需要集体选择和集体行动。最后,人的选择受到各种条件的约束,这些约束条件包括自然、历史、过去选择的结果、他人、法律与制度安排乃至习惯与传统;除了在约束条件下进行选择外,人还可以对约束条件本身进行选择。公共选择所研究的,就是一定约束条件(政治和法律)下的个人和集体选择,以及对这些约束条件的个人和集体选择。

1986年,在瑞典皇家科学院举办的诺贝尔奖颁奖典礼上,英格玛·施塔尔(Ingemar Stahl)教授代表评奖委员会评价了布坎南和公共选择理论的贡献。他称布坎南的获奖理由是“发展了经济和政治决策的契约论与宪法基础”,而他为之作出主要贡献的公共选择理论则有如下三方面的理论意义:意义之一,也是它在学术界外获

---

① Dennis C. Mueller, *The "Virginia School" and Public Choice*, in The Public Choice Approach to Politics, Edward Elgar Publishing Ltd., 1993.

② [美]丹尼斯·缪勒:《公共选择》,王诚译,商务印书馆1992年版,第5页。

得声望的主要理由，是“将传统经济学的微观理论扩展和应用到对政治制度、行政和利益组织的研究中”，从而创造出了一种“关于政治系统中的不同成员实际上如何运作的内部逻辑一致的实证性（或描述性）理论，而不是一种关于他们应当如何运作的规范性理论”。对这一点，施塔尔教授赞道：“一种从其成员的利益中演绎出不同政治和行政组织的行为的理论是一项重大的科学成果”。意义之二，是它“改变了经济学家们对经济政策诸要件的认识”，使许多政治现象很容易得到解释。比如，巨大财政赤字的产生使所有经济利益都被这一代人（包括今天的选民和政治家）所享用，而其成本将由在目前的决策中没有投票权的后代承受。意义之三，是它为揭示“经济和政治决策的基础”作出了重要贡献。在评价演讲的最后，Stahl 教授说道：“这种研究的进一步结果是一种不仅整合政治和经济决策而且将法律制度纳入其中的社会理论。”①

第三节　宪法经济学（一）：民主的制度约束

在《同意的计算》一书中，布坎南和塔洛克提出了一种个人主义的宪法理论，他们把普遍同意（general consensus）或一致性（unanimity）作为唯一的决策规则。从这一前提出发，他们解释了为什么使用一致性规则的理性人会选择次于一致性的规则（如多数人同意）。他们认为：一致性原则是宪制民主制度的核心，而“多数人同意规则，最多只能算是许多权宜之计中的一种，由于在个人和集团利益各异的情况下获得广泛协议的成本过大，才使这种权宜之计变得必要”。② 自他们之后，许多公共选择文献对宪制民主制度进行了探讨。1982 年，麦肯奇首先用“宪法经济学”（constitutional economics）来命名了一次由他主持的学术讨论会，并推许布坎南和

① Ingemar Stahl, "Presentation Speech 1986," in Karl-Göran Mäler (ed.), *Nobel lectures in economic sciences* 1981-1990, Singapore: World Scientific Publishing Co., 1992, p. 329-330.

② J. M. Buchanan & G. Tullock, *The Calculus of Consent*, Ann Arbor: University of Michigan Press, 1962, p. 96.

塔洛克是这一领域的开创者。①

方法论上的个人主义(methodological individualism)是使公共选择理论(包括“宪法经济学”)区别于传统政治学和法学的主要特征。如前所述,在公共选择理论中,个人,无论他是选民、政客还是法官、律师,都是为着自己的利益而行动的理性人。这是一种植根于经验的立场,有别于思辨的或理性主义的视角。在《个人主义:真与伪》这篇著名的论文中,哈耶克曾对洛克、曼德维尔、休谟、弗格森、亚当·斯密、伯克这一知识传统中的“真正的个人主义”和以笛卡尔、卢梭为代表的“伪个人主义”作了严格的区分。② 前者所称的理性是指个人知道自己所欲,并能通过自己的行动达其所欲,社会和国家无法代替个人选择他的欲求和达到这种欲求的手段;可以说,这是一种源自个体经验的理性。而在后者那里,理性是指一种超越于个人经验之上的普遍法则,是人所共知的,这便意味着国家和社会能够根据理性法则来建构出一套完善的制度,而个人必须无条件地遵循这些制度。显而易见,公共选择理论在知识谱系上归属于前一种传统。布坎南是这样来理解个人主义方法的:“作为一种分析方法的个人主义有一个简单的要求:所有的理论、所有的分析最终都被消解为个人作为决策者时所面临的考虑。”③其基本逻辑是:原子式的个人出于自身的利益采取集体行动,组成社会,建立国家,并选择一套规则来加总个人偏好,由此产生了两种法律:一种是加总个人偏好的规则,即宪法,这是集体行动的出发点和基本条件;另一种是体现加总后的集体偏好的法律,包括刑法(用以惩罚不合作的个人)、民法(用以调整和维护个人之间的交换关系)、行政法(用以限制国家及其代理人的行为)等。根据这种逻辑,国家并不是凌驾于个人之上的超越性实体,它只是遵循一套选定的共同规则的个人的组合;并不存在所谓个人意志之外的国家意志,立法、行政和

---

① 参见 R. McKenzie, R. (ed.), *Constitutional Economics*, Lexington, MA: Lexington Books, 1984。

② 参见[奥]哈耶克:《个人主义:真与伪》,载[奥]哈耶克:《个人主义与经济秩序》,贾湛等译,北京经济学院出版社 1991 年版,第 1~31 页。

③ J. M. Buchanan, *Marginal Notes on Reading Political Philosophy*, in Buchanan & Tullock, The Calculus of Consent, Ann Arbor: University of Michigan Press, p. 315.

司法机关也只是由同其他人没有任何区别的个人所组成的,其中难免有利益的寻求、冲突和平衡。现代宪制民主制度与封建专制制度相比之所以是进步的,就在于它取消了某一个利益集团对国家权力的垄断,而使多元化的利益在竞争中达到动态的均衡。在宪制民主制度下,不同的社会行动者受不同的规则制约,其寻利方式各不相同,表现出的行为也是千差万别。布坎南把方法论上的个人主义(methodological individualism)与理性选择(rational choice)作为宪法经济学的两个硬核,后者是以前者为条件的。所谓理性选择,在布坎南那里,就是指:"自治的个人(autonomous individual)被假定为能够以充分排序的方式从多种可选对象中作出选择,以使其可观察到的行为体现出理性。在宪法经济学中,理性选择的能力被扩展到包括通过个人或集体行动选择约束条件的能力,在这些约束条件下,后继的选择得以发生。"①从纯粹个人主义的角度无法推出任何政治秩序的合法性,而政府和法律却可能是理性选择的结果。早在霍布斯那里,主权者就被描述成了一种理性选择的结果,虽然这种选择是一次性的,没有更改的机会。

托马斯·潘恩曾在《常识》的序言中写道:"……对一件错误的事情长期不假思索,常常会给它一种正确的表象,并使它首先发出一声维护习惯的巨吼。"②这种现象在公共选择理论/宪法经济学中得到了一定程度的纠偏,它对近代政治和法律理论中的许多人们已不加反思的论断提出了疑问和批评,对政治和法律现实中的许多司空见惯的现象重新加以分析,并使纷繁复杂的政治和司法行为在一种一以贯之的逻辑中得到解释。

一、集体理性与集体行动

很小的时候,有一次看电影,见到一个皇帝(依稀记得是商纣王)飞扬跋扈,残忍无道,便忍不住想:"他只是一个人,而老百姓有成千上万,为什么不马上起来推翻他呢?"当时天真的疑问,无意中

---

① J. M. Buchanan, *The Domain of Constitutional Economics*, Constitutional Political Economy, 1(1), 1990, p. 14.

② Thomas Paine, *Common Sense* (1776), in B. Kuklick (ed.), Political Writings, Cambridge University Press, 1989, p. 2.

竟触及了一个十分重大的问题:集体理性是否存在?集体行动如何可能?早期的古典政治经济学家们很少关注到集体行动的问题,他们描述的理想状态是:一群原子式的个人通过市场来实现自己的效用最大化,而市场自有一支“看不见的手”来调节,在市场中资源的配置能自动达到最有效率的均衡解(“帕累托最优”)。这种观念与机械论在19世纪的盛行是不无关系的。20世纪中,整个思想界对“主体”的重新发现,包括胡塞尔对“生活世界”和主体间性的阐发,哥本哈根学派关于主体对观察对象的摄引方面的发现(如海森堡的“测不准定理”)等,终于波及了经济学界。经济学家们开始认识到,在真实世界中,市场并不像遵循力学原理那样遵循效率准则,通过市场形成的交易关系并不是人际关系的全部;由于市场无法提供公共物品,而且有时会出现市场失灵,集体行动便成为必须。传统的政治学并没有认识到集体行动中存在什么问题,具有共同目的的个人组织起来促进其共同利益或价值被视为当然。[①] 20世纪50年代,奥尔森和阿罗分别从不同的侧面提出了集体行动和集体理性的难题。奥尔森指出:由于集体行动所产生的利益通常成为一种公共物品,集体中的所有人都能自动分享集体所获得的利益,不管他是否为获得这种利益作出过贡献,因此,理性的个人会尽量逃避为集体的利益效力,而力图不花费任何成本地享受集体的福利。这就是“搭便车”(free riding)或“吃大锅饭”的难题。1984年,在接受《挑战》杂志记者采访时,奥尔森对自己在《集体行动的逻辑》(1971年)和《国家的兴衰》两书中表达的共同思想做了精辟的概括:“……在经济中,企业或个人组成的任何集团要共谋或组织集体行动都将是十分缓慢和困难重重的,而一旦发生这种集体行动,它对效率、增长和宏观经济运行来说也往往是有害的。设想某些产业中的公司或某些行业中的工人为了争取对自己有利的立法而搞院外游说活动。如果集体行动获得成功,有利的立法得以通过,相关领域的每一公司或工人都将获利,而不论其是否为集体行动出过

---

① 参见 Arthur Bentley, *The Process of Government*, Chicago: University of Chicago Press, 1908; Earl Latham, *The Group Basis of Politics: A Study of Basing Point Legislation*, Ithaca: Cornell University Press, 1952; David Truman, *The Governmental Process*, New York: Knopf, 1952。

力。……因此，至少在大的集团中，理性的行动者通常都不会自愿地为自己所属集体的共同利益而行动。"[①]当集体中的"搭便车者"达到一定数量时，集体行动就会陷入瘫痪。为解决这一问题，奥尔森提出了一种"选择性激励"(selective incentives)理论。"选择性激励就是以是否为公共物品的供应作出贡献为基准而有选择地适用于个人的刺激。""选择性激励既可能是正的，也可能是负的；例如，它可能是加于不为集体物品的供给作出贡献者的一种损失或惩罚。"[②]但这种措施只能适用于小集团或若干小集团联合而成的大集团中。当集团大到一定规模时，搭便车现象或是由于对他人影响微小而不被察觉，或是虽被察觉但采取惩罚性集体行动所费成本过高而得免。因此，有效的组织只能存在于小集团中。[③]

在《社会选择与个人价值》这部经典著作中，阿罗对"个人理性能汇集为集体理性"这一判断作出了否定的评判。根据定义，集体理性应当是指通过集体行动沿集体成员的一致偏好指向实现利益最大化的能力。这就要求一种能满足这样四个条件的社会福利函数是可得的：(1)条件U——社会福利函数的定义域应当涵盖所有逻辑上可能的n束个人偏好序。这一条件要求社会福利函数能够得出一个社会偏好序R，不论个人偏好序如何变化。(2)条件P——胜过其他备选对象的一致同意的绝对偏好必须反映在同样绝对的社会偏好中。这是帕累托原则的最弱应用。(3)条件I——社会从任一特定状态S中得出的选择应该与S之外是否存在其他备选对象无关。这叫作"独立于无关选择"条件。(4)条件D——社会中不存在这样的个人，即如果他偏好X胜于偏好Y，则不论其他个人的偏好如何，X胜于Y都将成为一种社会偏好。这叫作"非独裁"条件。但阿罗在其"不可能定理"中证明了：同时满足这四个条

---

① Mancur Olson, *Interview: Why Nations Rise and Fall*, Challenge, March/April 1984, p. 15.

② Mancur Olson, *The Rise and Decline of Nations*, New Haven and London: Yale University Press, 1982, p. 21.

③ 参见［美］曼瑟尔·奥尔森：《集体行动的逻辑》，陈郁等译，上海三联书店、上海人民出版社1995年版。

件的社会福利函数是不可得的。[①] 因此，集体理性也是可望而不可即的。阿罗的不可能定理用精确的形式语言证明了一个直觉上显而易见的道理：如果要做成一件事件，集中式决策（或者说某种“独裁”）是最有效的决策方式；而如果不想让某件事情做成，则广泛参与的“民主讨论”是最佳的选项，因为人们很难达成一致。正因如此，在公司治理当中，很少人主张公司的经营活动应当由所有股东参与决策，法律上发展出了所有权与管理权分离的结构，公司交给有专业管理能力的 CEO 去全权管理，管理者对股东负有信义义务和忠诚义务，而不是事事向股东请示汇报。而在远远比公司更加复杂的国家事务上，“民主”却成了某种修辞上的“普适价值”，在实践中很难得到贯彻。

二、投票的问题

在资本主义民主制度中，作出社会选择的通常方式有两种：一是投票，用以作出政治决策；二是市场机制，用于作出经济选择。在后一种方式中，个人偏好通过出价和交换得到表达和满足；而在前一种方式中，个人偏好得以汇总为集体偏好，并通过集体行动来满足。如果不加分析，这两种方式似乎逻辑上都是可行的，其中并不存在什么问题。但正如其他许多表面上看来绝无破绽的过程一样，这两种方式都有其内在的不可克服的障碍。西蒙、斯蒂格勒和科斯分别用有限理性、信息成本和交易费用为市场逻辑加上了限定，而博尔达、孔多塞和布莱克、阿罗则通过对投票过程的分析对政治决策的内在融贯性提出了挑战。

1770 年 6 月 16 日，刚被选进法国科学院不久的博尔达宣读了一篇题为“论选举的形式”的论文。经修订和改进，在 1784 年他又宣读了一篇同一主题的论文。在这两篇论文中，博尔达对简单多数表决制提出了质疑，认为它不能产生合理的决策。例如，在一项由 21 人参与的决策中，如果根据第一偏好，有 8 个投票人愿意选 A，7 个投票人愿意选 B，6 个投票人愿意选 C，在简单多数表决制下，则

---

① 参见［美］肯尼斯·阿罗：《社会选择与个人价值》，陈志武、崔之元译，四川人民出版社 1987 年版。

A 入选;然而,在全体投票人中,赞成 A 的只占 8/21。为了弥补简单多数表决制的不足,博尔达提出了一种记分制:每个投票人按偏好顺序对备选方案进行排队,然后根据这种排队次序打分。比如有三种备选方案,则排第一的打 3 分,第二打 2 分,第三打 1 分,最后加总。在上例中,如果选择偏好顺序 A-B-C 的有 1 人,选择 A-C-B 的有 7 人,选择 B-A-C 的有 1 人,选择 B-C-A 的有 6 人,选择 C-A-B 的有 1 人,选择 C-B-A 的有 5 人,按记分法,则 A 得 39 分,B 得 41 分,C 得 46 分。(见表 1)虽然仍是 8 人首选 A,7 人首选 B,6 人首选 C,但 C 以得分最高当选。记分法考虑到偏好强度,但并不能避免策略行为:投票人可能不按自己的实际偏好顺序来打分,而将对自己的第一选择构成最大威胁的备选方案故意排在最后,形成偏好表达扭曲。①

表 1

第一选择	A	A	B	B	C	C
第二选择	B	C	A	C	A	B
最后选择	C	B	C	A	B	A
人数	1	7	1	6	1	5
按简单多数表决制,获得 8 票的 A 方案胜出;而按照积分法,则是获得最高分的 C 胜出,C 正是多数人的次优选项						

同一时期的另一位院士孔多塞在《按多数意见作出决定的概率分析》(1785 年)一文中也对简单多数表决制提出了批评。他提出按"最大可能的意见组合"(La combinaison la plus probable)来排列备选方案,用现代统计学术语来说,即遵循"最大近似准则"(maximum likehood criterion)。假定 60 位投票人对 A、B、C 三种备选方案的偏好顺序如表 2 所示:

表 2

人数	23	19	16	2
第一选择	A	B	C	C

① Jean－Charles de Borda, *Memoire sur les elections au scrutiny*, Histoire de l'Académie Royale des Sciences, Année M . DCCLXXXI, Paris, 1784, 31－34.

续表

人数	23	19	16	2
第二选择	C	C	B	A
最后选择	B	A	A	B

若按简单多数表决制,则 A 获胜。但若考虑全部选票中的所有排列,则 B 以 35 对 25 胜过 A,C 也以 37 对 23 胜过 A。在这个例子中,最大可能的意见组合是这样一种排列顺序:CBA。因为 C 胜过 B,B 胜过 A,这样三个判断与总票数中的大多数是一致的。孔多塞的排序标准要求:一种赢得其他每一种备选方案之多数的方案(如 C)应当排在第一。这种方案,如果存在的话,就叫作:“孔多塞胜者”(Condorcet winner)。孔多塞指出,在许多时候,并不存在这样一种胜出者。比如在表 3 所示的例子中:

表 3

人数	23	17	2	10	8
首选方案	A	B	B	C	C
次选方案	B	C	A	A	B
末选方案	C	A	C	B	A

在这个例子中,A 胜过 B,33 比 27;B 胜过 C,42 比 18;C 胜过 A,35 比 25。这样就出现了“孔多塞困境”,即“循环的大多数”。根据“最大近似准则”,这个循环可以在最弱的一环(A 对 B,33 比 27)上打破,从而使 B 胜出(BCA)。[①]

博尔达和孔多塞的论文,以及刘易斯·卡罗尔的类似研究,开始时并未受到应有的重视,直到布莱克做同类的研究时,才重新发现和阐释了它们。布莱克的研究进一步阐明:委员会表决中的一致同意甚至多数人同意都是很难获得的。通常采用的简单多数规则往往导致无穷无尽的循环。集体决策的结果取决于表决在何时人为地中止,即取决于投票的日程和规则。[②] 1951 年,阿罗的经典著

① Condorcet, *Essai sur l' application de l' analyse a la probabilite des decisions rendues a la pluralite des voix*, Paris, 1785.

② 参见 Duncan Black, *On the Rationale of Group Decision-Making*, Journal of Political Economy, 1948, Vol. LVI, p. 23-34.

作证明了在 n 个备选对象中排出社会偏好顺序的不可能性。[①] 1952 年，梅的论文用复杂的数学证明了：当且仅当只有两种备选方案时，简单多数表决制是最有效的投票规则。[②] 但在现实中，这种情况是特殊的，并不具有普遍性。

博尔达、孔多塞等人的研究向我们表明，在民主社会政治决策中，当有两个以上的方案可供选择时，多数表决就不一定能产生均衡和稳定的结果。但他们所分析和批评的"纯粹多数模型"没有现实的对应物。实际上，投票和决策往往是在一套能够导致均衡结果的既定规则和程序下进行的。谢普瑟和温盖斯特为此提出了"结构引导的均衡"（structure-induced equilibrium）这一概念。[③] 其基本思路是：立法机构的体制化结构中蕴含着一些制度性障碍，受其约束，立法行为会导致稳定的结果。决策过程并不穷尽所有投票者对所有备选对象的选择。立法者被划分开来，归入不同的委员会，而备选方案也被归类到不同的管辖范围中。此外，立法过程的程序设定也限制着立法者的偏好表达。在 1983 年的一篇论文中，谢普瑟指出，民主决策的制度约束是一种妥协或折中的产物，它反映着这样一些政治现实：(1)政治制度的结构以及由其输出的决策结果受当权者利益的影响；(2)制度的设计至少在部分程度上是为了促成决策者之间的合作博弈；(3)经常性的制度结构变化会导致决策均衡点的不断改变，从而产生不确定性，对此，决策者们总是力图加以避免的。[④] 这样，民主决策过程所实现的只能是有限的一致性，这是为获得稳定的决策结果而不得不作出的牺牲。至此，布坎南和塔洛克所提出的问题得到了解决。

从以上两部分的论述中我们可以看出，不考虑人为因素，仅仅

---

① 参见[美]肯尼斯·阿罗：《社会选择与个人价值》，陈志武、崔之元译，四川人民出版社 1987 年版。

② 参见 K. May, *A Set of Independent Necessary and Sufficient Conditions for Simple Majority Decision*, Economitrica, 20(4), 1952, p. 680–684。

③ Kenneth A. Shepsle and Barry R. Weingast, *Structure-Induced Equilibrium and Legislative Choice*, Public Choice Vol. 37, No. 3 (1981), p. 503–519.

④ Kenneth A. Shepsle, *Institutional Equilibrium and Equilibrium Institutions*, Working Paper No. 82, St. Louis: Center for the Study of American Business, Washington University, 1983. 这篇工作论文后来被收入一本文集：Herbert Weisberg (ed.), *Political Science: The Science of Politics*, New York: Agathon, 1986, p. 51–82。

在技术和操作层面上来分析，都会发现完美的宪制民主制度是不可得的。可得的只是在一系列约束条件下的可能的最好制度。同时，我们还看出，民主是一种中性的状态，其最终的可能结果取决于该状态下具体的制度安排。如果操作层面上的制度安排不合理，作为顶层设计的民主可能产生最坏的结果。但约束条件本身就是无法穷尽的，更不用说计算约束条件下的最理想的制度安排了。因此，制度是无法全盘设计的，制定好的法律也不可能是面面俱到的。考虑到前者，我们不能忽视传统、习惯、宗教、文化等生成(generative，与人为设计“devised”相对)规则的作用；而鉴于后者，立法不应试图包揽一切，应为面对具体情境的司法和行政留下自由裁量的空间。

第四节　宪法经济学(二)：对政府的法律限制

宪制的基本精神，除对民主加以制度约束外，便是对政府进行法律限制。古典政治经济学家们和自由主义思想家们普遍认为：政府是一种必要的恶，因此必须受到限制。新制度经济学家们继承了这种思想，并从产权和交易费用的角度解释了国家产生的必然性及其作用和副作用。在他们看来，政府是一种双刃剑，“国家的存在对经济增长来说是必需的；但国家又是人为的经济衰退的根源”。[①]公共选择经济学家们通过对现实政治制度的实证研究，不但对政治和法律过程做了十分深刻的描述，还提出了一些建设性的方案。

一、利益集团与寻租理论

威克塞尔曾经写道：“如果有人被迫支付并非旨在促进他的利益甚或与他的利益恰恰相反的活动的成本，这就是一种露骨的不公。”[②]利益集团就是一种常常将自己及其成员的活动成本转嫁给

---

① Douglass C. North, *Structure and Change in Economic History*, New York: W. W. Norton, 1981, p. 20.

② Knut Wicksell, *A New Principle of Just Taxation* (1896), in Classics in the Theory of Public Finance, edited by R. A. Musgrave and A. T. Peacock, London: MacMillan, 1958, p. 89.

其他人的团体,因此,可以说它是在加深着社会的不公。前面谈到有共同利益的个人或企业不一定能组织起来采取共同行动,而一旦他们组织起来以后,通常也没有激励采取共同行动来改善社会的总体状况。相反,他们有激励为从社会产品中分得更大的份额而活动。假设某一产业中的企业为免于陷入激烈的竞争而组织起来争取一项立法,由于这种活动不便公开进行,它们可能采取一些策略,比如宣称国外同类产品的倾销损害了消费者利益或国家利益。这样,这种打着公共利益幌子的游说就可能获得成功。如果这种立法通过了,这些企业从中获得的利益就会超出在竞争性市场上通过价格机制所可能获得的利益,这种利益自然也超出其投入的机会成本。由于经济学上把超出机会成本的获利称作"租",这样,这种诉诸非市场机制来获取"租"的活动就被称作"寻租"(rent-seeking)。自从塔洛克在这方面作出的开创性研究①发表后,特别是克努格提出这一术语②之后,寻租理论已被广泛用于对政治、法律过程的分析之中。当经济学家们把服务于特殊利益的立法描述为"寻租"活动时,他们指的是立法的成本和收益未曾达至均衡:它带给社会的耗费多于它给个别利益集团带来的收益,这样,社会的整体利益就"帕累托更糟"了。"寻租"活动是维护既得的经济利益或是对既得利益进行再分配的非生产性活动,它本身并不能增加社会的福利,且需耗费社会成本。由于政府所处的特殊地位,它在从事这种活动时占有得天独厚的优势。受利益集团影响的政府往往利用行政和法律手段来阻碍生产要素在不同要素持有者之间的自由流动,干扰自由竞争的市场交易,以为特定集团维护或攫取既得利益。利益集团往往不惜以给社会造成 100 元损失的代价来获取 1 元的利益,因为整个社会的损失会平均分摊到全体社会成员身上,而特殊利益只会流入利益集团成员的口袋。利益集团对立法、经济规制和司法活动都会施加影响。

---

① 参见 Gordon Tullock, *The Welfare Costs of Tariffs, Monopolies, and Theft*, Economic Inquiry, Vol. 5, Issue 3, 1967, pp. 224 - 232; Gordon Tullock, 'The Cost of Transfers,' *Kyklos*, Vol. 24, 1971, pp. 629-643。

② Anne O. Krueger, *The Political Economy of the Rent-Seeking Society*, American Economic Review, Vol. 64, No. 3, June 1974, p. 291-303.

二、官僚体制的经济学分析

在现代民主国家,政府官员一般都由两部分人组成:极少的一部分是由选举产生的,叫作“政务员”或其他;另一部分占绝大多数,是政府聘任的人员,通常称作“公务员”。在美国,学者们称前一种人为“政客”(politicians),而称后一种人为“官僚”(bureaucrats)。这两种人受不同的利益驱动,有不同的行为动机和行为模式。[①] 前者由于系选举产生,且有一定的任期,其博弈对手主要是选民。为了赢得选民的支持和信任,他们会根据多数选民的偏好随时调整自己的策略和行为;虽然由于理性的局限,他们对选民偏好的判断经常是错误的。官僚是一种政治体制度最基本和最重要的载体,其行为动机和行为方式直接决定制度的运作过程和运作结果。根据道恩斯的定义,官僚是永久性地为(公共或私人领域的)大组织工作的人,在其中,他们对组织有效性的贡献无法被直接评价。[②] 对官僚体制的经济学分析旨在回答这样几个问题:官僚的行为动机是什么?政府机构怎样作为组织来运作?官僚机构运作的外部环境如何影响官僚的行为?理性官僚的整体行为策略是什么?在回答这些问题时,有如下三种理论模式:

(1)多元主义模式(pluralist model)

多元主义模式主要是指道恩斯的分析模式。在这种模式中,官僚被认为是自我利益驱动者,其自利需求是多层次的,包括:简单的利己需求,如在官僚机构或其外部的权力、金钱收入、威信、便利(个人付出最小化)、安全(预期的权力、金钱收入、威信或便利损失最小化)和广泛的自利动机,如个人忠诚、集体归属感、工作能力表现上的自豪感、为“公益”服务的愿望等。根据其主要行为动机,道恩斯将官僚分作五种类型:攀缘者(climbers),他们以最大化自己的权力、收入和威信为主要行为动机。保守者(conservers),这些人将最大化自己的便利和安全放在首位,并试图一步一步地提升自己的权

---

① William Niskanen, *Bureaucrats and Politicians*, Journal of Law and Economics, Vol. 18, No. 3, December 1975, pp. 617-673.

② Anthony Downs, *Inside Bureaucracy*, Boston: Little, Brown & Co., 1967, p. 24-25.

力、收入和威信。他们追求安定的生活和稳定的预期，反对几乎所有激进的机构改革。热情者(zealots)，他们对自己所从事的事业本身有一种神圣感，对有利于事业之实现的改革持欢迎态度。维护者(advocates)，他们把自己的利益同组织及其所代理的人联系起来，非常看重个人忠诚、集体归属感和工作出色的自豪感，这种人会积极努力去为自己的组织攫取更多的势力范围和资源。政治家(statesman)，他们更多地注目于一定范围内的共同利益。各种官僚，不论出于何种目的，都追求在体制内部的升迁。如果这个目的得不到实现，随着时间的推移，他们最终很可能都变成保守者，这就是"保守主义递增律"(law of increasing conserverism)。官僚机构的组织化是通过"科层律"(law of hierarchy)来实现的："大规模的非市场活动中的合作需要有一种科层式的权力结构。这一规律直接源自个人能力的有限性和个人之间难以根除的冲突。"但这种科层结构又受到一些规律限制。一是所谓的"不完全控制律"(law of imperfect control)：科层制是通过自上而下的命令结构来维持和运作的；在这种结构中，每一层次的官僚都无法实现对下层的完全控制，因为他所获得的支持决策的信息都经过了下层出于私利考虑的过滤。二是"控制消失律"(law of deminishing control)：在大组织中，维持组织运转所耗费的资源是十分巨大的，信息不完备也体现得尤为明显，上层官僚可以利用监督的困难、通过对来自下面的信息进行"反扭曲"来摆脱控制。三是所谓"反控制律"(law of counter-control)：由于私利所导致的四种偏向——信息损失、对上级命令的选择性执行、在边际上利用组织资源来牟取私利以及搜寻信息行为的工具主义范式都暗示着，上级越是试图加强对下级的控制，下级就会越来越多地采取规避和反控制的策略。四是"合作递减律"(law of decreasing co-ordination)：由于大组织管理上的诸多难题，下级在实施上级命令时所产生的"执行瑕疵"无法得到及时纠正，这些误差叠加起来，就会造成组织的失灵和合作的递减。①

(2)"新右模式"(new right model)

主要由尼斯卡伦所阐发的新右模式主要从以下两个方面来分

---

① 参见 Anthony Downs, *Inside Bureaucracy*, Boston: Little, Brown & Co., 1967。

析官僚体制:一是官僚的行为动机——预算最大化;二是官僚机构同外部环境的关系,采取策略从国会或其他财政来源获得更多的预算和拨款。由于官僚机构有更大的信息优势和科层化决策导致的行动力优势,所以它们总是能够在与国会的博弈中获胜,唯一限制它们的因素是它们自身哄抬预算的能力以及它们彼此之间的竞争。[①] 这种模式之所以被称为"新右",是因为它隐含的政策主张是:民主选举产生的代议制机构并不能有效地控制执行法律和政策所必须设立的官僚机构,而官僚机构一旦形成就会有自己的算盘,其算计并不是为了公共利益。因此,管得越少的政府越是好政府。

(3)"官僚机构形成模式"(bureau-shaping model)

最近由邓力维提出的官僚机构形成模式主要是为了对尼斯卡伦的预算最大化假定作出修正。邓力维对官僚的个人动机和集体动机做了区分:作为自我利益最大化者,官僚个人的行为动机是获取边界清晰的利益,如金钱、升迁、便利等,预算最大化只是解决集体行动难题的一项集体策略。[②] 对官僚体制的经济学分析揭示出:官僚不是机械的政策执行者,他们也是理性的自我利益最大化者。这种判断的制度含义是:政府官员的"官僚主义"和僵化、腐败不是一种变异或特殊的情况,而是天性使然的本有之义。不对官僚的行为进行有效约束的现代法律是无法将自己同专制制度下作为纯粹统治工具的法律区别开来的。法治的精义就在于打破了统治者天生不同的神话,而对政府权力作出严格的限定。但传统的宪法和法治理论是将政府作为一个整体来看待的,并未对官僚个人的行为进行研究。实际上,官僚机构并不是一个有机的整体,集体行动的难题在其中照样存在。官僚可以从一组"合法"的备选决策集中选择最有利于自己而不是社会的方案。从这个意义上说大多数被视为政府行为的活动,其实只是出自官僚个人理性选择的活动。

---

① W. A. Niskanen, *Bureaucracy and Representative Government*, Chicago: Aldine-Atherton, 1971.

② 参见 Patrick Dunleavy, *Democracy, Bureaucracy and Public Choice*, Hertford-shire: Harvester Wheatsheaf, 1991。

三、市场秩序与经济立法：芝加哥视角

早在1946年，斯蒂格勒就在他的一篇文章中用经济学的方法对一项立法（1938年《公平劳动标准法》）进行了分析，他的研究集中于其中的最低工资条款上。在那篇文章中，斯蒂格勒提出的两个问题是：（1）这种立法能够消除贫困吗？（2）是否存在更有效率的替代？经过细致而又周密的分析，他指出：最低工资立法对资源配置可能产生这样两种影响：（1）企业家会寻找能够替代劳动力的其他生产要素（如技术）来维持原产出规模；劳动生产率低的工人或者被解雇，或者被迫增加劳动强度。（2）在缺乏替代要素时，产出规模下降。由此得出：最低工资立法无法消除贫困，也无法改进效率。[①]这是在没有考虑立法过程的情况下对立法效果的一种分析，采用的完全是价格理论的方法。在此后的几篇文章中，斯蒂格勒继续发展了自己关于经济规制和经济立法的思想。他的基本思路是：（1）规制往往是被规制者自己争取来的，其目的是维护被规制者的利益；（2）规制需要耗费大量的非生产性成本；（3）经济规制和经济立法往往不是像宣称的或表面上看来那样服务于公共利益；（4）经济规制和经济立法往往会损害经济效率。[②] 其他芝加哥经济学家，如巴罗、波斯纳、德姆塞茨（Demsetz，Harold）和佩尔茨曼等，也发展了类似的理论。他们大多把规制和立法视为规制者提供给被规制者的一种商品，它只对交易双方有利，而与公共利益无缘。在1969年的一篇文章[③]中，德姆塞茨完善了芝加哥学派的经济立法理论。通过对证券市场规制的分析，德姆塞茨指出：在信息完备的完全竞争状态下，规制当然是无用的。但完全竞争状态只是一种理想的状态，因此规制并不当然无效。只有当规制的成本超过规制带来的收益（不论是给特殊利益集团还是给整个社会）时，规制才是无效的。

---

① George J. Stigler, *The Economics of Minimum Wage Legislation*, The American Economic Review, Vol. 36, No. 3, June 1946, pp. 358-365.

② 参见［美］乔治·J. 施蒂格勒：《产业组织和政府管制》（下），潘振民译，上海三联出版社1989年版。

③ Harold Demsetz, *Perfect Competition, Regulation, and the Stock Market*, in Demsetz, Efficiency, Competition, and Policy, Oxford and New York: Basil Blackwell, 1989.

弗吉尼亚学派的经济学家们主要从利益集团和寻租理论的角度来研究经济规制和经济立法。在这里,寻租通常被描述为一种个人或集团将稀缺资源投入到谋求政府授予的垄断权的政治活动。经济立法通常是这种活动的结果。由于将资源投入到为获得社会福利转移而进行的活动中,这本身就造成了一种社会成本,又由于寻租活动所导致的经济立法带来的市场特权和租是以消费者和纳税人的损失为代价的,所以,这样的经济立法是无效率的和不公正的。相反,对垄断进行规制的经济立法则是必要的。[①]

四、对政府权力的法律限制

从以上的分析中我们已经发现:不存在一个抽象的为公益服务的政府,政府行为是由其成员的行为来体现的,它在大多数情况下甚至不是一种集体行动。人们选择政府是为了避免无政府状态下的不确定性和混乱。实际上,只要有适当的政府权力就可以起到这种作用,而不像霍布斯所论证的那样,非得有一个专制的、无比强大的主权者。理想的政府应当介于无政府和利维坦之间,在最大限度地保留个人自由的情况下组织社会的秩序。因此,限制必须是双向的:政府限制公民的自由,以使其保持在不妨碍他人自由并且不破坏社会秩序的限度内;而政府本身也应当受到限制,以使其权力保持在足以且仅足以维护社会秩序、促进公共福利的限度内。对政府的限制应来自两个方面:一方面是宪法和法律,另一方面是个人的权利。这两者是互为根据的,宪法和法律是公民基于自己的权利自愿选择的结果,而公民的权利又依赖宪法和法律来加以保障。在公共选择文献中,对这两种限制政府权力的方式均有论述:

(1)宪法和法律对政府权力的限制:“宪法”就是“更高的法律”(higher law)[②],也就是制定游戏规则的规则。它不但是整个政治制度取得合法性的基础,也是其他法律得以制定的基础。换句话

① 参见 Tollison Rowley and Gordon Tullock, *The Political Economy of Rent-Seeking*, Boston: Kluwer Academic Publishers, 1988。

② 参见 Buchanan, James M. (1981), *Constitutional Restrictions on the Power of Government*, in Buchanan and Tollison (ed.), The Theory of Public Choice-Ⅱ, Ann Arbor: The University of Michigan Press, 1984, p. 440。

说,它不但限制法律的执行者,还限制立法者和法律本身。从这个意义上说,宪法是一种"元法律"。宪法产生的根据是人民的一致同意,因此,它具有最高的权威。宪法对政府权力的制约机制有四种:一是通过分配权力,实现"以权力制约权力";二是通过赋予立法机关以制定行政法规的权力和司法机关执行这种法规的权力,从而实现法律对政府行为的限制;三是通过设立正当程序(Due Process),使所有权力的滥用都有可能得到纠正;四是赋予公民个人一些"基本的"即不受任何权力侵害的权利,从而保留一块权力无法触及的领域,以形成另一种对权力的约束。

(2)权利对权力的限制:"权利是个人不受其他个人或机构干扰或强迫而进行或不进行某种活动的无条件的自由。"①它是个人全部自由中除为获得秩序而不得不放弃或加以限制的部分之外的其余部分,它的趋势应当是越来越大;权力则是个人或机构命令或强迫他人为或不为一定行为的能力,其合法范围仅在为维护社会秩序和公共利益所必需的限度内,它应当有最小化的趋势。显然,两者是此消彼长的关系。无需任何中介,权利自然就构成对权力的限制。但这显然是一种理想化的状态:如果没有权威机构来保护和实施权利,每个人的权利主张就变成了自然状态下的一己之见,必定引来无穷无尽的纷争。"给予每个人其所应得的部分"这一正义法则的实现有赖于司法机构的判断和执法机构的强制执行。无需中介的自我实现的权利是一种乌托邦想象。

第五节　法律与公共选择

无论是马歇尔还是瓦尔拉斯所称的经济分析,都将法律视为给定的外生变量,而不对之进行研究。现代公共选择理论的主要贡献就在于将政治和法律决策过程内生化,使之成为社会福利函数中的一个自变量。抛开抽象的数学外形,公共选择理论的许多假定和推

---

① Dennis C. Mueller, *Constitutional Rights*, in Mueller, The Public Choice Approach to Politics, Edward Elgar, 1993, p. 106.

论与近代宪法和法治理论不谋而合，而这些假定和推论经其用规范的形式语言表述，变得更为精确和易于操作。

一、法律的契约论阐释

布坎南等人常常称自己的视角是"契约主义"的，而诺贝尔奖的颁奖理由中也提到布坎南"发展了经济和政治决策的契约论和宪法基础"，那么，这种"契约论"或"契约主义"的含义是什么呢？我们可以从布坎南本人的论述中得到解释。从列昂内尔·罗宾斯开始，经济学被定义为一种解决最大化问题的科学。这种定位经钱伯伦和琼·罗宾逊的强化，到保罗·萨缪尔森那里更得到进一步的发展。借助于A.伯格森的社会福利函数，萨缪尔森将最大化解释伸展到了福利经济学中。对这种传统，布坎南持批评态度。他并不是批评最大化假定本身，而是反对用它来解释社会组织的活动。孤立的追求最大化的个人是不存在的。作为社会性的动物，人在选择自己的行为方式时，总会考虑到相关的他人的反应。这时，适用于描述个人选择的形式语言是博弈论，而不是线性代数。在《同意的计算》一书中，布坎南专门写了一篇《读政治哲学旁注》作为附录一。[①]在其中，他谈到了正在兴起的"公共选择"（当时还没有这一名称）理论与霍布斯、斯宾诺莎和洛克等契约论者的渊源。契约可以被定义为两个或多个当事人之间订立的、规定了每个当事人的权利和义务并对遵守或不遵守其条款的行为给予相应的奖励或惩罚的协议。风险和不确定性的存在是契约产生的主要原因。社会中的个人随时随地都在作出选择，这种选择必定是在某种关系中发生并产生新的关系。这些关系，无论是对人的还是对物的，多半蕴含着风险和不确定性。由于契约的隐喻能较好地解释从个人选择到社会选择的过渡，故而为布坎南等人所借用。布坎南甚至说："经济学更近似

---

① James M. Buchanan, *Marginal Notes on Reading Political Philosophy*, in Buchanan and Tullock, The Calculus of Consent, Ann Abor: The University of Michigan Press, 1962, p. 308-322.

于一种‘契约的科学’而不是‘选择的科学’”。[①] 作为一个“新契约论者”，布坎南和霍布斯等人关注的同一问题是：追求自我利益的个人如何组织起来，形成国家，并遵守法律？对此，他的解释是：作为理性的动物，人在与他人的关系中总是有一种计算，经过多次博弈之后，他会发现合作博弈对自己更为有利，并能产生稳定的结果。当足够多的人认识到这一点后，他们就会达成一致，共同签订一个契约，建立国家，并遵循共同的规则。

至此，我们可以将布坎南等人的“新契约论”与霍布斯等人的契约论做一比较。在霍布斯那里，社会契约的隐喻被用来解释国家的起源及其性质；而在国家形成之后，契约关系便消失了，主权者的意志成了国家的意志。这一思想明确地表现在这一段话中：

如果要建立这样一种能抵御外来侵略和制止相互侵害的共同权力，以便保障大家能通过自己的辛劳和土地的丰产为生并生活得很满意，那就只有一条道路：把大家所有的权力和力量托付给某一个人或一个能通过多数的意见把大家的意志化为一个意志的多人组成的集体。这就等于是说，指定一个人或一个由多人组成的集体来代表他们的人格，每一个人都承认授权于如此承当本身人格的人在有关公共和平或安全方面所采取的任何行为、或命令他人作出的行为，在这种行为中，大家都把自己的意志服从于他的意志，把自己的判断服从于他的判断。这就不仅是同意或协调，而是全体真正统一于唯一人格之中；这一人格是大家人人相互订立信约而形成的，其方式就好像是人人都向每一个其他的人说：我承认这个人或这个集体，并放弃我管理自己的权利，把它授予这人或这个集体，但条件是你也把自己的权利拿出来授予他，并以同样的方式承认他的一切行为。这一点办到之后，像这样统一在一个人格之中的一群人就称为国家，在拉丁文中称为城邦。[②]

对社会契约的形成方式及其内容，斯宾诺莎和洛克有不同的解释，他们两人都不同程度地将契约论解释贯彻到国家形成之后。斯

---

① James M. Buchanan, *A Contractarian Paradigm for Applying Economic Theory*, American Economic Review, Vol. 65, No. 2, Papers and Proceedings of the Eighty-seventh Annual Meeting of the American Economic Association, May, 1975, p. 225-230.

② ［英］霍布斯：《利维坦》，黎思复、黎廷弼译，商务印书馆1985年版，第131~132页。

宾诺莎论述到，在根据社会契约形成的制度框架中，个人的逐利行为将会促进该政治共同体中其他成员的利益。他还区分了集体决策的宪法层次和操作层次，并指出：基于"普遍的同意"或相对的一致，可以改变原初的社会契约或宪法。① 可以看出，布坎南的契约论思想同古典自然法学派的社会契约思想有一定的渊源关系。他从契约论中抽出了一致性原则（Rule of Unanimity or General Consensus），作为其宪法理论的基础。

二、公共选择视角中的立法、行政和司法

公共选择视域中的立法机构是"他们"，而不是"它"。这样说的意思是：立法机构是由一群理性的个人所组成的，它不是一个内部结构和谐一致的"有机体"，也没有一个统一的"意志"，因此，不能将其拟人化为一个"立法人"（law-giver）。从前面介绍的关于集体理性和集体行动以及投票问题的理论中我们可以推知：由若干立法者组成的立法集体所进行的立法活动在逻辑上有一些无法避免的问题。但立法者本身对这些问题是不会觉察的，因为他们是在一定的制度结构中运作的，这种结构通过牺牲一致性或普遍同意使立法活动的结果得以实现均衡和稳定。从布坎南所提出的"作为交易的政治"这一角度，可以把立法活动视为供方立法者和需方公民个人、企业和利益集团之间的一种交易。需方通过院外活动来游说立法者以使某项立法通过或不通过，其出价方式是选票（合法）或贿赂（非法）。寻租理论很好地说明了需方的行为动机：他们投入不到一元钱的非生产性成本，而想从社会福利的再分配中获得超过一元钱的份额。需要注意的是，需方是分散化的多个，他们的利益并不一致，他们之间的关系是竞争性的。供方是在一定制度结构内"生产"法律的一群人，他们同需方中的不同集团发生关系，他们之间的竞争性关系为制度结构所消解，而成为一种妥协式的合作关系。在供

① Benedict Spinoza, *The Political Treatise* (1677), translated by Samuel Shirley, introduction and notes by Steven Barbone and Lee Rice, Indianapolis: Hackett, 2000.

方和需方之间有一群中介人，他们是政客、官僚或其他政治活动者。[①] 这样通过的特殊利益立法如何获得其持久性呢？对此，兰德斯和波斯纳从独立的司法系统这一角度给出了解释。终身任职的法官从不轻易宣布某项特殊利益立法无效。实际上，法官们倾向于根据制定法律时立法者明示的意图来解决纠纷。独立司法系统的这种行为方式增加了立法者和利益集团交易的净收益。[②] 这样，在有立法机构、利益集团、行政机构（官僚机构）和司法机关参与的合作博弈中，便会得到一个偏离社会福利曲线的均衡解。

三、法官与法律解释

与传统的法律解释研究不同，公共选择理论将研究重点放在解释者本身之上，并关注解释者对解释对象的参与。这种研究再一次向我们证明，正像我们从哥德尔定理和哲学阐释学中学到的那样，对法律的解释也以一定方式表现为构成法律的一部分，从而使解释者陷入自我相关的状态。传统的观点认为：法官在对法律作出解释时，必须作为一个摒弃自身主观因素的中立者，以准确地“发现”立法者的真实意图，从而“客观”地解释法律。而当我们把解释法律者和法律本身作为一个整体来考察时，却发现解释者不能对这个包括自身在内的整体做完整地把握，其原因也正在于解释者对法律的参与，对法律的解释映射在法律之中，直接构成法律的一部分。正像费内中和温盖斯特所指出的那样，“虽然法院并不造法，但在法院对其接受的成文规定作出解释之前，并不存在现实的法律”。[③] 根据常识，我们都可以看出传统法律解释理论对现实的背离，我们接触过一些法官，知道他们也是有血有肉的人，对白纸黑字的法律条文和现实制度的约束，他们往往会采取对策性的处理而不是顺从地探寻“立法者的意图”或简单地照字面解释。在一次讨论会上，一

① 参见 William Mitchell and Michael C. Munger, *Economic Models of Interest Groups: An Introductory Survey*, American Journal of Political Science, Vol. 35, No. 2, May 1991, p. 512-546。

② William M. Landes and Richard Posner, *The Independent Judiciary in an Interest-Group Perspective*, Journal of Law and Economics, Vol. 18, No. 3, December 1975, p. 875-901.

③ John A. Ferejohn and Barry R. Weingast, *A Positive Theory of Statutory Interpretation*, International Review of Law and Economics, 12: 263-279.

位诚实的法官提到，面对僵死的法律条文，法官们，无论是出于正义的目的还是出于私利，往往会通过裁剪事实来“制作”案子，使之表面上看来符合法律。这使我们认识到，离开法律解释的主体法官来抽象地谈论法律解释问题是缺乏现实意义的。作为理性的个人，法官会根据自己所受的约束条件来选择自己的行为方式。他们不仅能够选择一定解释规则下的解释方案，而且能对解释规则本身作出选择：即使无法选择更改解释规则，也能选择规避这些规则。

法官的作用和它对法律作出解释的规则取决于司法活动取得合法性的模式。如果一个法域（jurisdiction）中强调形式合法性（formal legitimacy），即规定非由选举产生的法官不能行使任何自由裁量权，而只能实施代表多数人的立法者的意图，则法官只能采取“考古学的方法”（archeological approach）来解释法律，即发掘和实施立法者创制法律时的原意。如果它要求“共识合法性”（consensual legitimacy），即以共同体中一般成员所理解的法律条文的意思为法律条文应有的含义，则法官会采取“平意方法”（plain-meaning approach）来解释法律，也就是：不去管立法者在法律条文中想表达什么意思，而按照同一语言共同体中普通一员用同样的语词所可能表达的意思来解释法律。如果它追求“功能合法性”（functional legitimacy），即要求获得公正或好的结果，则法官可以采用“效果导向的解释方法”（consequentialist approach），而不必拘泥于法律条文或立法史。第一种方法多为正式立法所要求；第二种方法也有许多的支持者，在学术界和司法界都有较大影响；最后一种方法则为持实用主义立场的法官所喜用。[①] 公共选择文献中关于法律解释的论述主要是从批评立法意图说入手，并提供一种并不试图包揽一切的解释角度。

1. 安东宁 · 斯卡利亚（Antonin Scalia）大法官和弗兰克 · 伊斯

---

① 参见 William N. Eskridge, William N. (1987), *Dynamic Statutory Interpretation*, 135 University of Pennsylvania Law Review (1987); Eskridge, *Politics without Romance: Implications of Public Choice Theory for Statutory Interpretation*, 74 Virginia Law review 275 (1988); John A. Ferejohn and Barry R. Weingast, "A Positive Theory of Statutory Interpretation," 12 *International Review of Law and Economics* 263 (1992);［美］波斯纳：《法理学问题》，苏力译，中国政法大学出版社 1994 年版，第九章。

特布鲁克法官(Frank Easterbrook)站在“平意方法”的立场上对“立法者意图”论的批评[①]:

首先,他们认为立法者意图是无法确定的。这不仅因为立法者意图本身不明确,也因为由制度决定的法官的处境和技术不利于去探寻和发现立法者意图。其次,即使能够辨明立法者意图,它也不具有解释效力。两位法官区分了成文法语词和未颁布的(因而是没有法律效力的)立法意图。他们认为,在一个法治国家中,法律应当以成文法语词的客观意义而不是未颁布的立法者意图为基准。斯卡利亚大法官写道:“法官们解释法律而不是重构立法者意图。当法律语词明晰时,我们不享有用未颁布的立法者意图来取代它的自由。”他们认为,在美国,成文法解释应根据法律语词对普通英语读者的意义来作出。

斯卡利亚-伊斯特布鲁克论式是比较脆弱的。其弱点在于假定成文法在进入法律解释过程之前就有一种“客观的”含义。这样,一旦碰到语义含糊的法律条文,这种论式就崩溃了:法官们不知道法律“客观地”要求怎么做。正如波斯纳所言,“我们无法逃避解释”。[②] 解释之区别于“发现”,就在于它必然将解释者的主观性投入解释对象中。

2. 谢普瑟教授对“立法者意图”论式本身的内在逻辑矛盾的揭示[③]:

哈佛大学政府系的谢普瑟教授在1992年的一篇文章中指出:立法意图是一种没有任何意义的“矛盾修饰法”(oxymoron)。他写道:“立法意图是一个内在不一致的、自相矛盾的概念。对它的宣称或是陷入一种神话(一个卢梭式的伟大立法者的神话),或是犯下一个错误(将集体拟人化的错误)。无论在何种情况下,它作为法律解释的基础都是很不牢靠的。”由于立法者是许多人,他们受不同利益

---

① 参见 Frank H. Easterbrook, *The Role of Original Intent In Statutory Construction*, 11 Harvard Journal of Law and Public Policy 59 (1988)。

② Richard A. Posner, *Legal Formalism, Legal Realism, and the Interpretation of Statutes and the Constitution*, 37 Case Western Reserve Law Review 179 (1986).

③ 参见 Kenneth A. Shepsle, *Congress Is a “They”, Not an “It”: Legislative Intent as Oxymoron*, 12 International Review of Law and Economics 239 (1992)。

的驱动并在不同压力集团的影响之下,他们并没有一种一致的立法意图。谢普瑟指出,法律解释更类似于对不完全契约的解释。契约反应当事人之间的动态关系,在订立契约之初,当事人无法对其后将会影响其相互关系的所有情况作出完全的预测。法律也是这样。因此,法官在解释法律时因注重于发现法律的动态结构,并根据具体情境,作出"填补空白式"的解释。这种观点代表着典型的公共选择视角。

3."实证政治理论"(Positive Political Theory)的法律解释研究[①]:

斯坦福大学的费内中和温盖斯特两位教授从"实证政治学"的角度提出了一种独特的法律解释理论。他们反对把法院视为独立于政治过程之外,并对案件给出"最后说法"的机构。同时,他们也并不赞成将法院视为受利益集团支配的机构。他们认为,司法偏好并不源于个人私利或实体性的意识形态,相反,它产生于法院所处的制度性地位及程序导致的价值。法律解释是司法机构与立法机构交互影响的结果。立法者在制定一部法律时会考虑到法院将如何解释该法律。而法院在解释法律时也会考虑到立法机构会有什么反应。在他们看来,法律解释是一个动态的过程,在其中,行政机构、立法机构和法院都起着一定作用。

四、法律变迁的微观分析

通常的法律变迁或法律发展理论,都把法律作为一个自足的实体,而探讨其整体结构演变,或研究它与经济、社会结构的互动。近年来,受公共选择理论和法律经济学的影响,逐渐有学者从微观视角来研究法律的变迁和演进。他们把法律"解构"开来,分析其中各种要素的相互关系以及这些关系的交互作用对法律发展的影响。由于研究者本身的地方性,他们的分析对象主要是美国普通法;而其理论框架只对我们有参考意义,并不能直接用以分析中国问题。在下文中,除了对已有的涉及这一主题的文献加以概括和评述外,还

---

① John A. Ferejohn and Barry R. Weingast, *A Positive Theory of Statutory Interpretation*, 12 International Review of Law and Economics 263 (1992).

有本人根据公共选择理论的内在理路对现有理论的补充和修正。

要建立一种法律变迁的理论模型,首先就要树立一些标准,以判断变化后的法律比原来的状态是否有所改进。这种标准,按照通常的看法,就是公平和效率。在布坎南以前,经济学家们往往只关心效率标准,或者至少是把公平和效率分开来看。而在布坎南那里,这两者达到了一致。我们可以把从亚当·斯密开始的经济学家为法律树立的标准概括为四条准则:

(1)斯密准则。理性的个人能够在自愿的交换中沿偏好指向实现最大化;因此,法律应当便利或促进私人之间的交换协议,消除贸易壁垒和其他不利于私人交易的因素。

(2)科斯准则。有关的当事人会自动选择对各方都有利的交易方式。即使某人的活动产生了负的外部效应,比如,上游的用水者降低了下游用水者的用水质量,由此造成的冲突也能通过交易得到解决。在产权划分明确的情况下,交易的最终结果并不取决于最初的产权状态。如果上游的用水者有权损害水质,下游用水者就可以出资使他限制自己的这种权利;反之,如果下游的用水者有权使用不受污染的河水,上游用水者也可以出价使他忍受这种损害。总之,当且仅当他能付出相当于下游用水者之损失的代价,上游的用水者就能够保持自己的用水方式。在这种产权安排之下,如果没有交易费用,最终的结果总会是有效率的。在《联邦通讯委员会》一文中,科斯写道:“一旦建立了当事人的法律权利,谈判就能够改变法律规则程序,只要有迹象表明在谈判中所花费的费用有益于问题的解决。”“……权利的界定是市场交易的基本前提,但是最终结果(收益最大化)与法律判决无关。”[①]这样,科斯定理对法律的隐含要求便是:除了扫除交易的人为障碍之外,法律还应当在所有有经济价值的资源上设定明确界定的产权。再者,在交易费用为零的情况下,法律不必直接去规制有负外部性的行为。

(3)波斯纳准则。在无法避免的交易费用排除了通过私人谈判取得最有效率的结果之可能时,某些特殊的产权安排可能会比其他

① [美]罗纳德·哈里·科斯:《论生产的制度结构》,盛洪、陈郁译校,上海三联书店1994年版,第73页。

的产权安排更能形成或导致较有效率的结果。因此,在认识到交易费用无法避免的情况下,法律应当选择最有可能导致有效率结果的权利处置。

(4)布坎南准则。"人们中间几乎所有被观察到的经验关系都夹杂着交易因素和权力因素。规定理想化的完全竞争环境,部分目的正是描绘一种完全没有权力或人强制人的场所。"①而在现实社会中,权力因素随处可见,并使经济学家们设计的完全竞争环境下的"客观的"效率标准变得很难实现,从而在很多场合失去了意义。实际上,我们很难撇开人的主观价值判断来谈效率。同公平一样,效率也基于人的经验感受。实际上,并不存在什么客观的、独立于交易过程和参与交易者个人主观评价的效率标准。主观主义契约论者的效率标准是:选择的一致性。这种标准为法律已经给定情况下的交易过程和法律制定与司法决策过程中的效率判断提供了一种一以贯之的尺度。对交易过程的效率判断会是这样的:只要在相互关系中所有交易者都能够作出自由的选择,并且他们各自按照自己的选择达到了一致(形成了协议),这种交易就是有效率的。交易总是在一定的法律规则之下发生的,一致性效率判断可以上溯到对规则本身的创制和运作过程之中:如果一种规则是一致同意的结果,那么它就是有效率的,"而如果人们一致同意对规则作出变动,那就标志着,根据先前定下的一套现存规则,所达到的结果或预期会达到的结果要小于按修改过的规则来进行交易所产生的结果。因此,新的规则必定是比旧的规则更加有效率"。② 同时,一致性标准也可以作为公平或正义的衡量尺度。"正义是给予每个人他应得的部分的这种坚定而恒久的愿望"③,自古罗马以降,这种正义观在政治、法律哲学中盘据了千年之久,并一直延续到现在。问题是:由谁来判断每个人应得的是什么?又由谁来分配每个人应得的部分?

---

① [美]詹姆斯·M.布坎南:《自由、市场与国家——80年代的政治经济学》,平新乔、莫扶民译,上海三联书店1989年版。

② James M. Buchanan and Gordon Tullock, *The Calculus of Consent: Logical Foundations of Constitutional Democracy*, Ann Arbor: The University of Michigan Press, 1962.

③ [罗马]查士丁尼:《法学总论:法学阶梯》,张企泰译,商务印书馆1989年版,第5页。

在布坎南这里，回答是很明显的：每个人的偏好和效用都无法由别人来判断，正所谓，“如人饮水，冷暖自知”，因而，由任何与当事人无关的人或机构来判断他们所应得的部分都是不恰当的。事实上，唯一的判断根据就是当事人自己的意思表示，而真实的意思表示只能出现在自愿的关系中。除市场交易外，民主决策也是一种自愿的关系，通过民主决策达到的一致性是正义的。但布坎南准则也存在难以克服的缺陷：创制一般性规则的一致性实际上是没有意义的，因为在创制这些规则时，当事人拥有的信息极为有限，他们的判断在很大程度上是基于无知（指缺乏相关知识，不含贬义）的。而在具体案件中，由于法官作为权力因素的介入，当事人的自由谈判必定会受到限制，一致性要么很难达到，要么是不彻底的。

确立了这些标准之后，就可以对法律的变迁进行分析了。公共选择理论家们认为，法律变迁的动力来自法律过程的各个参与者——立法者、法官、行政官员、诉讼当事人之间的交互作用。他们不把其中任何一方的行为视为“给定的”，而认为：每一方都处于一种“策略位置”（strategic position），其行为取决于其他各方的行为或对其他各方将会采取的行动的推测。可以说，法律是一项整体参与的事业。博弈论为我们分析法律变迁提供了很好的工具。在法律这场多人参加的动态进化博弈中，最终结果必定是合作解，也就是布坎南标准的实现。①

第六节　从公共选择理论看法治的可能性及其局限

法治意味着以法律的权威来取代君主的权威，它的诞生，与整个人类知识领域中以理性的权威来取代上帝的权威是同步发生的。在理想的法治社会中，法律具有“客观”的至上性。虽然它是由立法者制定的，但它一旦生效，便不再受立法者意志的控制，除非有后来

---

① 参见 Jack Hirshleifer, *Evolutionary Models in Economics and Law and Comments*, 4 Research in Law and economics 1（1982）。

的立法废除了它。这就像牛顿所描述的上帝和力学定律的关系：上帝只给出“第一推动力”，之后，万物都服从于万有引力定律。这个严格决定论的框架是建立在理性的全知全能这一假定之上的。对此，拉普拉斯在《概率论》引言中有生动的描述：“让我们想象有一个精灵，它知道在一定时刻的自然界里一切的作用力和组成这个世界的一切东西的位置；让我们又假定，这个精灵能够用数学分析来处理这些数据。由此，它能够得到这样的结果：把宇宙中最大物体的运动和最轻的原子的运动都包括在同一个公式里。对于这个精灵来说，没有不确定的东西，过去和未来都会呈现在它的眼前。”① 直到20世纪初，爱因斯坦虽然以相对论极大地发展了经典物理学，但在严格决定论这一点上，他与牛顿还是一致的。这明显地表现在他与“哥本哈根学派”（量子力学之源）的那场著名论战中，他曾致信玻尔：“你相信掷股子的上帝，我却信仰客观存在的世界中的完备定律和秩序”②。从元理论的角度看，所谓决定论与非决定论都是相对于一定的解释世界的理论框架而言，物理学中的决定论，正是建立在对其解释工具——数学之完备性的信仰之上的。人类知识的进步伴随着人类对自身局限性的认识，也伴随着对世界之随机性和解释理论之不完备性的认识。哥德尔定理的出现是人类心智史上的重大事件之一，正是它给了严格决定论以致命的一击。哥德尔定理是元数学证明论的最重要成果。它的主要内容，用自然语言来表述：从元理论的角度看，如果一个公理集是递归集并与能产生自然数论的形式系统是一致的，那么它是不完备的，它不能揭示它的一个模型自然数集中的全部真命题，并且也不能证明其自身的无矛盾性。它揭示了在有解释者参与的解释过程中不可避免的随机性和不完备性。

回到法治的问题上，我们发现，公共选择理论的法学寓意同哥德尔定理的哲学含义是一致的：首先，一部制定得完美无缺的法律是不存在的，一个相当于上帝的伟大立法者只能存在于想象中。在

---

① ［美］弗兰克：《科学的哲学——科学和哲学之间的纽带》，许良英译，上海人民出版社1985年版，第282页。

② 《爱因斯坦文集》（第一卷），许良英、范岱年编译，商务印书馆1982年版，第415页。

现代民主社会，立法者是一群追求自身利益的理性的个人，他们虽然被视为人民的代表，但在现实生活中，我们都知道人的意志和偏好是无法被代表的。同时，公共选择理论还向我们指出，立法者们的个人理性也无法汇总为集体理性；这样，法律所体现的往往是特殊利益，而不是普遍的共同利益。其次，并不存在全知全能的法律解释和实施者，也没有完备的解释理论，法律的解释和实施是具体情境下各个参与者交互作用的结果。因此，法律更近似于一种动态的关系网络，而不是一种静态的规则结构。最后，法律过程中没有被动的接受者，从当事人到法官、从立法者到执法者，每个行动者都希望并采取实际行动来影响法律，法律总是在各种作用下寻求均衡。可能的法治是社会在其现有的资源、知识、文化约束下，在各种社会关系的交互影响下可以实现的制度，而脱离具体地方性和社会条件的抽象的“法治”是没有现实对应物的。因此，在这篇谈法治的论文中，我甚至没有给出一个法治的定义。在今天的中国，法治建设已成为国家的基本政策，而对法治的通常理解，不能仅停留在“有法可依，有法必依，执法必严，违法必究”的口号层次上，应对法律运作的内在机理进行深入的研究。本章的写作，目的正在于为我国的法治理论建设引介一种可供参考的现有理论。

第七章　功能分化社会的法和经济学

《法和经济学的未来》是87岁的美国联邦第二巡回法院资深法官圭多·卡拉布雷西(Guido Calabresi)对自己的整个学术生涯以及“法和经济学”这个学科的生涯进行反思和重构的作品。实际上,作为“法和经济学”的主要开创者和拓展者之一,他的学术生涯就是这个学科的历史和未来的重要组成部分。本书对他此前的一系列论文和著作[①]中提出的主要观点和命题进行了重述和澄清,对方兴未艾的行为主义经济学给这个学科带来的新的发展前景做了评估,并且将自己和科斯所代表的“法和经济学”与波斯纳所代表的“法律的经济分析”做了明确的区分。同时,作者坚守其法律人立场,强调经济学要对立法和法律实践有所助益,就必须充分理解法律人所面对的现实世界,走出“黑板经济学”的唯理主义小天地,放弃单向“殖民”的狂妄与自负,实现经济学和法学的双向交流与互

---

① 圭多·卡拉布雷西著作的中译版包括:《事故的成本:法律与经济的分析》,毕竟悦、陈敏、宋小维译,北京大学出版社2008年版;《悲剧性选择:对稀缺资源进行悲剧性分配时社会所遭遇到的冲突》(与菲利普·伯比特合著),徐品飞、张玉华、肖逸尔译,北京大学出版社2005年版;《制定法时代的普通法》,周林刚、翟智勇、张世泰译,北京大学出版社2006年版;《理想、信念、态度与法律——从私法角度看待一个公法问题》,胡小倩译,北京大学出版社2012年版。

补。这篇简单的译序将介绍作者的学术履历、他对“法和经济学”的贡献以及他对自己所从事研究的自我定位，从而为读者进入这个曲径通幽的文字花园提供一张导览图。遵照作者本人的嘱咐，我在行文中称他为圭多(Guido)。

第一节　瞧，卡拉布雷西这个人

圭多·卡拉布雷西于1932年10月18日出生于意大利。他的父亲马西莫·卡拉布雷西(Massimo Calabresi)是一位心脏病学家，母亲比扬卡·卡拉布雷西(Bianca Maria Finzi-Contini Calabresi)是一位研究欧洲文学的学者。他们都参与了抵抗意大利法西斯主义的运动，他父亲曾于1923年被关押和殴打。马西莫·卡拉布雷西于1988年去世时，《纽约时报》刊登了一篇讣告①，可以作为我们了解圭多家庭背景之概貌的线索：

马西莫·卡拉布雷西医生，耶鲁大学医学院荣休临床医学教授，于周日在纽黑文的家中去世，至此他已同病魔搏斗了很长时间。享年84岁。

他出生于意大利费拉拉(Ferrara)，是意大利法西斯运动的早期积极反对者。他在1923年被法西斯政权关押，出狱后参与传播了抵抗运动的主要报纸。他和他的家人于1939年来到美国寻求政治避难。

卡拉布雷西医生在1940年成为耶鲁大学内科学研究员。在工作的同时他获得了耶鲁大学公共卫生学博士学位并且在1950年入职于康涅狄格州卫生部，负责在该州的医院组织心脏病临床教学。

他于1952年返回耶鲁担任全职教授，并被任命为西黑文退伍军人医院的首席心脏科医师，他在这个岗位干到1973年退休，同年他也从教职上退休。

他的妻子，比扬卡·芬姿-康迪尼·卡拉布雷西，曾经长期担任

---

① “Massimo Calabresi, 84, Yale Medical Professor,” *New York Times*, March 2, 1988.

阿尔伯特·麦格努斯学院(Albertus Magnus College)意大利语系教授和系主任,已于1982年去世。

他留下了两个儿子:罗德岛巴林顿的保罗·卡拉布雷西医生、布朗大学医学系系主任,以及康涅狄格州伍德布里奇的圭多·卡拉布雷西,耶鲁大学法学院院长和斯特林讲席教授;一个妹妹:曼哈顿的瑞纳塔·卡拉布雷西;以及六个孙子。

与人们通常想象中的"难民"不同,卡拉布雷西一家很快融入了美国社会,找回了原来的职业发展轨道。圭多的父母亲都于1940年进入耶鲁。母亲很快获得了耶鲁大学法国文学博士学位,先任教于康涅狄格学院讲授法语和意大利语文学,随后成为阿尔伯特斯·马格纳斯学院(Albertus Magnus College)意大利语系教授和系主任。父亲马西莫的经历,上面的讣告里介绍得很清楚了。

作为"耶鲁二代",圭多的求学生涯就像是美国优秀学生的标准履历,是"美国梦"的宣传广告。他一路就读于当地名校:沃辛顿·虎克小学(Worthington Hooker Elementary School)、福特初中(Foote School)和霍普金斯文法学校(Hopkins Grammar School)。然后于1949年考入耶鲁大学的本科生部(Yale College),学习经济学,于1953年毕业,获理学学士学位。随后作为罗德奖学金获得者就读于牛津大学麦格达伦学院,于1955年获得人文学士学位。之后又进入耶鲁法学院学习,于1958年以全优成绩获得法学学士(LL. B)学位。此后,他又返回牛津就读一年,于1959年获得该校人文硕士学位。在本科阶段,他师从于著名的凯恩斯主义经济学家詹姆斯·托宾(James Tobin,1981年诺贝尔经济学奖得主)、弗吉尼亚政治经济学派创立者沃伦·纳特(Warren Nutter)以及匈牙利裔著名经济学家威廉·费尔纳(William Fellner)。在牛津大学,他的经济学老师包括受麦卡锡主义迫害移居牛津的美国经济学家劳伦斯·克莱恩(Lawrence Klein,1980年诺贝尔经济学奖得主)和约翰·希克思(John Hicks,1972年诺贝尔经济学奖得主,因提出卡尔多-希克思效率模型和希克思-汉森模型而被认为是20世纪最伟大的经济学家之一)。多年受教于凯恩斯主义顶级经济学家的经历使他走上了一条与芝加哥学派法和经济学家不同的道路,即不迷信市场、强调政府在实现分配正义方面之作用的"中左"或社会民主主义道路。

在法学院就读期间,他是《耶鲁法律学刊》编辑,毕业后去美国最高法院担任胡果·布莱克(Hugo Black)大法官的司法助理。之后,他回到耶鲁法学院任教,在很年轻的时候就成为正教授,迄今仍然保持着"耶鲁法学院史上最年轻正教授"的纪录。他于1985~1994年担任耶鲁法学院院长。1994年,他被克林顿总统提名为美国联邦第二巡回上诉法院法官。在写给布莱克大法官的推荐信里,当时的耶鲁法学院院长尤金·罗斯涛(Eugene Rostow)写道:

他的父亲是纽黑文名医,也是耶鲁医学院临床部的教师。我第一次听说盖伊(Guy)是在他上初中的时候,因为他带着耶鲁大学格里斯沃德校长的女儿参加舞会,那可是她第一次参加舞会!那时他们俩都才十四五岁。卡拉布雷西先生是最耀眼的明星,同时也是一位最善良、最投入、最迷人的男生,以及一个人可以想象的最阳光、最有趣的伙伴。例如,他在法学院入学能力测试中得了749的高分,这是十分罕见的事情。他在耶鲁本科阶段的平均分是93。在本科阶段他就告诉我想上法学院,而在读书期间他把一切可见的奖项都尽收囊中。①

圭多的整个学术生涯与耶鲁密不可分,其间只有一次可能的分道扬镳。1960年秋,刚在耶鲁法学院任教一年的卡拉布雷西收到芝加哥大学法学院院长爱德华·列维(Edward Levi)的面试邀请,当年12月他奔赴芝加哥,讲他刚发表的论文《关于风险分配与侵权法的若干思考》。芝加哥大学法学院的大牌教授哈利·凯尔文(Harry Kelven)在火车站接他,手里挥舞着他的论文。一见面就说:"这是胡扯!胡扯!胡扯!但我希望自己能写出这么扯的论文。"②在面试结束后,列维向28岁的圭多发出了工作邀约,要直接聘他为正教授。出于对耶鲁的感情,圭多拒绝了。但这段被"挖"的经历对他在耶鲁的职业发展起到了非常正面的作用。罗斯涛院长以此说服教授们打破"任教5年之后才考虑是否给予终身教职"的不成文

① "Letter from Eugene Rostow, Dean, Yale Law School to Justice Hugo Black (Jan. 15, 1958)." 转引自:Laura Kalman, "Some Thoughts on Yale and Guido," 77 *Law and Contemporary Problems* 15 (2014), p. 18。

② 同上。

规矩:“虽然卡拉布雷西先生法学院毕业还不到5年,但他在牛津学习了两年,成绩优异。芝加哥大学正在勾引他,提供了包括终身教职和高薪在内的承诺。5年‘规则’不是一项规则,而只是一项灵活的惯例,但卡拉布雷西先生只有一个。”[①]耶鲁1961年提升他为常聘副教授,1962年进一步升为教授。

圭多对耶鲁的忠诚以及耶鲁对圭多的厚待使双方都获益匪浅,证明了圭多后来反复论证的权利与义务的相互性。当清华大学冯象教授于20世纪80年代到耶鲁法学院读J. D. 的时候正值圭多担任法学院院长的时代。他写道:“耶鲁法学院的左翼‘出走’哈佛以后,‘耶鲁就变成了哈佛’,用邓肯的话说。果然,迎新派对上,我被分在院长圭多·卡拉布雷西夫妇那一桌,院长太太说:你看,我们这儿除了圭多,全是哈佛来的。”[②]正是通过圭多的努力,耶鲁法学院不仅稳定了教师队伍,平息了新一轮的学生激进主义运动,还使耶鲁法学院在他离任时(1994年)成为美国法学院排名中的第一位,并且保持至今。历史学家劳拉·卡尔曼在她关于耶鲁法学院历史的著作[③]中盛赞了卡拉布雷西作为院长的贡献,以至于一篇书评写道,读完这本书中对圭多院长生涯的描写,读者会产生这样一种印象:耶鲁法学院曾经由一位神祇统治。[④]

如今,虽然他已在2009年取得了“资深法官”(Senior Status)待遇,可以自由决定是否听审,但他仍然坚持审案并在耶鲁法学院授课,常规性地穿梭于纽约和纽黑文之间。他是耶鲁法学院的镇院之宝,师生心目中永远的“老院长”。

---

① “Letter from Eugene Rostow, Dean, Yale Law School to the Governing Board of Yale Law School” (Nov. 18, 1960). 转引自 Laura Kalman, “Some Thoughts on Yale and Guido,” 77 *Law and Contemporary Problems* 15 (2014), p. 39。

② 冯象:《那生还的和牺牲了的》,载冯象:《我是阿尔法:论法和人工智能》,中国政法大学出版社2018年版,第150页。

③ Laura Kalman, *Yale Law School and the Sixties: Revolt and Reverberations*, new edition, The University of North Carolina Press, 2005.

④ Clyde Spillenger, “Book Review,” 25 *Law and History Review* 681, 682 (2007).

第二节　卡拉布雷西与科斯

波斯纳指出："新的法和经济学从 20 世纪 60 年代早期起步，以卡拉布雷西发表他第一篇论侵权法的文章以及罗纳德·科斯发表论社会成本问题的文章为标志。"①圭多的《关于风险分配与侵权法的若干思考》（以下简称《若干思考》）②和科斯的"社会成本问题"③被认为是当代法和经济学研究的奠基之作。

说起这两篇论文孰先孰后，还有一番争议。但目前已被澄清的事实是：圭多在法学院二年级的时候，即 1957 年，便完成了《若干思考》一文的写作，当时是为了申请《耶鲁法律学刊》的学生编辑职位。虽然他成功当上了新一届的编辑，但即将离任的编辑们并不喜欢这篇与传统法学论文迥异的文章。多年以后，卡拉布雷西在谈到这篇文章的发表经过时说："非常明显，我的文章令即将离任的编委会感到失望，其中包括几位如今在法律职业界叱咤风云的人物。它太复杂了，而且它看起来不像法学论文。这一冷漠的反应给我带来了一个好的结果：与其作为一篇匿名的学生评论被发表然后被遗忘，倒不如四年之后作为一位青椒的第一篇论文而发表。"④在多年以后重读这篇论文时，圭多仍然对它非常满意："首先其中所包含的许多当时看来很新颖的观点现在已变得显而易见；其次（更加自私的）阅读感受是，在对经济分析之局限性的理解上，它仍然比此后的许多作品都更加敏锐。"⑤

---

① Richard A. Posner, *Economic Analysis of Law*, 2nd ed., Boston: Little, Brown, 1977, p. 16.

② Guido Calabresi, "Some Thoughts on Risk Distribution and the Law of Torts," 70 *Yale Law Journal* 499, 505 (1961).

③ Ronald Coase, "The Problem of Social Cost," 3 *Journal of Law and Economics* 1: 1–44 (1960). 中文译文见[美]科斯：《社会成本问题》，载[美]罗纳德·科斯：《企业、市场与法律》，盛洪、陈郁译校，格致出版社、上海三联书店、上海人民出版社 2014 年版，第 78~123 页。

④ Guido Calabresi, "Commentary," in Fred R. Shapiro, "The Most-Cited Articles from The Yale Law Journal," 100 *Yale Law Journal* 1449, 1482 (1981).

⑤ 同上。

另外一件影响卡拉布雷西与科斯之贡献对比的事情是,“此文的早先版本中包含一段对因果相互性的讨论,与科斯在《社会成本问题》中的著名分析非常类似。一位经济学家读过该文稿后援引庇古说我这段讨论完全错了。当科斯在一次讨论会上报告他的论文时,斯蒂格勒和整个芝加哥大学经济学大佬圈子的反应也是一样的。与科斯一样,我没有被说服;实际上,我不理解庇古的推论是怎么得出的。但是,与科斯不同的是,他坚持了自己的立场,而我对自己(或我的经济学)并不完全确信,所以我把那段删掉了”。[①] 不过,圭多在发表出来的《若干思考》一文中简略地提到:在分配事故责任的时候,我们总是事先假定造成事故成本的是汽车司机或者是行人。“实际上这种成本是双方的。”[②]相较之下,科斯在《社会成本问题》中对损害/成本的相互性进行了深入的分析,这一分析构成后来被施蒂格勒总结为“科斯定理”的那部分内容的前提:正是因为损害的相互性,所以双方才可以通过自愿交易来达致最有效率的安排,而不论最初的权利归属状态如何。唯一使这种谈判无法进行的因素是交易费用,而不是任何道德(对与错)约束。科斯写道:“传统的方法掩盖了不得不作出的选择的实质。人们一般将该问题视为甲给乙造成损害,因而所要决定的是:如何制止甲?但这是错误的。我们正在分析的问题具有交互性质,即避免对乙的损害将会使甲遭受损害,必须决定的真正问题是:是允许甲损害乙,还是允许乙损害甲?关键在于避免较严重的损害。”[③]

科斯的理论之所以产生了更大的影响并使他获得诺贝尔经济学奖,第一,这篇文章通过向福利经济学中的正统理论——庇古理论提出挑战并取而代之,从而促进了学科的发展,其成就在学科内部显而易见。第二,与上一点相关,其他经济学家在他的理论基础上进一步做精致化、数学化、模型化的处理,从而进一步提高了他的

---

① Guido Calabresi, “Commentary,” in Fred R. Shapiro, “The Most-Cited Articles from The Yale Law Journal,” 100 *Yale Law Journal* 1483 (1981).

② Guido Calabresi, “Some Thoughts on Risk Distribution and the Law of Torts,” 70 *Yale Law Journal* 499, 505 (1961).

③ [美]科斯:《社会成本问题》,载[美]罗纳德·科斯:《企业、市场与法律》,盛洪、陈郁译校,格致出版社、上海三联书店、上海人民出版社 2014 年版,第 79 页。

声誉。庇古认为,政府可以通过向有害行为征税来内化外部性。而科斯批判了这一观点;他指出外部性是相互的,在交易成本为零的情况下,最初的产权分配不会影响效率。第三,科斯虽然在芝加哥大学法学院任教,但他身处的圈子基本上是经济学家圈子,正是通过斯蒂格勒、威廉姆斯、阿尔钦、德姆塞茨和张五常对他提出的概念和定理的不断应用和模型化,科斯的学说才能够进入经济学主流,并获得诺贝尔经济学奖。而卡拉布雷西是一位处在美国法学共同体内核位置的法学家;在担任法官之前,他一直任教于耶鲁法学院并曾担任院长。在很长一段时间,他的论文的引用率远远高于科斯,并经常被法院判决所引用。第四,正是因为圭多是一位法律人,他的思想深受法律的实践品格的影响,所以他很难坚持经济学从简化假定推出逻辑结论的方法论纯粹性,他对经济学理论的应用从来都是不彻底的。正如哥德尔定理所告诉我们的,一套用逻辑编织起来的理论系统,要么在逻辑上是不完备的,要么对世界的理解是不完整的。圭多显然愿意为了追求对真实世界的整全理解而放弃逻辑上的完备性。第五,也是最重要的,是作为法律人的圭多很难忍受丝毫不接地气的经济学理论,因此在自己的作品中很难将经济学逻辑贯彻到底。而同样关注经验事实的科斯则没有这种纠结,他总是从经验出发,发现主流经济学中所忽视的现象,然后从中提炼出抽象的理论,进而承认这种理论不真实,但能够使经济学家注意到此前未曾注意到的关键因素。例如,著名的科斯定理可以概括为:如果交易成本为零,而且相关资源上的财产权得到明确界定,处在某种外部性情形中的当事人就通过谈判来达致一种有效率的以及与初始权利分配状态无关的解决方案。这里包含两个假定和两个结论。假定一:交易费用为零;假定二:产权界定明晰。结论一:有效率的结果总会被达成(效率原理);结论二:这一结果之达成不受初始权利分配状态的影响(不变性原理)。科斯本人深刻地认识到,交易成本为零的假设仅仅是一个假设,提出这个假设恰恰是为了让经济学家认识到他们是在何种未经检视的、远离现实的假设下建构自己的理论:"在经济学文献中,经济学家对人性的认识是苍白的,对应该成为他们工作核心内容的制度的态度也是这样。这些经济学家应该研究的制度是企业和市场,它们共同构成了经济体系的制度结构。在主流经济学理论中,企业和市场在很大程度上被假定为既定,因而不是其考察对象。”①在《企业的性质》和《社会成本问题》中,科斯让读者们看到市场和企业的运行都是有成本的,他将市场成本称为“使用价格机制的成本”“在公开的市场上进行交易、开展业务的成本”“交易成本”。重要的是比较各种制度安排的成本—收益,以确定其相对效率。这为经济学家分析法律问题提供了一种思维框架。

但卡拉布雷西的写作面向的法律人,他们从来都是在和真实世界中的人打交道,因此他没有动力去纠正一种明眼人一看就不真实的假定。例如,他在《若干思考》中表述了一种极其类似于“科斯定理”的观点:

首先,这一理论要求损害成本由产生损害的那种活动(activities)来承担,无论其中是否涉及过错,因为无论如何这种损害都是此种活动的真实成本。……其次,这一理论要求,在参与一项事业(enterprise)的各方之中,损失应当由最有可能将损失负担体现到该事业所出售的任何物品的价格之中的那一方来承担。但谁是那一方呢?是受伤的工人,还是他的雇主?是支票被伪造的储户,还是银行?是行人,还是撞伤他的汽车司机?在这里,传统经济理论帮不上多少忙。因为在经济学家的世界里,举例来说,损害的成本让工人还是让雇主来承担是没有区别的。用纯粹的资源分配—损失分配理论的话来说,如果损失由工人来承担,他可以投保,然后要求提高工资以弥补保费。或者,他虽然不投保,但仍然可以要求提高工资来补偿自己所承担的风险。反之,如果雇主被要求承担工伤损害的成本,他会降低工人的工资。无论是哪种情况,按照这种理论,成本最终都会体现到工资和价格中。②

不同的是,卡拉布雷西是把这种理论作为批判对象而呈现出来的。由于他并没有读到科斯的论文,他批判的对象是陶西格于1911

① [美]科斯:《企业、市场与法律》,载[美]罗纳德·科斯:《企业、市场与法律》,盛洪、陈郁译校,格致出版社、上海三联书店、上海人民出版社2014年版,第4页。

② Guido Calabresi, “Some Thoughts on Risk Distribution and the Law of Torts,” 70 *Yale Law Journal* 499, 505 (1961).

年以及布朗于 1922 年提出的理论。[①] 也就是说,卡拉布雷西是把"科斯定理"的主要内容作为批评对象来加以描述的。在描述之后,他马上说:这种理论对现实的再现是"很不准确的",它假定了一个"全知的、完全理性的经济世界,而这个世界根本不存在"。[②] 这显然不仅"先知先觉"地批评了科斯《社会成本问题》的主要论点,还否定了"科斯定理"的原创性! 而且,圭多不仅描述并批判了科斯在《社会成本问题》中表述的"损害的相互性"观点,还进一步分析了使相互性所正当化的交易无法达成的原因。但是,他未能提出"交易成本"这样一个一般性的概念,但是点出了科斯未能明确化的"交易成本"的可能形态。他指出的因素是垄断。垄断企业所出售的商品或服务价格本来就是扭曲的,无法准确反应成本。因此,让垄断企业来承担工伤损害的成本,只是使价格更扭曲,无法达致有效率的结果。

这使我们看到了现代功能分化社会中学科分野的实例。经济学家的主要对话对象是别的经济学家,他们不关心自己的假定是否真实,是否会被"外行"耻笑。科斯对一种明显荒谬的假定的认真处理确立了他在经济学学科传统中的地位,而卡拉布雷西对它的基于常识的反驳则被大多数经济学家所无视。

第三节　"法和经济学"与"法律的经济分析"

法和经济学作为一种思维方式可以追溯到现代经济学的鼻祖亚当·斯密。他不仅留下了《国富论》《道德情感论》和《法理学讲义》三部分别研究经济学、伦理学和法学的作品,而且在每一部作品中都并非采用一种单一的方法来研究一个单一的问题,而是透过经济来看伦理和法律,也透过伦理和法律来看经济。这也正是圭多的

---

① Frank W. Taussig, *Principles of Economics*, Macmillan, 1911, p. 326 - 327; Brown, "The Incidence of Compulsory Insurance of Workmen," 30 *Journal of Political Economy* 67 (1922).

② Guido Calabresi, "Some Thoughts on Risk Distribution and the Law of Torts," 70 *Yale Law Journal* 499, 505 (1961), p. 506.

这本书所提倡的交叉互惠式的研究方法。在《国富论》中，斯密写道：

每一个人，只要他不违反正义的法律，就享有完全的自由去以他自己的方式追求自己的利益，并且以他的勤劳和资本来与其他个人或群体竞争。主权者因此得以完全避免承担这样一项义务，如果要履行这项义务就会受到各种谬见的影响，而恰当履行这项义务又超出任何人类智慧或知识之所及：这项义务就是监督私人的劳作，并将其引向最能促进社会利益的用途。依循自然自由的法则，主权者只需承担三项义务，三项极其重要但为常人常识所能接受和理解的义务：首先是保卫社会免于暴力和其他独立社会之侵犯的义务；其次是尽可能保护社会的每一成员免受其他成员之不义侵害或压迫的义务，或建立恰当的司法制度的义务；最后是兴建并维护某些公共工程和某些公共机构的义务，这些公共事业很难出于私人利益或社会上一小部分人的利益而被建立起来并得到维护，因为私人从中得到的利益无法补偿兴建和维护它们所付出的成本，但它们给整个社会带来的好处却远远超出其成本。①

斯密所指出的国家的三项义务，分别对应于霍布斯所强调的安全、洛克所强调的公正司法以及经济学家所谈到的公共物品与外部性。经济学理论认为，如果一项商品或服务的全部成本都可以体现到价格中，市场就可以通过其“看不见的手”②来实现资源最有效率的配置，而无须任何干预。这时候的市场就是完美竞争的市场。因此，微观经济学又称为价格理论。而外部性就是无法被内化到价格之中的成本（包括私人成本和社会成本）。庇古等福利经济学家认为此时需要政府介入，以税收等方式来迫使造成负外部性的经济主体内化成本，或者提供具有正外部性的公共物品。而科斯在《社会成本问题》和《经济学中的灯塔》等文中指出，如果交易成本为零，经济主体之间可以通过谈判来解决外部性问题。尽管科斯本人试图强调的是交易成本在真实世界中并不为零，但经过斯蒂格勒总结的“科斯定理”却强调了交易为零的情况下价格机制能够有效解

---

① Adam Smith, *An Inquiry into the Nature and Causes of the Wealth of Nations* (1776), edited by Edwin Cannan, University of Chicago Press, 1977, p. 914-915.

② 同上，p. 593。

决外部性问题这一面："科斯定理因此主张在完美竞争下私人成本与社会成本相等。"[①]芝加哥学派的另一位代表人物米尔顿·弗里德曼写道："在一个'纯粹'的市场经济中，人际合作完全是通过自愿交易来实现的。"[②]而在科斯定理基础上发展出"交易费用经济学"并因此获得诺贝尔经济学奖的奥利弗·威廉姆森则更直接地说："交易费用经济学主张契约关系的治理主要应当通过私人秩序安排（private ordering）而不是通过法律的集中化安排（legal centralism）来实现。"[③]为了扩大这种理论的解释范围，经济学家们将许多明显不属于自愿交易—契约关系的人际互动，比如侵权和犯罪，也套进契约关系的框架来解释。用威廉姆森的话来说，合同是资本主义最基础的制度。这种对集中化力量的不信任也是近年来得到广泛追捧的区块链技术背后的经济学逻辑：试图用一种去中心化的、算法化的共识机制来避开乃至取代所有的人类中介机构。

斯蒂格勒和威廉姆森之所以会对科斯定理做简单化的重述，是因为市场的成本很难被明确界定出来，更难被量化。经济学家，正如大学校园和研究机构中的其他专家一样，考虑的是自己学科的逻辑，而不是现实的逻辑。与自然科学一样，经济分析使用模型来解释和预测行为及其后果。模型往往迥异于现实，比现实简单得多。经济学模型并不试图准确地描述现实，而是试图通过聚焦于少数几个变量来解释和分析现实，并且以假定的方式将真实世界的复杂性排除出考虑范围。对经济学模型的评价标准是节俭原则（parsimoniousness）：如果一个模型能够用更少的变量解释更多的社会现象，它就是一个更好的模型。与科斯一样，圭多对现实世界的复杂性十分敏感，在这本书中，他呼吁经济学家将更多的变量纳入考虑，从品味与价值到说服人们相信特定的经济学理论并据此行动的知识成本；这恐怕是经济学家不愿意接受的，因为他们并非无意识而是特意地排除了这些难以界定和量化的考量因素。

在全书一开始，圭多就区分了法律的经济分析与法和经济

---

① George J. Stigler, *The Theory of Price*, fourth edition, Macmillan, 1966, p. 120.

② Milton Friedman, *Price Theory*, Aldine Publishing Co., 1976, p. 5.

③ Oliver E. Williamson, *The Economic Institutions of Capitalism: Firms, Markets, Relational Contracting*, Free Press, 1985, p. xii.

学,前者的代表人物是边沁,后者以密尔为先驱。边沁将功利主义原则适用到全部社会领域,将自然权利等不符合功利原则的概念和相应制度设置斥为“一本正经的胡说八道”;而密尔则对所有包含未经分析的人类经验的一般化观念抱有基本的尊重。他承认不同的人类知识类型之间的分工,不同意用来自一种知识类型的标准去检验所有知识领域。他在评价边沁时写道:“由于这些局限,边沁关于人性的知识是有限的。它完全是经验主义的。他既没有外在经验,也缺乏内在体验;他平静异常的生活和他的心智健康合谋起来将他隔绝于两者之外。他从不知道人生中的顺逆交错、情绪跌宕;他甚至不具备疾病赋予人的经验:他从出生一直活到八十五岁,一直享有男孩般的健康。”①在当代学者中,他认为波斯纳是法律的经济分析的代言人,而他本人和科斯则是法和经济学的代表。两者的主要区别在于:“在法律的经济分析中,经济学占据主导地位,法律是分析和批判的对象;而在法和经济学中,二者之间的关系是双向互动的。经济学理论可以被用来检验法律,但这种检验时而会导致经济学理论内部的改变,而不是法律的改变或者描述法律现实的方法的改变。”②

其实,科斯也表达过颇为类似的观点。他将不研究在现实世界法律框架中运行的经济体系而只专注于使用数学语言来建构抽象模型的经济学称为“黑板经济学”(blackboard economics)③。在《经济学和相邻学科》中,科斯写道:“因为在经济体系、法律体系或政治体系中活动的是同一个人,所以,其行为从广义上来说应该是相似的。但是,这绝不意味着经济学家所发展起来的用于解决经济体系中人类行为理论或方法可以一成不变地移接到其他社会科学领域中。在不同领域,人们所求的目标不同。尤为重要的是,当人们作

---

① John Stuart Mill,“Art. Ⅺ. – The Works of Jeremy Bentham:Now First Collected under the Superintendence of his Executor,John Bowring,” 31 LONDON & WESTMINSTER REV. 481 (1838).

② 本书第7页。

③ 参见[美]罗纳德·H. 科斯:《论经济学和经济学家》,罗君丽、茹玉骢译,格致出版社、上海三联书店、上海人民出版社2014年版,第5页。

出选择时，所处的制度框架迥异。”[①]

值得注意的是，卡拉布雷西在这本书以及其他作品中将法学视为一种面向事实的经验学科，其中累积人类处理经济事务和其他人际交往事务的丰富经验，也体现着真实世界中的人的品味和价值；因此可以为经济学的数学化、形式化分析提供丰富的素材，这是法学与经济学双向互惠沟通的主要模式。而实际上法学也日益成为一门形式科学，并不比经济学更接地气。更能为经济学提供经验素材的是法院判决、仲裁委员会裁定、执法部门行政决定等原始的法律素材，而不是法学。在名著《博弈论与经济行为》中，诺伊曼和摩根斯坦指出，经济学的发展受限于经验研究的匮乏：

经济科学的经验背景无疑是严重不足的。我们对于相关经济事实的了解与物理学被数学化的那个时刻物理学家所了解的物理事实完全不能相提并论。实际上，物理学尤其是力学在17世纪取得的突破之所以可能，完全是因为此前天文学领域的发展。支撑它的是人类数千年系统化、科学化的天文观测，集大成于一位具有无与伦比才华的观测者：第谷·布拉赫。这种事情尚未在经济科学中发生。在物理学中，没有第谷而指望出现开普勒和牛顿是十分荒谬的，我们没有理由认为经济学的发展会更容易。[②]

值得注意的是，随着物联网和大数据时代的来临，以及基于统计学原理的智能算法的飞速发展，包括经济学在内的社会科学面临的首要问题不再是经验材料本身的匮乏，而是如何根据自己的需求来筛选和使用数据。而要清楚地知道自己的需求，则需要有一定的理论预设。理论驱动的经验研究和经验驱动的理论化呈现一幅相辅相成的螺旋式上升图景。[③] 理论对现实的简化是使理论能够引导现实决策的原因；如果理论像现实一样复杂了，它的意义也就不复存在了。圭多这本书里虽然没有直接谈到大数据时代的经验研究

---

① ［美］罗纳德·H. 科斯：《论经济学和经济学家》，罗君丽、茹玉骢译，格致出版社、上海三联书店、上海人民出版社2014年版，第41页。

② John von Neumann and Oskar Morgenstern, *Theory of Games and Economic Behavior* (1944), Sixtieth Anniversary Edition, Princeton University Press, 2007, p. 4.

③ Matthew J. Salganik, *Bit By Bit: Social Research in the Digital Age*, Princeton University Press, 2018, p. 61.

问题,但也处处透露出关于经验与理论之间关系的洞见。

实际上,圭多心目中的法学是一种特定的法学,即二十世纪三四十年代以耶鲁法学院为重镇的现实主义法学。正因如此,他把那个时代的主要代表人物亚瑟·科宾的一封信作为附录收入这本书,借以告诫学者们:“应用外在学科的方法,但如果这种方法不能解释法律世界,请不要就此抛弃这个世界;反之,这时你应该想想,这个世界是否能够帮助你改进那个学科,使得变得更加深刻,更有解释力。”①实际上,这一告诫不仅适用于应用外在学科方法的人士,更适用于使用学科“内在方法”的形式主义者们:当你的理论无法解释现实时,不要说现实错了,而要想想你的理论有什么问题。毕竟,作为二阶观察者的学院派学者,不能总是根据一种人为建构出来的、貌似逻辑完备的理论去对法官、检察官、律师等行动者指手画脚,正像一位医学院教授不会总是说临床医生的操作不符合教科书或学科经典。

第四节　反对市场原教旨主义

这本书总结和提炼了圭多此前的诸多研究,对经济学的一些基本假定提出了挑战,从一位法律人—经济学家的角度对新古典经济学的意识形态背景进行了坦诚的披露和批判。他反复强调:经济学家对哪些因素应该得到考虑、哪些因素不能进入经济学模型的选择本身就是出于某种价值判断或意识形态站队。经济学家应该对自己做出此种选择背后的原因保持智识上的诚实,并且有义务进行披露。这使我想起弗兰克·奈特笔下的讲真话的小男孩:

说到在政治事务中讲真话,恰好有一个广为人知的讲真话的小男孩的故事。不是乔治和樱桃树的故事,而是那个同样有名的看到皇帝没穿衣服的小男孩的故事。从科学上看,那个故事中有一个缺陷:它没有结尾。我想,作者善良而又敏感,但没有心计。对那个故事,作为一个故事,这当然是一个优点。但在一次科学讲座中,它应

① 这本书第13页。

当有一个结尾，并且只需要加上几句话：那天晚上，人们醒悟过来：他们已经没有皇帝了。贤人们正在焦急地讨论应当怎么办？你能够想象一个庄重地行走在大街上的裸人是皇帝吗？贤人们当然无法取得一致，于是第二天便开始了一场战争。在一年之中，一个繁荣、幸福的国度灭亡了，文明消殒，野蛮复生。所有这些都是因为一个孩子对一件显而易见的事实做了天真的评论。反过来说，所有这些都是因为皇帝太愚蠢，以至于让人们见到了皇袍里面的常人。当然，人人本都知道里面是什么。社会中的真话就像人体内的马钱子碱一样，在特定条件下并只有微小剂量时是药品，但在一般情况下却是致命的毒物。

例如，经济学家将所有的人类交往行动都假定为自愿的交易，因此可以用市场模型来解释。作为经济学的规范分支，福利经济学将每一个福利都纳入考虑，并且似乎要求进行人际效用比较。但主流经济学家们发明出了一些精巧的技术手段来避免真正的人际效用比较，从而避免暴露现有的严重不平等的财富分配状态以及由此导致的效用函数的阶级差异，进而避免马克思主义那样的批判效应。这些技术性设计中包括帕累托原则和卡尔多—希克斯原则。根据帕累托原则，状态 A 优于状态 B，只要有至少一个人偏爱状态 A，而其他人要么也偏爱状态 A，要么在两种状态间保持佛系（随便咋样都行）。在用帕累托原则来考量法律与政策效果时，现状被视为给定条件，改变只是边际上的。如果一种法律或政策改善了少数人的处境，而并没有损害任何其他人，它就是好的。但即使看起来很保守的评价标准在现实中也很难做到：很少有那种现实的改变会给至少一个人带来好处而不损害任何其他人的利益。于是，经济学家们又发明了补偿原则，即卡尔多—希克斯原则：一种分配变化是卡尔多—希克斯有效率的，如果至少有一方从这种变化中获益，而任何因这种变化而受损的一方或各方在理论上都可以从获益的一方或各方那里得到充分的补偿。① 但经济学上的讨论不会深究“理论上可以得到补偿”如何转化为实际补偿。实际上，理查德 · 波斯

---

① John Hicks, "The Foundations of Welfare Economics," 49 *Economic Journal* 696 (1939); Nicholas Kaldor, "Welfare Propositions in Economics and Interpersonal Comparisons of Utility," 49 *Economic Journal* 549 (1939).

纳用经济学来分析法律问题时,他把帕累托原则和卡尔多—希克斯原则直接转化成了“财富最大化”原则:只要社会总体财富增加了,无论增加的部分落入谁手,而损害由谁承担,只要收益大于损失,就是好的。①

但在圭多看来,如果不考虑分配问题,就连财富本身也无法界定:“财富是什么取决于人们想要什么,而人们想要什么取决于起点分配。”②在这本书中,他进一步通过发展马斯格雷夫的“有益品概念”直接把分配问题纳入人们的效用函数:一种有益品是人们不愿意给它打上价码的物品,也就是不愿意通过市场机制来分配的物品,比如生命、血液、人体器官等;另一种是人们不反对定价本身,但反对现有的财富分配状态对该物品的配置产生决定性影响,比如教育和医疗,如果完全由市场配置,必然导致富人获得更多的知识和更好的健康,从而全方位地加剧和固化阶级差异。在这个方面,圭多的分析与现有的经验社会科学研究得出了相似的结论。例如,过度依赖市场调节来提供教育产品,已经导致美国社会的阶层固化。中产以上家庭不仅居住在更加安全、基础设施更加完善的区域,可以把孩子送到更好的私立学校,而且有父母中至少有一方(一般是母亲)有更多的时间陪伴子女,子女生活在父母俱全的家庭的可能性更高;因此这种家庭出来的孩子综合素质更高,社会性更强。而穷人家的孩子不仅居住在不安全的、基础设施不完善的社区,只能上教育质量日益恶化的公立学校,而且生活在单亲家庭中的比例很高;即使是在双亲家庭,父母也都疲于奔命,一家人围坐桌边吃晚餐的机会很少。这种家庭出来的孩子综合素质低,社会性差,成为“成功人士”的可能性非常小。由此导致了强者愈强、弱者愈弱的社会现实。③ 还有学者指出:“资本主义取信于人的核心承诺是稳步提升所有人的生活水平,这个承诺已经破产:它持续改善着一小部分

---

① Richard A. Posner, "Utilitarianism, Economics, and Legal Theory," 8 *Journal of Legal Studies* 103 (1979).

② Guido Calabresi, "The New Economic Analysis of Law," 68 *Proceedings of British Academy* 85 (1982), at 91.

③ 请参见[美]罗伯特·帕特南:《我们的孩子》,田雷、宋昕译,中国政法大学出版社 2017 年版。

人的生活水平,而置其他人于不顾。”[①]根据一项发表在《科学》杂志上的研究,美国的“八零后”中有一半与其父母亲一辈处在同样年龄时的情况相比生活状况绝对恶化了。[②] 这种状况在很大程度上应当归咎于新自由主义政治理念与新古典经济学合力促成的过度强调市场作用的法律和公共政策。

除此以外,他还把人们对市场经济或计划/指令经济本身的偏好纳入效用范围:“我们当然可以而且应当根据指令结构和市场结构作为手段的相对效率,也就是根据它们为我们带来结果的相对能力来分析它们的优劣。但这样一种分析是不完整的,因为它无法解释为什么即使与其他选项相比它更没有效率、成本更高的时候,有些人仍然想要采用一种市场结构或命令结构。它未能考虑到有些人喜欢市场,而另外一些人喜欢指令,而且这种偏好是他们的效用函数的一部分。”[③]将效用函数的范围做如此扩展之后,经济学是否有能力加以处理?经济学是否会因此丧失其核心能力?这些问题在这本书中也有讨论。

进而,作为侵权法学者,圭多从其学术生涯的一开始就认识到有相当一部分人类活动涉及一方非自愿的非合意互动或“被迫的交易”。因此,工人与雇主、行人与司机、排污企业与周围住户可以通过自愿交易来达致“有效率的结果”这样的假定,不仅忽视了正的交易成本,也忽视了生命、人身安全价值与财产价值之间的不可通约性、谈判能力差异以及公平正义等非功利价值。反过来,法律人所主张的生命无价,“实现正义,哪怕天崩地裂”,又忽视了人们愿意承担风险(包括生命危险)以换取现代工业社会所带来的各种便利的事实。现代社会试图在鼓励创新与维护公平的社会秩序之间保持平衡。侵权法可以一方面鼓励危险的创新行为,另一方面要求创新者合理补偿那些无法从创新中直接获益的受害者。圭多写道:“侵

---

① Paul Collier, *The Future of Capitalism*: *Facing the New Anxieties*, Harper, 2018, p. 3.

② Chetty, R., Grusky, D., Hell, M., Hendren, N., Manduca, R., and Narang, J. (2017), 'The Fading American dream: trends in absolute income mobility since 1940'. *Science*, 356 (6336), p. 398–406.

③ 这本书第158页。

权法是通过改进的市场和改进的计划来尝试优化和分配我们不想借助纯粹计划或纯粹市场来处理的有益品的主要例子。侵权法不会说自己所做的事情就是给生命或安全定价。它标榜的价值永远是补偿受害者、纠正错误、使受害者恢复到事故发生之前的状态（这在大多数侵权案件中是不可能做到的）。但是我们做这些事情的方式具有与给生命和安全定价一样的效果。它让那些想要购买生命或安全这一类善品的人支付合适的价格。”①“我们在侵权法中所做的事情在某种程度上就是给生命和安全定价，但我们做这些的方式比较隐蔽，以至于不会产生明显和直接的定价所导致的那种沉重的道德成本。”②如果考虑到道德成本，则许多看起来与效率原则背道而驰的法律规则都是有道理的。毕竟，人是一种精神世界异常复杂的动物，而不是一根筋地追求财富最大化或效用最大化的“理性动物”。

说到这里，值得一提的是圭多在他一系列的论著（包括这本书）中提出了许多与行为经济学的发现高度吻合的命题。例如，在谈到“给生命定价”这个问题的时候，他回顾了自己在“行为经济学”兴起之前便讨论过的许多的例子：他们作为一个社会愿意不计成本地营救一位从空中坠落的热气球探险者或一位人质，一家采矿企业愿意花很大代价去营救几位被困矿工，而不愿花更少的代价去提前改善安全防范设施以拯救更多的生命；政府“耗资去救援几个试图划着小艇横渡大西洋的傻子”，而不愿以同样或更少的代价投资于安全措施以挽救更多的生命；等等。③ 对此，圭多给出的解释也完全是一种“行为经济学”的范本：

其实，如果有人重读菲利普·博比特和我于1978年写成的《悲剧性选择》一书并且换一种稍微不同的视角去理解它，就会发现那里的分析大体上也属于同一种类型。这里只举一个例子，那本书里关于“充分性悖论”的讨论，如果换到今天来写，就会被看成行为经济学领域的典型例子。正如我们在那本书里解释的那样，这种悖论存在于这样一种情况之中：社会愿意投入更多去拯救一个处在极端

---

① 这本书第44页。

② 这本书第45页。

③ 参见这本书第一章注12。

危险状况下的人，而不是去避免会导致更多人死亡的周而复始的灾难，正是因为这样做可以证成“生命无价”这个命题，而不这样做就会严重地否定这种无价性，特别是当我们面对如此之多以我们认为在道德上无法接受的方式来给生命定价的其他决策时，尽管这些决策不是那么引人注目。①

行为经济学家特弗斯基和卡恩尼曼将这种现象所体现的心理—行为机制称为问题表述效应(framing effects)，这是指客观上相同的问题因为表述方式不同而导致完全不同的决策结果。例如：

问题1：

假设美国正采取措施应对一种严重流行病的爆发，这场瘟疫将导致600人死亡。目前有两种应当方案备选。假设这两种方案的后果据准确科学估算为：

如果采纳方案A，200人将得救；

如果采纳方案B，有1/3的可能性600人会得救，有2/3的可能性600人无一幸免。

你支持哪一种方案？

问题2：

如果采纳方案C，400人将丧生；

如果采纳方案D，有1/3的可能无人丧生，有2/3的可能600人会丧生。

你支持哪一种方案？

这两个问题的唯一区别在于问题1被表述为可能收益(生存率)，而问题2被表述为可能损失。但是，对两个问题的回答却完全不同。对于问题1，72%的人选择风险较小的方案A；而对于问题2，78%的人选择风险更大的方案。②

从这个角度来看，法学可以为经济学的发展提供源源不断的经验素材。法律当中充满了以高超的修辞技巧来装饰的问题表述方式，让人们心甘情愿地接受一些如果以“赤裸裸”的方式来表述的话人们绝对不会接受的答案。此外，法律当中积淀了许多解决纠纷的

---

① 这本书第5~6页。

② Amos Tversky and Daniel Kahneman, “The Framing of Decisions and the Psychology of Choice,” 211 *Science* 453 (1981).

实践智慧，许多看起来经不起理性推敲的规则，其实很可能是数代人在解决实际问题的过程中逐渐积累起来的经验的结晶。如果经济学家摒弃了自己的傲慢，虚心理解各种“不可理喻”的法律形式，他们或许可以借此拓宽经济学本身的视野，就像行为经济学家所做的那样。

第五节　结　　论

经济学是现代社会的公共哲学。首先，即使是侧重研究个人行为的古典经济学，也会告诉你个人选择的公共效应，从而帮助公共政策制定者和立法者权衡利弊，制定出符合公共利益的政策和规则。更不用说，制度主义经济学和公共选择理论等新的经济学理论已经把研究视角深入到集体行动和公共选择本身之中了。其次，经济学的基本预设就是研究者个人的价值偏好和主观好恶无关紧要，它要求研究者作为一个“不偏不倚的旁观者”（impartial spectator）①来观察无数人的偏好如何影响价格的起落、市场的运转乃至国家的兴衰。这种立场恰恰也是人们对法官角色的想象和期待，是法律人应该持有的立场；虽然事实上许多法律人都是道德主义者，不擅长将自己的道德偏好与个案的事实区分开来。再次，经济学虽然不以传播和培育某种特定的价值体系为己任，但其研究方法却有助于培育现代人应当具备的责任伦理；因为它关注价值偏好和主观选择的客观后果，可以帮助我们分析良善的意图为什么每每导致糟糕的结果。复次，经济学可以帮助我们打破执念，直面人生中无处不在的悲剧性选择。例如，如果你直接问别人，给你多少钱你愿意放弃生命，你可能会被暴打一顿。但经济学让我们看到，社会无时不刻不在生命与其他价值之间作出权衡和取舍。如果要完全避免交通事故，只能放弃汽车，或者汽车在路上只能开得很慢；这时候就需要在生命和效率之间作出取舍，由法律和公共政策来决定

① Adam Smith, *An Inquiry into the Nature and Causes of the Wealth of Nations*, edited by Edwin Cannan, University of Chicago Press, 1977, p. 1276.

如何在全社会合理分配风险和事故的成本。最后,经济学可以帮助我们审视法律规则的功能合理性,而走出复古主义的迷思。“祖宗之法”不一定就是合理的,更不一定符合当代社会的需要。从以上几点意义上讲,经济学十分符合马克斯·韦伯对于科学在人的实践生活中的意义的理解:“首先,科学的知识提供了人们可以通过计算支配生活(无论是外在的物,还是人的行动)的技术。其次,科学可以贡献的某些东西,是卖菜的无法贡献的,如思维的方法、工具和训练。我们能向大家提供第三点助益:清明(Klarheit)。”[①]

但现代社会是高度功能分化的社会,履行不同社会功能的系统有其特殊的编码和沟通方式,并借此将自身与“环境”区分开来。法律是一个有其独特话语范式的系统。法律现实主义及其所延伸开来的社科法学运动试图模糊法律及其环境之间的边界,强调法律的政治、经济和文化属性。在这本书中,圭多一方面对主流经济学理论提出了许多批评,但另一方面又对经济学的未来发展表现出极大的信心。他认为,经济学通过把经验事实中的更多因素纳入考虑,可以不断完善自己的模型。但这种乐观的想法似乎忽视了经济学本身的局限性。他所提出的许多改进建议似乎只有政治理论和社会理论才能处理。例如,迈克尔·沃尔泽提出过多元主义的“复杂正义”和“复杂平等”概念。其中指出,实现分配正义的原则有三个:自由交换,给予每个人其所应得(disert)的部分以及需求。任何一项单一的原则都无法妥善处理复杂社会中的复杂分配问题。市场的归市场,法律的归法律,政治的归政治,每个领域奉行应当并有能力贯彻的原则,才是实现正义的最佳方式。[②] 有评论者写道:“在圭多的手中,法和经济学是道德理论。”[③]或许,圭多真应该放弃对经济学的幻想,承认经济学本身的局限性,将自己以敏锐的直觉感悟和丰富的人生经验置入伦理学、社会理论和政治学的分析框架之中。

---

① [德]马克斯·韦伯等:《科学作为天职:韦伯与我们时代的命运》,李猛编,生活·读书·新知三联书店 2018 年版,第 38 页。

② Michael Walzer, *Sphere of Justice: A Defense of Pluralism and Equality*, Basic Books, 1983, p. 21-26.

③ Laura Kalman, "Some Thoughts on Yale and Guido," 77 *Law and Contemporary Problems* 15 (2014), p. 37.

圭多不仅是法和经济学的奠基人之一，也是行为主义法和经济学的先驱之一。他参与了当代经济学中两大主要流派的奠基工作，即新制度经济学和行为经济学，前者产生了乔治·斯蒂格勒(1982年)、罗纳德·科斯(1991年)、盖瑞·贝克(1992年)、罗伯特·福格尔(1993年)、道格拉斯·诺斯(1993年)、奥利弗·威廉姆斯(2009年)等诺贝尔经济学奖得主，而后者更是方兴未艾，不仅已有丹尼尔·卡内曼和弗农·史密斯(2002年)以及理查德·H.泰勒(2017年)等诺贝尔奖得主，未来更可能改变经济学的总体发展方向。有学者指出："授予圭多诺贝尔奖，现在为时未晚。"①出于上面讲到过的原因，我对此并不乐观。但无论得不得诺贝尔奖，圭多这本承前启后的书都值得我们认真阅读。

---

① Laura Kalman, "Some Thoughts on Yale and Guido," 77 *Law and Contemporary Problems* 15 (2014), p. 41.

第三部分　马克斯·韦伯与法律的社会理论

第八章　马克斯·韦伯的法学研究方法

第一节　从法学到社会科学

在马克斯·韦伯所处的时代，德国乃至整个欧洲正处于动荡不安的状态。有四个重要问题始终困扰着韦伯那一代的知识分子和政治家，那就是：自由主义的衰落、社会主义的成长、实证方法在社会科学中占据主导地位以及文化悲观主义的蔓延，这些问题也便构成了韦伯一生学术活动的主要背景。韦伯是一个对自身处境有着清醒认识的思想家，他敏锐地觉察到资本主义发展所面临的问题，也深深知道自己接受法学教育所获得的知识背景和研究方法无法解决这些问题。因此，他最终没有选择"法学教授"或"法律家"作为自己的职业，而是转向了经济学，进而又以整个社会科学或社会理论作为自己学术事业的根据地。这样一种个人生活史其实不仅对他个人具有深刻的意义，而且对当代法学和社会科学的发展具有某种象征性的意义。它表明法学研究方法可能具有某种缺陷，而一种社会理论或许有助于弥补这一缺陷。

尽管韦伯放弃了"纯粹的"或"内部视角"的法学研究方法，但法律却始终构成韦伯思想中的一个重要的问题域。通过把法律纳入社会理论的分析架构之中，韦伯揭示了法律与人类社会生活之间的复杂关系。虽然韦伯本人并未明确宣称自己所研究的法律主要是以罗马法和日耳曼法为渊源的欧洲大陆法律,但是,通过对他的著作的研读,我们却很容易得出这样的结论。我们看到,在韦伯的分析框架中,“东方”各国的规则模式以及英国的“普通法”都成了衬托欧陆法律模式之独特性的背景。本章旨在探讨韦伯关于欧陆法律之独特性的论题,为此,它将涉及:(1)近代西方法律职业和法律学术的历史——社会建构过程;(2)马克斯·韦伯如何把法学变成一门社会科学;(3)韦伯论形式理性的法律思维方式的形成;(4)韦伯法律思想的内在紧张——“英国法问题”;(5)法律与人的伦理选择。

马克斯·韦伯的研究方法是十分独特的,不同于在他以前或与他同时代的任何一个社会科学家。而且,他本人还非常重视方法论本身的研究,撰写了几篇这方面的经典论文。① 他所提出的一些重要的方法论概念比如“理解”(Verstehen)、“价值无涉”(Wertfreiheit)和“理想类型”(Ideal-typus)已经成为谈论社会科学方法论者所不得不涉及的主题,同时也是引起许多误解和争论的源泉。一个长期困扰韦伯研究者的问题是:韦伯赖以提出和发展这些概念的学术资源是什么?难道他的方法论体系纯粹是出于个人的独创吗?由于本章的主要目的是论述韦伯的法律思想,所以不拟对他的整个方法论体系进行全面的评述。在这一章里,我将试图论证:(1)韦伯的许多方法论概念都来自法学,他所接受的法学教育和在此过程中形成的“法律家”思维方式是孕育其“独创性”学术贡献的一个重要资源;(2)韦伯对来自法学领域的这些概念进行了理论

① 这些论著包括:1903年发表的《罗歇尔的“历史方法”》、1904年的《社会科学与社会政策中的“客观性”》、1905年的《克尼斯与非理性的问题(上)》、1906年的《克尼斯与非理性的问题(下)》《文化科学逻辑的批判研究》、1906年的《批判施塔姆勒对唯物史观的“驳斥”》、1913年的《论解释的社会学的若干范畴》以及1917年的《何谓社会学与经济学的“价值无涉”》。韦伯去世后,他的遗孀 Marianne Weber 把这些文章和另几篇与方法问题无关的论文收录起来,辑为 Gesammelte Aufsaetze zur Wissenschaftslehre(《科学之逻辑文集》, Tuebingen: Mohr, 1921)。参见 Max Weber, Gesammelte Aufsatze zur Wissenschaftslehre, 7 Aufl., Tübingen: J. C. B. Mohr (Paul Siebeck), 1988。韦伯方法论著述的中译本有:《社会科学方法论》,朱红文等译,中国人民大学出版社1992年版。此书系根据一个美国选译本译出,只收录了上述论著中的一部分。

上的改造,使之服务于他研究"社会现实"的目的,从而发展出一套前所未有的系统研究方法。当他借助这套方法回过头来研究法律时,便给法学研究带来了一种方法论上的创新。

第二节　韦伯研究方法的独特性

在第一章里,我们已经谈到:19 世纪的社会科学基本上是在套用自然科学的研究方法,试图创建一种"社会物理学"(孔德语)。在今天看来,这种忽视人类精神世界的研究方法不仅是缺乏吸引力的,而且是不可行的。另外,以狄尔泰(Dilthey)为代表的德国"文化科学"传统则强调以"价值"(value)为要素的人类文化的重要性,并且主要用历史的方法去发现这些"价值"。新康德主义哲学家李凯尔特(Rickert)正式区分了自然科学的研究方法和文化科学的研究方法,认为两者绝对不可混同。但他本人并未发展出一套系统的文化科学研究方法。李凯尔特的思想对他的朋友马克斯·韦伯深有影响[①],但后者并不满足于区分"事实"(facts)和"价值"(values)的世界,而是在李凯尔特止步的地方继续前进,致力于发展一套研究"价值"的"科学"方法。韦伯把人的"社会行动"(Soziales Handeln)作为其研究对象的基本单元;他的研究既注意"社会行动"可观察到的外部表现,又关注"社会行动"的主观意义(Sinn)。实际上,他之所以选择"社会行动"作为基本的研究单元,就是为了在承认人的主观价值的基础上打破"应然"和"实然"、"事实"和"价值"、"主观"和"客观"的二元对立。他既不同意实证主义把人类行为化约为可观察的外部表现的做法,也不赞同完全回到人的主观世界、进行没有任何验证标准的"思辨式"研究。也就是说,他的研究方法综合了或者至少可以说是试图综合客观性的"说明"(explanation)和主观性的"解释"(interpretation)。他首创的"理解社会学"就是这种研究方法的具体应用。用他本人的话来说,

---

① 关于李凯尔特对马克斯·韦伯的影响,可以参见 Thomas Burger, *Max Weber's Theory of Concept Formation: History, Laws, and Ideal Types*, New Expanded Editions, Durham: Duke University Press, 1987。

社会学(这个字眼具有多重含义,下面仅以我们所理解的方式予以定义)是一门科学,其意图在于对社会行动进行解释性的理解,并从而对社会行动的过程及结果予以因果性的说明。[①]

韦伯还指出,对主观意义的解释也像所有科学的观察一样,需要追求“确证”(Evidenz)。[②] 这一点使他区别于新康德主义者。而他紧接着又指出:“理解的确证”可能是“(a)具有理性的性质(因而具有逻辑特性或者具有数学特性);或者是(b)具有感觉上可以重新体验的特性(感情的、艺术领悟的性质)”。[③] 在这里,(a)可以看成实证主义方法的体现,而(b)则又具有“文化科学”方法的特性。因此,韦伯显然是在进行一种“新的综合”。那些认为韦伯是一个“新康德主义者”[④]或者是一个“实证主义者”的观点都是错误的,或者至少可以说是片面的。

第三节 韦伯对传统法学研究方法的创造性转化

马克斯·韦伯独特的研究方法只有放到他的法学背景之中才能得到更好的理解。韦伯在他的各种著作中很少正面引用其他社会科学家的论著,倒是法学家的学说常常在他的行文中被正面地加以介绍。这一点在韦伯关于社会科学方法论、支配社会学和法律社会学的论著中得到最明显的体现。他的一些重要方法论概念,比如“理想类型”、“纯粹类型”、“客观可能性和充分原因”等,在社会科学或社会理论的脉络中都无法找到出处。所以,研究者们常常惊叹于韦伯“创造”概念的能力。实际上,韦伯是一个严格意义上的“传统”学者,他的所有重要思想都有学术上的根源,只是他比同时代的

---

① Max Weber, *Economy and Society: An Outline of Interpretive Sociology*, in Guenther Roth & Claus Wittich (eds.), University of California Press, 1978, Vol. 1, p. 4.

② Ibid., p. 5.

③ Ibid.

④ 这种观点在目前的“韦伯学”中是相当主流的观点。其中影响最大的著作包括:G. Oakes, *Weber and Rickert: Concept Formation in the Cultural Sciences*, Cambridge: Massachusetts: MIT Press, 1988 和 T. Burger, *Max Weber's Theory of Concept Formation: History, Laws and Ideal Types*, Durham, North Carolina: Duke University Press, 1976。

大多数思想家都更为成熟和稳健,没有像他们那样到自然科学中去为新生的社会科学寻找方法和理论源泉,而是致力于从法学这门古老的学科中发掘可以帮助社会科学家研究社会现实的系统方法。迄今为止的韦伯研究者们都未能深入考察韦伯的法学教育背景对其毕生学术事业的深刻影响,这是一个重大的缺憾。只有梅耶在《马克斯·韦伯与德国政治》中提到过这么一句:“韦伯是一个接受过完备法律训练的法律家。罗马法和罗马法的历史对他的思想产生了深刻的影响。”但他接下来说:“至少就目前而言,法律科学超出了我的能力所及范围。”①此外,还有许多研究者也都说过类似的话,其中还有一位正确地指出耶林是韦伯行动类型学说的主要理论先驱,②但没有人对此进行过哪怕是略微详细一些的论述。

一、法律作为一种历史性的存在:历史法学派的方法论贡献

在西方社会中,法律是一种铸成为传统的社会规范。一方面,包括民法法系和普通法法系在内的整个西方法律体系都有一个共同的源头——两千多年以前诞生的罗马法;另一方面,法律又是一种解决现实问题的工具,具有最切实的实用性。因此,在法律这个场域中,历史与现实的交织和融会表现得最为明显。正因为这样,法学发展成为一种用历史方法来解决现实问题的系统知识体系。

历史在法学中一直起着非常重要的作用,它对法律原则(principium 或 arche)的发展来说是至关重要的。在查士丁尼组织编撰的《学说汇纂》中,第一卷就收录了庞波利由斯(Pomponius)的法律史作品《论市民法的起源》。在漫长的中世纪,研究教会法和市民法的经院派法学家也保持着对历史的高度尊重。在中世纪末期,人文主义的学者和教师以及文艺复兴运动中的法律史学家则把历史推上了至尊的地位。Valentinus Forster 和其他新兴市民大学中

---

① J. P. Mayer, *Max Weber and German Politics: A Study in Political Sociology*, 2nd edition, London: Faber & Faber, 1956, p. 146.

② 请参阅 R. F. Kelley, “Historical and Political Interpretations of Jurisprudence and the Social Action Perspective in Sociology,” *Journal of the History of the Behavioral Sciences*, 1979, Vol. 15, 47-62. pp. 56-57。

的法律学者把罗马法的历史引入近代思想之中。其中最详尽的作品当数 Arthur Duck 所著的《市民法在基督教各王国中的作用和权威》(1653 年),介绍了到 17 世纪为止的欧洲封建法、市民法和教会法的历史。此外,这种历史研究的方法也进入到各封建王国本土法的领域,典型的作品就是 Hermann Conring 的《日耳曼法的起源》(1643 年)。[①] 历史还进入到 16 世纪以后的司法技术层面,成为"法律解释"的基础,以补充或替代以前惯用的哲学方法。在《学说汇纂》中有一节题为"语词的含义"(De verborum significatione)的内容,其中便提出了解释、语源和语言变迁等问题,鼓励采用历史的方法来解释和适用法律。这些问题在中世纪其实是非常复杂的,因为"解释"实际上意味着要在蛮族的语汇和罗马拜占庭或罗马教会术语之间进行互译。对古典文献的翻译和评注、对不同法律制度进行比较的论文以及法律词汇表,这些都是当时的法律职业者案头必备的工具,也是历史方法运用于司法实践所产生的成果。

作为法律思想史上的一个重要流派,历史法学派(historische Rechtsschule)诞生于 18 世纪末、19 世纪初的德国,其开山祖师是胡果(Hugo),而它的主要创建者和思想源泉则是卡尔·弗利德利希·冯·萨维尼(Karl Friedrich von Savigny)。萨维尼一生的主要学术贡献主要包括:(1)1803 年出版的《论占有法》(Das Recht des Besitzes);(2)1814 年发表的与蒂鲍(Thibaut)论战的《论立法和法学在当代的使命》;(3)创办了历史法学派的理论阵地——《历史法学年刊》(Zeitschrift fur geschichtliche Rechtswissenschaft);(4)出版了两部系统的法律史名著——《中世纪罗马法史》和《当代罗马法体系》。[②] 在这些研究中,萨维尼发展出一套系统的历史研究方法,并进而使历史成为法律的"灵魂",而不仅仅是一种方法。在萨维尼的理论体系中,对马克斯·韦伯影响最大的因素包括:(1)萨维尼并不把法律看成一个有着自身目的的整体性存在,恰恰相反,他认为法律是一个由各种概念、原则和技术组成的复杂体;因此,研究

---

① 参见 Norbert Horn, "Romisches Recht als gemeinschaftliches Recht bei Arthur Duck," Walter Wilhelm (ed.), Studien zur europaischen Rechtsgeschichte, Frankfurt, 1972, S. 170-180.

② Alfred Manigk, Savigny und der Modernismus im Recht, Berlin, 1914.

法律的历史并不是研究一种"绝对精神"的历史演进(与黑格尔区别开来),而是要研究不同的法律概念、原则和技术如何经由不同的历史发展过程而成为现实法律制度中的有机组成部分。在《论占有法》一书中,萨维尼就专门研究了"占有权"这一特定的法律设计在历史上的演变过程。萨维尼指出:历史方法的目的不是"表彰罗马法或任何一种固有法律体系的丰功伟绩",而是"追溯每一项既定制度的来源,发现某种有机的原则,由此把那些现在仍然具有生命力的制度设计与那些已经死亡的、只属于过去的法律规范区别开来"①。(2)萨维尼打破了把法律看成一个封闭体系的成规。他分析了法律与社会母体之间的密切关系,研究了法学家从社会现实中抽象出法律概念和原则的过程。他发现:法律与"事实"之间存在一种历史性的相互转化关系,许多现在的法律设计在过去都是首先作为事实而出现的,比如"占有"。因此,要想严格区分"事实"和"法律",从而把法律建构为一个自足的系统,这在理论上和现实上都是行不通的。

韦伯从萨维尼那里得到了许多启发。这体现在他的两项重要方法论贡献上。首先是一种反对目的论和社会有机体论(以斯宾塞为代表)的"系谱学"研究方法:追溯促使每一种社会现象发生的各种影响因素,但否认存在一些"终极的""最根本的"原因,也反对把社会视为一个追求某种目的的整体。其次是他的"历史社会学"方法:研究历史,但不把历史作为一种已经死亡的过去,而是视为一种仍然具有"现实效应"的力量;因此,要"建构一个社会学框架来引导历史研究",②从而使历史与现实的相关性得到揭示。由此可以看出,韦伯在借鉴萨维尼研究方法的同时,已经对之进行了一定的改造,从而实现了自己的方法创新。

二、法律作为达到目的的手段:耶林的法学研究方法

韦伯的朋友、法学家古斯塔夫·拉德布鲁赫在他所撰写的一部法哲学教科书中是这样评价鲁道夫·冯·耶林(1818~1892年)的:

---

① Savigny, System des Heutigen Römischen Rechts, Bd. 1, Berlin: Veit, 1940, 前言。

② D. M., Trubek, "Max Weber on Law and the Rise of Capitalism", 3 *Wisconsin Law Review* 721 (1972), at p. 722.

"耶林把以往法律哲学中的各种思想要点都汇集和综合起来,以促使法哲学的再生。"[①]而耶林完成这一工作的过程恰好发生在韦伯接受法律教育的时期,对韦伯学术思想的形成产生了深刻的影响。耶林法律思想的核心是强调法律中的目的因素,即认为法律的根本目的是为根本利益冲突的解决提供一种方案。法律体现对立利益之间的折中和妥协。[②] 为了研究法律如何在各种对立利益之间达致妥协,耶林必须摆脱形式主义的法律研究方法,将目光投向社会现实。在此过程之中,耶林发展出一套系统的"社会理论"。韦伯通过耶林与19世纪的社会理论传统建立了联系;他从这一传统中吸收和继承了一些基本的解释性概念,其中包括社会行动、集体性(collectivity)、社会力量、人性、人类的共同目的(common human telos)、一般发展原则、社会进化观等。[③]

将耶林和马克斯·韦伯的法律思想进行对比,我们发现两者之间的相似性是非常明显的;但韦伯并未完全照搬耶林的概念和论式,而是对耶林的核心思想进行了具有重要方法论意义的改造。概言之,韦伯从耶林那里借鉴并加以改造的范畴包括:

1. 在研究罗马法的过程中,耶林发现:在古罗马严谨、系统的法律体系背后始终潜藏着一个能动的社会行动者的概念;这个行动主体是某一家族的成员,承载着相应的权利和义务,以自己的行动去创设法律关系。如果没有这一行动者的概念,整个罗马法体系就会成为一堆僵死的条文,而缺失一种使之富有生机的精神。[④] 在中世纪,罗马法得以在教会法中蛰伏、延续,而教会法对罗马法的发展所

---

① Radbruch, G., "Legal Philosophy", in The Legal Philosophies of Lask, Radbruch, and Dabin, 3rd edn, trans, K. Wilk, Cambridge: MA.: Harvard University Press, 1950, p. 66.

② 参见 Ihering, R. von, Der Zweck im Recht, vol. 1, 2nd edn, Leipzig: Breitkopf & Hartel, 1884。

③ 参见 S. P. Turner & R. A. Factor, *Max Weber: the Lawyer as Social Thinker*, London and New York: *Routledge*, 1994. p. 1。

④ 参见 R. von Ihering, *Der Geist des romischen Rechts auf den verschiedenen Stufen seiner Entwickung*, bd. 1, Leipzig: Breitkopf & Hartel, 1852。

作出的最大贡献便是把“自由意志”这一属性赋予了法律行动者。[①] 具有“自由意志”并拥有若干社会资源(身份、财产、法律权利等)的社会行动者这一概念为马克斯·韦伯所继承,成为他的整个社会理论的基石。

2. 在发现并使用了社会行动者这一概念之后,耶林进一步指出:追求利益的目的是所有社会行动的内在动力。包括法律在内的所有社会制度都是人们有目的的社会行动的产物,它们反过来为人们的社会行动提供了一种有序化的导向。因此,“目的是全部法律的创造者;没有任何一条法律规则不是产生于一种目的也就是产生于一种实践性的动机”。[②] 韦伯继承了耶林的这一思想,认为人的全部社会行动都基于某种主观意图。不过,他认为耶林的“目的”概念不足以涵盖人的主观世界的丰富性,因此用“意义”这一概念取代了它。耶林所称的目的带有浓厚的功利主义色彩,所指向的唯一目标就是“利益”;而韦伯所称的“意义”则具有十分丰富的内涵,包括情感、利益计算、宗教信仰、道德操守等。

3. 耶林在其研究中发现:人们追求利益的活动必然与他人发生关联,而合作则是实现社会共同利益的必然方式。合作意味着“把个人的目的与他人的利益结合起来”,[③]它是包括国家在内的所有社会组织赖以存在的基础。社会组织的目的是维持合作并确保社会成员的意愿保持基本的一致,它们达到这一目的的手段则包括强制、奖励以及道德和伦理上的说服。[④] 韦伯也继承了耶林研究社会关系和社会组织的基本视角。他首先考察了人们之间形成社会关系的基本方式,随后研究了某些社会关系得以固定下来成为社会组织的过程。出于反对简单化和化约论的一贯立场,韦伯在考察社会关系或社会合作问题时突破了耶林只关注利益的局限;而看到了社

---

① 参见 R. F. Kelly 的“Historical and Political Interpretations of Jurisprudence and the Social Action Perspective in Sociology”,这是一篇在 1977 年于芝加哥举行的美国社会学协会第 72 届年会社会学史小组讨论会上宣读的论文。

② R. von Ihering, *Law as a Means to an End*, vol. 1, 4th edition, trans. by Husik, New York: Macmillan, 1913, liv.

③ Ibid., p. 28.

④ Ibid., p. 34, 176-177.

会关系的复杂基础,其中包括血缘、情感(包括爱情)、市场交换、共同的价值取向和宗教信仰等。他基本上同意耶林关于社会组织内部秩序维持机制的理论,认为一个组织内部的秩序可以通过自愿协议以及强制与服从两种方式而获得。

4. 韦伯发展了耶林关于"职业"(Beruf)的观点。耶林认为:"通过'职业'一词的社会含义或客观含义,即一种主体资格或者是一种召唤某人去完成某项事业的内在声音,我们得以理解某种特定的行为方式,通过它,个人把自己持久地摆在某种社会位置上,这就是他的社会岗位。当某种职业与主体谋求生计的经济目的结合起来时,它就被称为一种'行业'或'业务'。因此,行业或业务是作为主体生活的目的和手段的全部活动的一个组成部分。通过'生活的目的'一语,我们建立了职业与社会之间的关系。通过'生活的手段'一语,我们建立了职业与主体之间的关系。"①在这段深刻的论述中,我们发现了韦伯本人的许多重要思想的雏形:

(1)在韦伯本人的两篇重要演讲稿《作为职业的学术》和《作为职业的政治》中,他强调了职业对一个人的生活方式乃至思维模式的影响。正像耶林所指出的那样,职业不仅是一个赖以谋生的手段,它也成为一个人在社会上找到并保持一个位置的根本方式,成为他的安身立命之本。现代社会的整个权利结构和知识/话语结构都以某种职业结构的面目出现,判断某一个人是否有资格就某一问题发言、是否有权力在某一领域发号施令的最重要根据就是他的职业。面对浩如烟海的事实,一个学者选择其关注重点和研究路径的方式也是受其职业所制约的;因此,科学尤其是社会科学中的"客观性"并不是一个简单的是否与事实对应的问题,而是一个是否如实地反映某种社会意义结构的问题。

(2)法律家(包括法学家、司法官员和执业律师)是人类历史上最早出现的职业群体之一,而马克斯·韦伯本人也曾经是这一群体中的一员。因此,他对职业的想象在很大程度上是以法律职业为摹本的。在《经济与社会》中,马克斯·韦伯花了大量笔墨来论述法律家的职业活动如何促使法律向一般化、抽象化和系统化的方向发

---

① 同上,p. 106-107。

展,又如何在一般化的规则与具体的职业判断之间保持一种适度张力的过程。因此,关于法律职业的理论建构在韦伯的法律社会理论中居于核心的位置。

(3)在《新教伦理与资本主义精神》中,马克斯·韦伯更从职业这一概念中提炼出一种职业伦理或职业精神;通过研究新教伦理与这种职业精神之间的关联,他揭示了导致资本主义产生的一个重要因素。

第四节　韦伯方法论体系中的独特概念

我们已经看到,历史法学派和耶林的法学研究方法为马克斯·韦伯提供了建构自己独特方法论体系的基本出发点。其实,法学教育背景对韦伯研究方法的影响并不止于此。在下面的论述中,我们还将追溯其他法学研究方法对韦伯的影响。我们将看到韦伯是如何对这些方法加以改造和创新,从而发展出自己独特的方法论概念和体系。

一、理想类型

理想类型(ideal-types)是韦伯方法论中的一个核心概念,是他借以建构其社会理论的基本工具。具体而言,理想类型方法的运用要经过这样一个过程:首先,研究者要根据经验信息提出自己所欲解决的问题,然后根据问题的结构设计出涵盖这些经验信息(可能是社会事实,也可能是历史资料)的理想类型。随后,研究者可以用这些理想类型去解释更大范围的文化现象。理想类型方法有这样两个特点:第一,它具有一定的"价值关联",也就是说,研究者的问题结构中蕴涵一定的价值判断,而理想类型本身也必须能够对研究对象包含的意义结构作出解释,这使理想类型的研究方法与逻辑实证主义的研究方法区别开来。第二,"理想类型方法的目的不是侧重揭示各种文化现象之间的家族相似性(generic similarities),而主要在于辨析它们之间的差异"。[①] 的确,韦伯的各种理想类型概念从合法统治的三类型到资本主义精神都着力于探究各种不同社会或不同历史阶段的文化现象之间的差异;通过这种比较历史社会学的研究,韦伯凸显出了现代西方社会的独特性。

根据沃尔夫冈·蒙森的分析,韦伯的理想类型共有两类:一是结构类型,用以呈现某种共时性的社会结构;二是社会变迁类型,用以展示一定时间跨度内的历史过程。[②] 在韦伯的实质性分析中,这两种理想类型往往是交替出现的,有时则又互相融合、难分彼此。通过对它们的灵活运用,马克斯·韦伯得以在其社会学研究中注入一种历史的维度,并得以发展出一种宏观性的历史理论。

韦伯再三强调:他的所有研究都是通过理想类型的方法来展开的,也就是说,他并不认为自己的研究是对真实世界的如实描述。那么,这样一种研究的真正意义何在呢?要回答这个问题,我们必须对理想类型方法的起源做一番考察。我们再次发现,韦伯早年接受的法律教育和他所熟悉的法学思维方式在这里又起到了关键的作用。我们知道,法律是一套抽象的行为规则。法律的形成和运用过程大致可以分成这样几个步骤:首先是"分离"(isolation),也就是把一些规范性的因素从社会事实中提取出来;其次是"概括"(generalization)和"抽象"(abstraction),也就是进一步对这些规范性因素进行逻辑上的整理,从分散的、具体的因素中概括出一般性原则,再把这些原则整合为一个内部逻辑一致的规则体系;最后则是"适用"(application),即找出某一社会事实状态与某一法律规则之间的内在相关性,并根据这一规则对该事实作出法律上的判断。在这一过程中,必定涉及对规则含义和事实情境的解释(interpretation)。韦伯本人对法律科学中的这些方法和步骤是了如指掌的。在《经济与社会》中,他分析了借由"一般化"(generalization)和"体系化"(systematization)而构筑起来的法律科学的世界。在这个世界中,人们借助一些抽象化和一般化的概念来把握世界的复杂

---

① Max Weber, *Gesammelte Aufsatze zur Wissenschaftslehre*, 3rd edn, Tübingen, 1968, S. 202.

② 参见 Max Weber, ——, The Political and Social Theory of Max Weber, Cambridge: Polity Press, 1989, p. 124。

性,把事实分为"与法律有关的"和"与法律无关的",并且通过"意义阐释"的方法把这些事实建构为法律上成立的"证据"。同时,法律科学还会借助演绎推理的方法在"证据命题"("事实命题")和"法律命题"之间建立一种关系,从而推导出一个法律结论。通过这一初步的考察,我们发现:法学思维方式并不试图去认知"真实"的客观世界,恰恰相反,它试图通过人类的主观建构活动去赋予客观世界以"意义"。法律职业活动和法学是人类"改造"世界的总体活动中的一个组成部分,是通过人的眼睛来看待这个世界并通过人的心智来认识这个世界的一种方式(而且,这里的人必定是社会性的人)。其实,史学和社会科学也具有类似的性质。著名的韦伯思想研究者罗斯教授指出:

虽然历史的偶发事件和历史的多元性,使我们不可能认知历史发展的实际过程。但是类型或模式的建立则是必需的,因为关于历史的结论,是用类型学的词汇来表达的,这就是类型学与历史解释之间的相互依赖性,是方法学上最彻底的理论基础。①

正是为了对历史和社会现实作出理想类型式的解释,韦伯把法学认知方式扩展到整个社会科学领域。他认为:社会科学的根本任务不是去认识客观世界的全部事实;考虑到这个世界的复杂性和事实的无限多样性,认识全部事实实际上是不可能的。那么,社会科学家必须对事实进行选择。为了确保社会科学的"科学性",这种选择不能是随机的或任意的;它必须满足一定的条件,遵循一定的规则。这个条件和规则就是:社会科学家对事实的选择必须能够揭示出这些事实之间的意义关联。这就要求社会科学家在选择"经验素材"之前就要有一个经过自己主观建构的问题结构以及符合这一问题结构的判断事实之间意义关联的理论框架。这一问题结构和理论框架来自社会科学家作为个人的生活经验(包括对自己所处的社会环境的地方性洞察)、来自他接受学术训练所习得的思维方式,也来自他以前的学术研究所留下的印记。正像法学家通过概念体系来建构意义世界一样,社会科学家也通过理想类型来发现和解释事实之间的意义关联。法律概念具有两方面的作用:一方面,它

① 黄俊杰编译:《史学方法论丛》,学生书局1981年版,第128页。

作为一个意义甄别体系而存在,根据人类社会的需要对客观事实进行分类和排序,从而得以确保一种意义秩序的产生。各个法律概念之间存在明确的区别,比如物权与债权、侵权之债与契约之债,同时,它们又具有某种逻辑上的一致性,得以保障它们可以结合成一个完整的体系。另一方面,法律概念也使事实和价值、行为和规范得以区分开来,从而在纷繁复杂的世界中建构一套人类理性所能把握的较为简单的一般性规则。占有作为一种行为或事实是具体的、多样化的,而占有权则必须符合教条明文规定的特征。韦伯把法律概念发挥这两种作用的方式移植到社会科学中,借助理想类型来发挥类似的两种作用:一方面,各种理想类型所蕴含的不同信息得以区分各种文化现象之间的差异,同时又可以保障这些差异是根据同一种逻辑而言的;另一方面,理想类型又与经验事实之间保持着一定的距离,它有助于研究者把握与其研究旨趣相一致的经验对象。

理想类型方法是韦伯学中的一个热点问题,研究这一问题的文献可以说是不计其数;但很少有人追溯理想类型这一概念的来源,更没有人发现它与传统法学研究方法之间的关系。其实,理想类型研究方法与法学之间的关联是有一定的历史线索可寻的。在韦伯 1904 年正式提出这一概念之前,[①]它已经存在于当时德国的法学和“国家学”(Staatswissenschaft,即政治学)文献中,其中最具代表性的就是著名法学家耶利内克的《国家学一般原理》。[②] 在这部著作中,他区分了规范性的类型学方法和科学性的类型学方法。他所界定的规范性类型与马克斯·韦伯的理想类型具有极其相似的含义。耶利内克认为:科学性的类型或经验类型是对经验现象的某些显著特征的归纳;[③]这些类型处于历史性的事件之流中,随着时间的推移而变化。[④] 而规范类型本身则与经验事实无关;它只是人们借以认识和解释经验事实的一种工具,或者可以说是一种特殊的视

---

① 参见马克斯·韦伯 1904 年发表的《社会科学与社会政策中的“客观性”》,参见 Max Weber, *The Methodology of the Social Sciences*, translated by A. Shils and Henry A. Finch, Glencoe, Ill.: The Free Press, 1949。

② G. Jellinek, *Allgemeine Staatslehre*, 3rd edn, expanded by W. Jellinek, Berlin: O. Haring, 1914, first edition published in 1900.

③ Ibid., S. 36.

④ Ibid., S. 39.

角。与传统的法学研究方法一样,社会科学中理想类型研究方法的应用也要经过"分离""抽象"和"适用"等几个步骤。首先,社会科学家需要根据自己所欲研究的问题收集一些经验素材,从中分离一些反复出现的规律性因素。随后,他必须根据一定的理论逻辑把这些规律性因素建构为一些基本的理想类型。最后,他可以借助这些理想类型去分析相关的具体事件,也可以利用一套理想类型去解释历史发展和社会变迁的宏观进程。至此,我们发现,现代经济学中的"模型"建构方法是马克斯·韦伯的"理想类型"方法的最佳体现。经济学模型不是社会现实的直接反映,而是一种以假定为基础的理论建构。经济学家借助假定把与自己的研究旨趣无关的经验素材排除出去,同时通过理性分析建立相关事件之间的因果关系。而这种与经验现实之间存在一定距离的理论建构恰恰能够把握住现实经济生活中若干规律,从而有助于对其作出解释和预测。

二、意义阐释与因果分析

马克斯·韦伯的社会理论试图达到两个基本的目的,首先是对社会行动进行解释性的理解,继而要根据这种理解对社会行动的过程及结果进行因果性的说明。这两项基本任务实际上已经涵盖了"人文"和"科学"的基本目标。"解释"(interpretation)和"理解"(understanding)是人文学科的基本方法,旨在揭示人类主观世界的价值和意义;"因果性的说明"(causal explanation)则是近代"科学"的认知方式,旨在发现客观世界和现实社会中的"客观规律"。韦伯一方面继承了自康德和狄尔泰以来的人文主义传统,把人当作有丰富的内在意义的理性存在,而不是机械的运动物体;另一方面又不满足于发掘个人丰富的内在价值,而试图对历史和社会结构进行科学的分析。他把这两者结合起来的成功尝试是我们今天的学术研究仍然没有超越的。他的具体做法和步骤是这样的:

首先,韦伯把个人的社会行动作为自己的基本研究单元。而社会行动与条件反射式的本能行为的区别就在于它具有"意义",这种"意义"是一个具有多重维度的复杂体。它包含:(a)行动者采取这种行动的目的;(b)这种行动对其他人的意义;(c)这种行动可能是反复出现的,或者是与许多其他行动者的某种行动相类似的,那么它还有一种一般性的或平均性的意义；(d)这种行动可能基于某种道德律令、宗教信仰或其他规范，那么它便具有某种“在一个规范体系中的意义”，等等。[①] 这些意义可以通过理性的推理和移情式的体验为他人所认知。这种有意识的认知或不经意的判断构成了一种社会性的分散知识。社会科学家则可以借助理想类型的研究方法对这些关于行动意义的知识进行再度解释，使之具有理论上的意义。

其次，韦伯认识到，虽然个人的社会行动具有丰富的主观意义，但从统计意义上讲，许多行为都可以归入一些固定的类型或范畴之中。这是因为：(1)人是一种社会的动物，他的行为选择必然受到他人选择的制约，而他的主观意义也必须与他人发生关联和互动；(2)由于社会具有时间上的延续性，也就是说，社会拥有自己的历史，很长时间以来无数人之间的社会交往活动必然导致一些常规性的行动模式，其中蕴涵着复杂但又有规律可循的意义结构，这就是通常所说的文化或社会知识结构。通过采用理想类型的研究方法，社会科学家对这些行为模式及其意义结构进行一般性的抽象研究。

最后，韦伯认为，由于人类社会是一个体现精神价值的意义世界，所以，在说明社会行动或社会事件之间的因果关系时，“客观性”并不是一个值得追求的(desirable)目标，因此也不是一个必要的条件。对社会现实的因果性说明只需要做到“主观充分性”(subjectively adequate)即可。韦伯写道：

> 在如下情况中，我们就可以说对某一套内在关联的行为过程的解释是“主观充分的”(或者可以说是“在意义层面上充分的”)：从我们的习惯性思维和感觉模式来判断，这种解释使这一过程中各个组成事件之间的相互关联构成一个“类型化”的意义复合体。人们习惯的说法是“正确”而不是“类型化”。[②]

换句话说，社会理论研究的目的是使社会事件及其关系结构变

---

① 参见 Albrow, Martin, *Max Weber's Construction of Social Theory*, Basingstoke and London: Macmillan Education Ltd., 1990, p. 211。

② Max Weber, *Economy and Society: An Outline of Interpretive Sociology*, in Guenther Roth & Claus Wittich (eds.), University of California Press, 1978, Vol. 1, p. 11.

得可以为人们所理解，并使这种理解能够获得交流、赢得共识。由于社会事件是人类实践活动的外在表现，体现一定的主观意义取向，所以，如果机械地探寻社会事件之间的客观因果关系，反而会误解或者根本无法理解人类社会中的大多数事件。比如，我们看到一个人把几张色彩斑驳的纸片交给另一个人，并从后者那里拿走了一张更加花里胡哨的纸片。如果不明了这个事件所发生的场景以及这一场景中各个行动者的主观意图，我们怎么能够知道这一事件的意义。作为一个社会事件的解释者，我们必须走入这一事件的场景之中（通过历史的想象性回复，如果这是一个已经成为过去的事件；或者是借助参与式的观察，如果这是一个正在发生的事件），去揭示行动者的主观意图，并根据自己的经验和知识储备把这些带有主观意图的行动编织成一个有头有尾的"故事"。比如说，我们发现上述事件发生在北京大学百年校庆之际，上述两个人并不是孤立的两个行动者，而属于一个激动的人群。前者手中的纸片是北京大学所属的这个国家的货币，后者交给他的则是"北京大学百年纪念邮票"。用货币来换取有价值的物品是这个社会的普遍规则，而这种邮票的价值在于它的象征和纪念意义。根据每个解释者知识储备的不同，他们对这一看似简单的事件还可以发掘各种不同的深层含义。

作为一个社会学家，韦伯并不关心孤立的事件，而是试图找出社会中的"常规"（regularities），因此他的研究必须借助一套"从经验中得来的已经确立的一般性概念和原则"，以判断"某一类事件反复发生的可能性"。他充分认识到社会行动中蕴涵的主观意义，但同时也认识到这种主观意义也可以得到概括性的解释。他首先借助其理想类型的方法把已知的社会行动和社会事件中包含的常规性因素概括成一些具有理论分析功能的一般性概念和命题，然后通过"解释性的理解"把需要进行理论分析的行动和事件纳入这些概念和命题之中，并且通过经验判断和逻辑分析找出这些"理想类型"之间的因果关系。韦伯的这种研究方法也可以从他的法学背景中找到根源。我们知道，刑法和侵权法中有一个关键的课题，就是要找出侵害行为与侵害结果之间的因果关系，并判断侵害结果是否包含在侵害人的主观意图之中（侵害人是否有过失），从而确定侵害人的责任。为解决这一课题，法学家们发展出一整套理论和技术。其中冯·克里斯(von Kries)的“客观可能性”理论对韦伯产生了直接的影响。克里斯认为：判断一个侵害事件和一种侵害结果之间是否具有因果关系的唯一标准是看前一类事件导致后一类结果的客观可能性。这就要求法官必须借助自己的经验和学识概括一些相互关联事件类型，并且能够准确地把每一具体事件纳入某一特定的类型之中。[①] 韦伯通过把法官的角色转变为社会科学家而发展这种因果解释理论，并借其找出了他所关心的各种历史和事件之间的因果关联。

三、价值的实证研究

在研究具有主观意图和价值取向的社会行动时，社会科学家如何避免用自己的价值判断去取代社会行动者的价值判断，也就是说，社会科学家如何做到研究的客观性？这是韦伯非常关心的一个问题。他通过采纳一种特殊的“价值”或“道德”定义而巧妙地解决了这一方法论上的难题。

韦伯把道德看成人们在社会交往过程中形成的一种人类共同生活所必需的关于如何“正确行动”的知识。因此，在韦伯的社会理论中，道德是社会性的，是外在于个人的。社会科学家不必深入社会行动者的内心当中去发现道德，他只需通过观察一个社会对不同行为作出的评价和反应便可以理解这一社会的道德。

在这里，韦伯区分了理解（understanding）和评价(evaluation)，这种区分是他所倡导的“价值无涉”或“价值中立”(value-free)的前提条件。社会科学家并非不去研究价值和道德，恰恰相反，由于价值与道德是社会行动和社会秩序形成中的重要因素，因此任何社会理论都无法回避它们。但是，社会科学家不能根据自己的主观偏好来评价一种道德的好与坏，而只能去理解社会本身对某种社会行动的价值判断，探寻这种价值的社会基础和功能。

---

① 参见 S. P. Turner & R. A. Factor, *Max Weber: the Lawyer as Social Thinker*, London and New York: Routledge, 1994, p. 126-135。

四、“有选择的亲和性”

有选择的亲和性(elective affinities)是韦伯方法学中的一个十分重要但往往被忽视的概念。韦伯用这一源自歌德①的概念来取代各种形式的决定论,包括历史决定论、法律决定论、宗教决定论和文化决定论。他认为,包括政治、经济、文化、宗教和法律在内的人类社会生活诸层面都是生活世界的有机组成部分,它们之间存在互相渗透、彼此影响的关系;但这种关系并不是一种“决定”关系,更不能说是某一种社会层面决定了其他各个层面。韦伯把这种互动关系称为“有选择的亲和性”。这使他的思想从根本上有别于马克思,后者认为人类的物质生活方式(经济基础)决定其他所有社会层面。

有选择的亲和性是韦伯借以把他建构出来的各种“理想类型”联系起来的主要工具之一。为了避免建立“客观因果关系”必然遭遇的麻烦,韦伯试图用这一比较模糊的柔性概念来阐释本身便浑然一体的人类生活。这种方法与他从社会行动出发的研究路径是完全吻合的。在现实生活中,个人选择行动方式时的主观意义取向往往很难分辨。为了研究和分析的便利,人们不得不区分各种影响人类行为的因素,但韦伯同时要求人们注意到这些因素本来是难以分割的。

第五节　法律的社会理论研究

在第一节里,我们已经简要地介绍了马克斯·韦伯所概括的两种法律观:法学的法律观和社会学的法律观。其实,这两种法律观只是韦伯所提出的三种法学研究方法中的两种。这三种研究方法分别是:道德论方法、法律职业方法和社会学方法。这三种方法的各自的特点如表4所示:

① 参见 Treiber, H., 'Elective Affinities' between Weber's Sociology of Religion and Sociology of Law, *Theory and Society*, 1985, Vol. 14, pp. 809-861。

表 4

方法	关注重点	所认为的法律效力来源
道德论（主要见于各种自然法学说）	法律的道德基础	法律与伦理或道德价值之间的一致性
法律职业的内部视角	法律的独立性/自治性	法律规则之间的逻辑一贯性以及法律作为一个整体的系统性
社会学	法律与社会行动之间的关系	法律的社会功用

道德论的法律研究方法坚信法律的根基是人性和人的是非观念。其主要关注点是一种建立在关于何为道德上正确、何为道德上错误的社会共识基础之上的共同道德信念。其主要理论预设是：检验一种法律的有效性的最重要方法就是看它是否始终一致地贯彻和表达了社会的道德共识。此外，法律的道德基础还可以通过其他方式来保障，比如将法律与某种宗教权威结合起来。因此，道德论的法律研究方法并不注重法律内在方面的研究，而是侧重于探讨法律与某种普遍的、公认的道德基础之间的关系。这种研究方法是人类历史上最早出现的法学方法，从它肇始于柏拉图和亚里士多德对“正义”的探讨，并通过流传千年的自然法理论一直存续到今天。

法律职业研究方法建立在法律职业共同体的实践理性的基础上；它把法律视为一个独立的、自治的系统，致力于维护法律体系内部的逻辑一致性。由于这种研究方法不追究法律规则本身的基础，而径自研究规则与规则之间的关系，所以又被称作法教义学（Rechtsdogmatik 或 dogmatic jurisprudence）。道德论的研究方法和法律职业的研究方法都是“规范性的”（normative）研究方法，即根据某种预先建构的标准（道德或逻辑）来评价法律规则的正确性或有效性。而社会学研究方法则是“实证性的”（positive），它关注于法律规则在人类的社会生活中实际发生作用的方式。在采用这种方法的研究之中，法律规则的制定、解释和实施过程都被看作人类有目的的社会行动。而研究者则致力于揭示这些社会行动的“意义”（meaning）。

马克斯·韦伯的社会理论研究方法，人们通常称为一种“社会学”的研究方法。从韦伯本人对“社会学”的描述来看，这种观点的确是有一定道理的。但是，把韦伯的研究与近现代的“社会学法学”或“法律社会学”相比，我们却可以发现其间存在很大的区别。这大概是因为“社会学”一词本身在欧陆和英美便存在很大的差异，①而当代的法律社会学则主要盛行于美国的缘故。阿兰·亨特通过他的研究发现：从埃米尔·涂尔干和马克斯·韦伯对法律所做的社会学研究到当代的法律社会学之间有一个明显的断裂，而从前者过渡到后者的中介便是美国的“法律现实主义”（Legal Realism）运动。②为了更好地说明马克斯·韦伯研究方法的独特方面，我们可以把它与美国法律现实主义者的研究方法作一对比。

首先，法律现实主义者强调自己研究的是“行动中的法律”而不是“书本上的法律”，是“实在规则”而不是“纸面规则”。例如，杰罗姆·弗兰克给法律所下的定义就是：“在每一个具体案件中，法律或者是：实际的法律，即关于这一案件的一个已经作出的判决；或者是可能的法律，即关于一个未来判决的预测。”③法律实在主义者基本上认为自己的研究所揭示的是具体的社会实在，而未曾想到研究者的理论建构与具体的社会现实之间不可能存在一种一一对应关系。而韦伯的研究恰恰是以对“知识的可能条件”的反省为出发点的。他清楚地认识到：研究者要想使自己的研究做到逻辑上的严谨和清晰，就必须放弃展现社会现实的企图，而采用“理想类型”作为自己的基本研究工具。韦伯严格区分了研究对象和研究本身。他认为：社会科学家虽然是以社会现实作为自己的研究对象，但其研究本身却不是这种社会现实在主观世界的直接反映。就法学研究而言，虽然韦伯也关注法律的实际运作状况，但他并不认为理论家应该去描述这种状况。在韦伯那

---

① 参见 Rheinstein, M., “Introduction”, in *Max Weber on Law in Economy and Society*, edited and annotated by Max Rheinstein, translated by Edwards Shils and Max Rheinstein, New York: Simon & Schuster, 1967。

② A. Hunt, *The Sociological Movement in Law*, London & Basingstoke: The Macmillan Press Ltd., 1978, p. 1-10.

③ Jerome Frank, *Law and the Modern Mind*, New York: Coward-McCann, 1930, p. 50-51.

里,“实在规则”和“纸面规则”这样的区分是没有意义的,因为这些概念没有为我们提供任何理论上的信息,而只是为某种表面上的事实状态找到两个对应语词。通过对规则背后所潜藏的知识结构和社会权力进行理想类型式的分析,我们可能恰恰会发现某些纸面上的规则反映着社会常规,而“实在规则”仅仅是一些例外而已。其次,法律现实主义强调“法官的个性”和“司法过程中的具体行为”,而无视社会的历史性。这正是美国社会科学中普遍的行为主义倾向的一种体现。一位当代学者指出:“历史与社会科学的离异在某种程度上正是社会科学美国化过程中的灾难性后果之一。”①而马克斯·韦伯的社会理论正是把社会科学与历史结合起来的一个范例。韦伯对历史的重视在他的法学研究中体现得尤为明显,他的早期学术生涯就是以法律史研究为核心的。正是通过细致入微的历史文献研究,马克斯·韦伯提出了合法统治的三种类型、法律思维方式的不同结构、法律的形式理性化与资本主义的兴起等异常重要的理论创建。也正是通过比较性的历史研究,韦伯回答了“为什么形式上极为类似的法律制度会导致全然不同的实践结果”这样的重要问题,而在行为主义的理论框架中是不可能作出这样的理论贡献的。最后,法律现实主义者的研究虽然突破了法律教条论的研究模式,但它基本上仍然属于一种法律职业内部的研究。其主要关注点是法官和其他法律职业者的行为,而极少论及一般社会行动者与法律规则之间的关系,更谈不上揭示法律与道德、宗教等内在行为规范之间的关联。而韦伯的社会理论研究则立基于个人的社会行动,由此出发来探讨法律规则、法律职业乃至整个法律体系的形成和发展过程。在他那里,法律职业者的思维方式不再是研究的基本前提,而成了一个本身就需要被分析的素材。

通过以上的论述,我们看到:韦伯借助法学中的理论资源完善了自己的社会科学研究方法,同时又摆脱了法律职业者的实践目的所导致的知识局限性。借助这样的方法,韦伯对法律科学中一些基

---

① P. T. Manicas, *A History and Philosophy of the Social Sciences*, Oxford University Press, 1987, p. 281.

本问题作出了全新的解释。在下面的两大部分中,我将分别评述韦伯的一般法学理论以及他对西方法律独特品质的阐释。在这些论述中,韦伯的研究方法将得到具体的展示。

第九章　人类的规矩:从习惯到法律

人类的集体生活需要秩序,而秩序又需要有规则的保障。因此,秩序和规则是社会理论中的两个核心概念。马克斯·韦伯的整个社会理论都是围绕不同社会的秩序形成方式以及相应的规则体系这一重要问题而展开的。与传统的规范性(normative)法学研究不同,韦伯并不局限于在法律规则的范围内探讨秩序问题,而是从最基本的社会现象——个人的社会行动出发,探讨分散的、具有特定意图的无数社会行动如何会趋向于某些常规范式。通过这种研究,他发现:法律只是人类社会规则体系中的一个组成部分,尽管它在现代资本主义社会已经取得了凌驾于其他规则之上的特殊地位,但它却永远无法完全取代其他规则的作用。

第一节　社会秩序和规则的形成方式

人是社会的动物,他生活在与他人的关系之中。在想象性的精神世界中,具有自由意志的个人可以任意选择自己的行为方式,因此其行动具有无数可能性。但在现实世界里,由于每个人的行动都关系到他人,这种关系本身便对行动的可选范围构成了一种限制。儿童由于缺乏社会生活的经验,所以“限度感”最弱,对于什么该做、什么不该做、什么做了以后会给自己带来不利的后果,他们没有十分清楚的意识。一个人成长的过程就是不断参与社会生活并逐步获得“限度感”的过程。对于这一点,中国古代思想家有十分精辟的论述。通过对人们的社会行动进行实证观察和理性分析,我们会发现:社会行动的具体表现虽然极为纷繁复杂,但却具有很强的规律性。借由其“理想型”的分析方法,韦伯总结出社会行动的四种类型:工具合理性取向的行动,即行动是为了达到某种目的,为此,行动者根据自己对环境中的客体和其他人的行为所作的预期来选择和调整行动的方式和手段;价值合理性取向的行动,即行动者之所以进行某种特定的行动,是因为相信该行动具有某些伦理的、审美的、宗教的或其他方面的价值,而不是为了这些价值之外的其他目的;情感取向的行动,即行动由行动者的特定情感或感触状态决定;传统取向的行动,即行动由根深蒂固的习惯决定。① 韦伯并没有号称这四种类型涵盖了所有的行动取向,他为其理论留下了充分的发展空间。不过,这四种基本的行动类型毕竟为他的进一步分析打下了基础。

韦伯认为,人们的社会行动总是与他人相关,而所谓社会关系正是指多个行动者彼此考虑对方的主观心理状态以及客观行动状态,并以此作为自己行动之参照系。社会生活基本上就是由错综复杂的社会关系交织而成的。为了使社会生活呈现一定的稳定性,人们需要对他人的行为作出预期,而使预期成为可能的一个基本条件就是:人们的社会行动具有某种反复出现的固定模式。

韦伯通过其研究发现:人们的社会行动常趋向于某些具有“实际规律性”(tatsachliche Regelmassigkeiten)的规范,它们包括“习俗”“习惯”“惯例”和“法律”。这些社会规范之间的界限是流动的,它们可能同时并存,共同发挥效力,我们很难区分是它们中的哪一种导致了某种特定的秩序。在社会生活中,人们常通过认可某种秩序之正当性(legitimacy)的方式来使这种秩序得以确定下来。人们通过传统、情感、价值合理性的信念以及立法来确立一种社会秩

---

① Max Weber, *Economy and Society*: *An Outline of Interpretive Sociology*, in Guenther Roth & Claus Wittich (eds.), University of California Press, 1978, Vol. 1, p. 24-25.

序的正当性。[①] 反过来，“一种秩序的正当性可能由两种主要的方式来保障：(1)这种保障可能是纯粹主观的，包括：情感的，导源于感情沉迷；或是价值合理的，取决于对秩序作为某种伦理、审美的或其他类型的终极价值之体现所具有的绝对有效性的信念；或是宗教的，取决于对遵守秩序而获救赎的信念。(2)此外，一种秩序的正当性可能还(或仅仅)由对特定外在后果的预期即由利益情势所保障”。[②] 在这里，我们似乎发现了一种循环论证：人们遵循某种他们自己赋予其正当性的规范，遵循的理由、赋予正当性的方式甚至正当性的保障方式都是人们的一些主观意义取向。其实，这正是韦伯的精髓所在。他向我们表明：社会规范是人们通过其行动创立出来的，体现着人们的主观意义；正因如此，对它的遵循和保障是与人们的主观意义一致的。而且，在历史性的社会生活中，规范和秩序的产生虽然是个人行动的结果，但却并非每一个人行动之结果的简单加总，而是一个社会中所有个人行动的共同结果；因此，对于某一具体个人而言，它具有一种不受其主观因素任意左右的“客观性”。

认识到人类行为受到某种外部结构的约束，而这种结构本身又是人类集体行动的产物，这并不是韦伯的独创。应该说，包括马克思和涂尔干在内的社会学经典作家都认识到了这一点。社会学分析的出发点是“社会化的个人”或“结构化”的个人，而不是“自然状态”中的个人；因此，以社会学方法为研究工具的法律理论从一开始就与古典自然法理论和传统政治哲学分道扬镳。韦伯的贡献在于他借助历史研究和比较研究的方法分析了不同社会的独特制度和“文化”是如何形成的，探讨了个人的主观信念和价值取向在这一制度和文化形成过程中所起到的作用。正是在这一点上，韦伯超越了涂尔干的结构理论。在谈到社会结构的性质时，涂尔干写道：

青铜的硬度并不存在于用来铸造它的铜、锡和铅等柔软而又颇具可塑性的物质中，而是产生于这些物质的彼此融合。水的流动性、恒定性等特性也并非存在于组成它的两种气体元素中，而是存

① Max Weber, *Economy and Society: An Outline of Interpretive Sociology*, in Guenther Roth & Claus Wittich (eds.), University of California Press, 1978, Vol. 1, p. 36.

② Ibid., p. 33.

在于它们混合后形成的化合物。我们将这一原理运用于社会学。倘若正像我们所假定的那样,构成每一个社会的这种独特综合产生了不同于发生在单个意识中的新的现象,那我们就不得不承认这些特定事实存在于产生它们的社会自身,而并非存在于社会的组成部分即社会成员。因此,这些特定事实在此意义上外在于作为个体的意识,就像生命的独有特性外在于构成生命有机体的那些化学物质。①

在这里,涂尔干过分强调了社会规则等结构性因素在人类社会生活中的重要性,甚至完全抹杀了个人在常规社会中的创造能力。在这种情况下,个人如果想要改变社会常规,就只有借助于自杀和犯罪等"越轨行为"。韦伯关于个人行动与社会秩序之间关系的理论至少在三个方面有别于涂尔干:首先,韦伯强调了个人行动在规则形成过程中的重要性,规则的基础就是社会行动所具有的常规性(regularities),即人们反复作出类似的行动;其次,韦伯认为,规则并不能"决定"和塑造个人的行动,而只能为人们的行动提供一种"导向"(orientation),即引导人们选择某一类行为方式;最后,规则并不是完全外在于个人的,规则与个人主观意志之间存在某种相互渗透的关系——规则中体现着一般化的社会心理(包括情感、传统和道德等),而个人意识领域中也存在一些内化的规范性因素。

韦伯的社会秩序理论通过帕森斯的加工和介绍在社会科学领域中产生了极大的影响;但是,我们需要认识到:帕森斯其实并没有"发展"韦伯的理论,而是把韦伯和涂尔干做了一番"综合"。帕森斯在回答社会在没有外力介入的情况下为何能够自发产生秩序的问题时指出:社会中存在一种先于每一个个人的规范秩序(normative order);这种秩序源于社会成员对社会的一致性理解,借助内化(主要是指个人的社会化)过程,社会成员得以共享这种规范秩序;当社会成员按照规范秩序所规定的规则行动时,社会就避免了"失范"或"战争",从而产生了社会中稳定的事实秩序(factual order)。这一"规范内化模式"的核心要点是以下三个命题:(1)稳

① Emile Durkheim, *The Rules of Sociological Method*, London: Macmillan, 1982, p. 39-40.

定的社会秩序依赖着行动者在行动时遵守规范（norm）或规则（rule）；（2）规范或规则是社会独立于个人预先决定的；（3）对于维持一种社会秩序来说，关键在于行动者的意识中被内化的道德性规范。①

可以看出，帕森斯在这里其实已经扭曲了韦伯；他借助取自涂尔干的理论资源把韦伯"结构化"，从而创立出影响甚大的"结构功能学派"。后来的许多社会学家主要是通过帕森斯的中介来理解韦伯，从而错过了韦伯思想中的许多精髓，他们在批评帕森斯理论的基础上所做的"理论创新"其实并没有超越韦伯的贡献。许多观点只不过是不自觉地"重新回到韦伯"而已。在这里，我想举出的例子是"常人方法学"②的重要代表人物加芬克尔的理论。

加芬克尔认为，在帕森斯的理论中，行动者不过是一个"判断傀儡"（judgement dope）。这种把人视为傀儡的理论有两种表现。一种是"文化傀儡"（cultural dope）。持这种观点的社会学家认为：社会之所以具有稳定的特征，就是因为人们是按照文化决定的合法行动规则来行动的。另一种是"心理学傀儡"（psychological dope）。持这种观点的社会学家认为这种稳定的社会秩序是通过各种心理因素内在地影响行动者而实现的。在帕森斯的理论中，这两种倾向都有所体现。他早期的理论接近前者，后期则在弗洛伊德的影响下趋向于后者。但在加芬克尔看来，无论是"文化傀儡"还是"心理学傀儡"，都完全忽视了日常生活中社会行动的复杂组织过程和行动

---

① 参见 T. Parsons, *The Structure of the Social Action*, New York: Free Press, 1968。

② 常人方法学是20世纪50年代以来美国兴起的一个重要社会学流派，是美国社会学界产生的最有原创性的流派之一，同时也是"后帕森斯时代"的主要流派之一。学派的主要代表人物有加芬克尔（Garfinkel）、齐默尔曼（Zimmerman）、波勒纳（Pollner）、萨克斯（Sacks）等。据常人方法学的创始人加芬克尔回忆，"常人方法学"（ethnomethodology）一词是他本人在1954年发明出来的，借以彰显其研究方法的独特性："常人方法学的研究在分析日常活动时，采用（社会）成员使日常生活看起来理性（visibly rational）并出于各种实践目的使行动变得可以讲述（reportable）的那种方法。"（Harold Garfinkel, *Studies in Ethnomethodology*, Englewood Cliffs, New Jersey: Prentice - Hall, 1967, p. vii.）根据Cicourel的研究，"常人方法学"这一名称体现这个学派的两个主要倾向：（1）社会学应该是对日常生活的研究，既应当关注宏观的社会事件，也应当关注"琐碎"的社会现实；（2）社会学本身也是一种日常活动，其反思性也是实践性的一部分（参见 Aaron V. Cicourel, *Cognitive Sociology*, New York: Free Press, 1974, Chapter 4）.

者所从事的大量权宜性、创造性的努力和工作。在加芬克尔的理论中,社会秩序(也就是社会中存在的较为稳定的行动结构)不是社会行动者亦步亦趋地遵循先在规则的产物,而是一种"永无止境的、正在进行之中的权宜性成就"。[①] 加芬克尔针对帕森斯理论中的三个命题提出了针锋相对的三个反命题:

(1)一再出现的稳定的社会行动模式是行动者权宜性努力的"成果"。

(2)规则与其说是先于行动,作为行动的"蓝图"和规定发挥作用,不如说是产生在行动之后,是使行动变得"可说明"、可描述的一种"工具";类似物理实验报告中的程序说明,人们可以借此了解实验的情况,但实验的进程并不是按照报告进行的,报告总是在实验之后才制作出来。

(3)如果说社会秩序真的有一种基础,那也是认知性的而不是规范性的。而且,在此处,基础的含义已远非帕森斯心目中那种僵硬的"物"或"结构",而是一种学习和认知的"过程"。[②]

我们发现,从韦伯的理论体系中可以找到加芬克尔为我们提供的东西,而且还远为丰富和复杂。在韦伯的社会理论中,针对具体的利益情境所作出的权宜性的行动的确存在,但它们只是各种行动类型中的一种。这种行动在规则形成的过程中并不能发挥主要的作用。至于把社会规则视为一种事后的"说明原则",则混淆了韦伯所明确区分的研究者的分析立场和行动者的实践立场。虽然有些行动者在作出某种行动之后会诉诸某种规则来说明自己的行动,但他们所求助的规则并不是他们自己创造的,而是在行动之前就已经存在的。而且,大多数行动者都是根据某种"沉默的知识"(tacit knowledge)来行动,他们实现无法说出行动的理由,事后也不会去寻找说明性的规则。恰恰是研究社会行动的社会科学家才会煞费苦心地为社会成员的行动寻找解释和说明的原则;这些原则是理论上的建构,而不是实践中发挥作用的规则。至于提到社会规则不是一种僵硬的"物",而是一种个人与社会之间互动的过程,则早已包

---

① 参见 Harold Garfinkel, *Studies in Ethnomethodology*, Englewood Cliffs, New Jersey: Prentice-Hall, 1967, p. 68。

② 同上书, p. 1。

含在我们前面已经介绍过的韦伯思想中了。

第二节　规则的分类

马克斯·韦伯认为，使人类的集体生活得以有序进行的主要社会规范有三种："习惯"(Sitte)、"惯例"(Konvention)和法律。

我们把习惯定义为一种典型的始终如一的行动方式，它之所以保持着常规的模式，仅仅是因为人们对它已经习以为常，从而不加反思地模仿行事。①

惯例是这样一种秩序：(a)如果它的效力是由这样一种可能性来加以外在保障的话：在一个特定的社会群体中，对它的违反将导致一种相对普遍的而且具有实际影响力的谴责性反应。(b)法律是这样一种秩序：为了保障人们遵守它或者是对违反它的行为进行惩罚，有一群专职人员来维持进行(身体或心理)强制的可能性，从而赋予它一种外在的保障。②

韦伯认为，这三种规则之间的界限在现实生活中是流动不居的。而且，正是由于这些规则构成了一个浑然不分的整体，社会秩序才得到有效的保障。如果单看韦伯对"法律"的定义，我们会发现它与分析实证主义法学对法律的定义并无二致。它强调法律的强制性，认为使法律发挥其作用的关键在于一种外在的保障。无怪乎斯科利亚会这样认为："韦伯得出了一个明显属于实证主义的、准奥斯丁式的法律定义。"③这种看法虽然有一定道理，但却未能把握韦伯法律思想的精髓。我们认为，韦伯的法律定义必须从以下几个方面来理解：

(1)在韦伯的社会理论中，法律只是一个规则连续体中的最后一环。

---

①　Max Weber, *Economy and Society: An Outline of Interpretive Sociology*, in Guenther Roth & Claus Wittich (eds.), University of California Press, 1978, V. 1, p. 36.

②　Ibid., p. 33.

③　S. J. Skoljar, "Weber's Sociology of Law", in G. Sawer (ed.), *Studies in the Sociology of Law*, Canberra: Australian National University, 1961, p. 33.

(2)尽管如此,法律与其他规则仍有显著区别,其根本特征是:a. 有外在强制力的保障;b. 有一个专门的法律职业者群体来负责这种保障。

(3)应当区分法律家的法律观和社会科学家的法律观。

在韦伯看来,法律家在法律职业的限度内对法律所下的教条式定义是符合法律职业的目的的,虽然从这种法律观出发看不到社会中还存在其他的规则形态。而社会科学家则应当跳出法律职业者的视野,研究法律在人类现实生活中产生、发展以及发挥作用的方式和过程。通过这种研究,社会科学家一方面可以理解法学家如何看待法律,另一方面又可以超越法学家的理解,揭示法律与社会生活的复杂关系。

如果我们把马克斯·韦伯的法律定义与萨维尼的法律定义做一下比较,就能对此获得更深的理解。萨维尼认为:

人生存于外在世界之中;对人来说,这个生存环境中最重要的因素便是与那些和他在天性及归宿方面相同的人之间的接触和交往。如果要让自由的人能在这种交往中共存并相互促进,而不是相互阻碍对方的发展,那么只有通过接受一个看不见的界限方能实现。在这个限度内,每一个体的存在和作用都能获得一个安全的、自由的空间。决定这个界限和由这个界限所确定的空间的规则就是法律。与此同时,法律与习俗的亲和性及不同之处也由此产生。法律有助于习俗,但法律的效力并不是通过遵守习俗的方法来保障的,而是由自由增进的每一个体意志的力量来保障的。①

可以看出,萨维尼的论证方式在某些方面与韦伯有惊人的相似性,他也强调包括法律在内的人类行为规则都产生于人们的社会行动和交往关系中。但是,他由此得出的法律定义却带有更强的"思辨"色彩,并非来自对社会现实的理性分析。在现实生活中,我们很难找到"由自由增进的每一个体意志的力量来保障的"法律。从这一点上,我们看到萨维尼并没有坚持一种经验主义的研究方法,而是回到了道德论证的路数上。韦伯的法律定义则体现了他一以贯

① F. C. von Savigny, *System des Heutigen Römischen Rechts*, Berlin: Veit, 1840, Bd. 1, S. 331-332.

之的社会理论方法，其结论来自对经验现象的理论建构。从他的规则分类学中，我们再次看到了一种新的综合：对实证主义法律观和历史主义法律观的综合，或者说，是对法律家的法律观和社会科学家的法律观的综合。

如果我们时刻想到韦伯的社会理论是从研究个人的社会行动出发的，就能够更加深入地理解韦伯的社会规则分类学。在韦伯那里，习惯、惯例和法律都是把个人的社会行动导向某种社会秩序的规则；从历史和社会实践两方面来看，这些规则之间都没有一个明显的界限。它们都是"人类的规矩"，是人作为社会的动物所必须遵循的行为准则。在这一方面，韦伯受到萨维尼和耶林等法学家的极大影响。萨维尼在研究罗马法和日耳曼法律史的过程中发现：不同社会中的法律具有迥异其趣的形式和内容。他把这种多样性归因于不同社会中的人们在与其他社会相对隔绝的长期共同生活中所形成的不同习惯或习惯性道德。这就是他所称的"民族精神"（Volksgeist）。习惯具有两方面的含义：从行动者的角度看，它是人们习以为常的一种生活方式（habit）。由于它已经成为一种无须明确意识的近似生物性的行动，西方人很久以来就把习惯称为"人的第二天性"。从社会整体的角度看，习惯是一种人们在某一社会中生活就必须遵从的规范（custom），是一种社会规范。虽然对习惯的违反不会导致一个专门机构的惩罚，但是却会导致社会成员的排斥和抵制，从而给违反习惯的行动者带来诸多不便。法律的效力也来自习惯，它与习惯的区别只在于民族国家通过暴力来保障它的实施。耶林也同样指出了习惯与法律之间的互补性。他认为习惯的产生经历了三个步骤：首先是某一个具体的社会行动者作出了某种行为，其次是其他人对这种行为的模仿，最后则是这种行为方式成为社会成员的一种义务。耶林指出："当个人行动被模仿时它就成为习惯，但是，如果有一种社会义务被附加到这种习惯之上，它就成了一种惯例（Sitte）。"[①]习惯向具有约束力的惯例的转变发生在社会成员认识到这种行为方式对社会整体有利之时。而这两种影响

---

① R. von Ihering, *Der Zweck in Recht*, Bd zweite Ausgabe, 2, Leipzig: Breitkopf & Hartel, 1886, p. 242.

社会成员生活的规范性行为方式又为法律的制定和实施提供了基础。

受尼采的影响,韦伯在很大程度上把习惯和惯例等同于道德,或者至少是认为道德的实际有效性源于惯例。尼采认为:“任何形式的道德都不过是对习惯的遵从;而习惯则是一种传统的行为方式和评价方式。在不受传统约束的地方,道德便荡然无存;生活受传统的影响越小,道德的作用范围也就越有限。”[①]而韦伯则指出:“在社会学的意义上,每一种伦理体系的有效性在很大程度上都依赖于惯例的支持,也就是说,违背道德的行为将受到谴责(也就是耶林所说的‘心理压力’)。”[②]这样,我们也可以把道德纳入韦伯的社会规则类型学中去。[③]

韦伯的社会规则类型学是对萨维尼和耶林理论的继承和发展。这主要表现在这样几个方面:首先,韦伯认识到,各种社会规则在人类的生活实践中本来是彼此交叉、浑然难分的。我们对它们所作的区分只是一种理想类型式的理论建构。韦伯写道:“在大多数情况下,行动主体在遵守某种秩序时并不知道自己是在遵守习惯、惯例还是在按照法律行事。在这种情况下,社会科学家必须通过概念分析归纳出这种秩序的有效性来自哪种类型的规则。”其次,韦伯虽然认为这几种规则之间存在密切的内在关联,但他并不认为习惯或惯例是法律之有效性的基础。相反,他认为这几种规则有一种共同的基础,那就是人们在长期的社会生活中通过社会行动创造出来的社会常规。最后,正像我们已经提到过的那样,韦伯认为社会规则只是给人们提供了一种“导向”,使人们的社会行动能够趋向于某种社

---

① F. Nietzsche, *Daybreak: Thoughts on the Prejudices of Morality*, trans. R. J. Hollingdale, Cambridge University Press, aph. 8.

② Max Weber, *Economy and Society: An Outline of Interpretive Sociology*, in Guenther Roth & Claus Wittich (eds.), University of California Press, 1978, V. 1, p. 36.

③ 韦伯对道德和伦理所作的理性类型分析是十分细致和复杂的,由于本章的关注点并不在此,所以只能一笔带过。关于这个问题,沃尔夫冈·施路赫特有极为精彩的论述,请参见 Wolfgang Schluchter, Conviction and Responsibility, in *Paradox of Modernity: Culture and Conduct in the Theory of Max Weber*, Stanford University Press, 1996, pp. 48–101。此文的中译本参见李康译:《信念与伦理》,收录于李猛编的《韦伯:法律与价值》,上海人民出版社 2001 年版,第 242~336 页。

会秩序。虽然韦伯并未明言,但是,我们可以看出韦伯基本上是把社会规则作为一种指导个人行为的“知识”来看待的。而这些规则之间的区分在某种程度上也就是知识分布状态的区分。习惯是最基本的社会知识,存在于人们的生活方式之中,散布在社会关系网络的每一个关节点上。惯例则是相对集中和相对形式化的知识,可以用语言来加以表达,也可以由社会上的“绅士”来加以解释。法律则是一种由掌握国家权力的那一部分人所垄断的知识。这种隐含在韦伯思想之中的理论在埃利亚斯那里得到明确的表达:“由于社会中每一个成员个人所接受的导向都取决于自己可资利用的导向方式,因此,那些有能力垄断该社会导向方式的监督、传输和发展的群体便有机会拥有相当可观的权力。如果垄断是围绕着某个核心而组织起来的,这种情况就体现得尤为明显。”①在韦伯的理论体系中我们可以看到:统治阶级正是通过不断攫取对“导向性知识”的垄断权更大限度地掌握权力的,这一动机也是使习惯逐渐为法律所取代的原因之一。

第三节　法律的产生和发展

一、从习惯到法律:社会秩序变迁的方式和动力

韦伯指出,在人类历史的早期,习惯曾经一度是唯一的一种规则形态。至于习惯中何时萌生出惯例,而具有外部约束机制的法律又在何时出现,韦伯并没有给出明确的回答。他十分诚实地声明:从他当时所能掌握到的人类学和民族志研究中还找不到上述问题的答案。② 但是,韦伯接着指出,我们可以从现有的历史材料中找出促使习惯和惯例逐渐让位于法律的一些重要的社会原因:一是传统

---

① Norbert Elias, “Scientific Establishments”, in Norbert Elias, Herminio Martins & Richard Whitley (eds.), *Scientific Establishments and Hierarchies*, Dordrecht, Holland: D. Reidel Publishing Co., 1982, p. 37.

② Max Weber, *Economy and Society: An Outline of Interpretive Sociology*, in Guenther Roth & Claus Wittich (eds.), University of California Press, 1978, V. 1, p. 320.

以及“对传统之神圣性的信仰”的解体；二是社会阶层的日益分化以及阶级利益的逐渐多样化；三是现代商业交易的步调要求有一套能够快速作出反应的、有助于增强人们有效预期的形式化制度；四是市场的发展。① 在这些因素的共同作用下，法律在人类社会的规则体系中逐渐占据主导地位，而这也恰恰是现代社会区别于传统社会的重要特征。

但是，在韦伯看来，这些外部因素只能解释习惯和惯例逐渐让位于法律的原因，却无法说明法律自身发展的内在动力。韦伯认为，社会规则的创新有两种动力来源：一种是外部的，另一种则是内部的。外部条件的变化可以为规则创新提供条件，但却不是“创新的必要前提”。在大多数情况下，这些外部条件无法成为产生一种新秩序的“参与作用的因素”。② 相反，“民族志所提供的证据表明，创新的最重要的动力来源似乎是那些经历着某种‘反常’状态的个人的影响（这种状态往往但并不总是被当时的精神病学视为病态）……”③新的社会经济条件的出现首先使某些“直觉”非常敏锐的个人感受到调整行为方式的可能性和必要性；他们所采取的新的行为方式虽然有悖于当时的社会常规，但最终却会因为其“有效性”而对他人产生影响，并导致一种“集体行动”。剧作家萧伯纳在《人与超人》中呼应了韦伯的这一观点，他写道：“理性的人总是让自己适应这个世界，非理性的人坚持尝试让世界适应自己。因此，一切进步都要靠非理性的人。”④而一旦社会中的大多数人都已经接受了这种行为方式，它便会成为新的社会常规，并使人们对之产生“应然感”（oughtness）。一旦社会中产生了专门的人员来以强制力保障这种新的规则，它便成了法律。韦伯认为，虽然在现代社会中法律已经取得越来越重要的地位，但这并不意味着习惯和惯例（道德）的消失。相反，现代国家往往会通过法律来支持或强化社会的固有

① Ibid.，p. 337.

② Ibid.，p. 321.

③ Ibid.

④ “The reasonable man adapts himself to the world; the unreasonable one persists in trying to adapt the world to himself. Therefore all progress depends on the unreasonable man.” See Bernard Shaw, *Man and Superman: A Comedy and a Philosophy*, Cambridge, Massachusetts: The University Press, 1904, p. 238.

道德,"任何具有重要社会意义的道德律或迟或早都会成为一种法律命令"。① 比如《德国民法典》就规定:"违反公序良俗的交易无效。"②而习惯和惯例反过来也会为法律提供支持,或者是在法律所无法触及的领域(比如西方学者经常提到的"私人领域")发生作用。

二、近代西方法律制度的发展

韦伯对近代西方法律的发展过程进行了深入的研究,揭示了法律与社会政治、经济形态之间的互动关系。他认为,在近代法律发展的过程中,一个"决定性的因素"是市场的复兴和商业贸易的发展。在韦伯的分析视角中,市场不仅仅是一种交易场所,而是一种人们以理性的社会行动来建构理性的社会关系的一种过程性结构。因此,市场对于法律的产生和发展来说是一种内部因素。市场要求人们的行为具有可计算性和可预见性,而这样的"理性"行为方式又促生了相应的法律。与高度理性化的罗马法相比,中世纪商法是比较"落后的",缺乏形式化和系统化的特征。但正因为如此,多样化的"实用性法律设计"可以根据各种不同社会群体的需要而发展起来;这反过来又促进了现代资本主义的发展。韦伯认为,现代资本主义社会的许多法律制度都源于中世纪商法而不是罗马法。这是因为中世纪晚期发达的商业贸易使市场得到发育,而市场本身便是一种理性化交往方式的制度性安排。为了满足市场对秩序、可预见性和可计算性的要求,中世纪的各种社会共同体"发明"了各种各样的"法律技术"。这些分散的法律技术为近代资本主义国家制定更为系统化的法律制度提供了基本的素材。

近代法律发展的第二个主要动力是一个新的职业法律家阶层的产生。发展中的市场导向的经济对专业化法律知识的需求是显而易见的:"强制机器运作的可计算性构成了'审慎派法学家'

---

① Max Weber, *Max Weber on Law in Economy and Society*, edited and annotated by Max Rheinstein, translated by Edwards Shils and Max Rheinstein, New York: Simon & Schuster, 1967, p. 27.

② Max Weber, *Economy and Society: An Outline of Interpretive Sociology*, in Guenther Roth & Claus Wittich (eds.), University of California Press, 1978, V. 2, p. 683, 775.

(Kautelarjuristen)发挥其创造才能的技术前提和根本动力。"实际上,逐渐由职业法律家提炼出来的市场交易中"某些共识的标准化表达"是孕育新的法律规则的主要源泉之一。对法律专业知识和经验的逐渐增加的需求以及随之而来的要求法律进一步理性化的压力"主要来自地位不断上升的商业贸易及其参与者"。[①] 职业化的法律教育成为满足上述要求的必要措施之一。我们在这里又发现了一种貌似循环的"自生机制"(self-generating mechanism):不断增加的对理性化、逻辑性决策的需求导致了对职业化法律家的需求的增长,这反过来又导致了法律的进一步理性化,而法律的进一步理性化又导致了决策的进一步理性化和形式化……[②]与马克思不同,韦伯认为社会经济条件对法律的"形式化品质"只有间接的影响,而主要的动力来自法律职业内部的驱动力。[③]

罗马法的持续性影响是近代法律发展的第三个主要动力。在罗马帝国覆灭之后,意大利的"公证员"(notaries)继续传承发达的罗马私法。他们组成行会并成为一个重要的政治阶层。因此,"自己固有的传统、与帝国法院的持久的联系、迅速掌握一种理性的法律以满足迅速增长的贸易需求的必要性以及大学的社会势力使得意大利的公证员们把罗马法作为真正的商法接受下来……"[④]从12世纪开始,以欧洲大学重点讲授罗马法为契机的"罗马法"复兴运动更是对近代西方法律传统的形成产生了重要影响。[⑤] 由于本书中已多次涉及这一内容,所以不再详述。

在这些因素的共同作用下,近代意义上的理性法律于某一个特定的时段在欧洲这个特定的地方产生。韦伯从人的社会行动出发来解释巨大时空背景下的规则差异,以人类行动方式的随机性、偶然性和创造性来说明各种不同社会规则体系的成因。这正是其理论的特色所在。从这种分析视角出发,我们也能够对中国法律的现

---

① Max Weber, *Economy and Society: An Outline of Interpretive Sociology*, in Guenther Roth & Claus Wittich (eds.), University of California Press, 1978, V. 2, p. 688.

② Ibid., p. 786.

③ Ibid., p. 757.

④ Ibid., p. 759.

⑤ Ibid., p. 775.

状作出一种解释。中国社会在几千年的文明进程中形成了大量的习惯和惯例（我们所称的礼俗）。而近代以来国家通过正式立法所引进的西方法律制度则不是在中国社会所固有的生活方式之中自然生发出来的。根据韦伯的社会理论，这一社会事实正可以说明为什么中国普通老百姓“缺乏法律意识”，而官方所推行的法治建设又为何一波三折、进展缓慢。同样，从韦伯的分析视角着眼，我们也预测，随着市场经济在中国社会中的生长和发育，为现代理性法律所必需的各种内在要素和外部条件将会逐步趋向于成熟。

第十章　法治与现代社会

在韦伯的整个社会理论体系中,法律与支配或统治(Herrschaft)方式之间的关系受到特别的重视。在韦伯的"政治社会学"中,他着重论述了统治的"正当性"或"合法性"(legitimatat)问题。通过对这一问题的探讨,韦伯揭示了现代"自由社会"中的唯一的正当统治形式"法治"的特征和内涵。

第一节　韦伯支配社会学中的核心概念

一、权力

人的社会行动总是基于一定的主观意图,没有任何一个人会成为没有自己主观意义取向的、绝对服从他人意志的工具。但是,在社会生活中又的确存在这样的情况:一个人在遭到别人反对的情况下仍然具有某种以其意志左右他人行为的能力。韦伯把这种能力称为"权力"(Macht):"'权力'是指处于社会关系之中的行动者排除抗拒而使其意志得到实现的可能性,而不论这种可能性的基础是什么。”[①]权力所涉及的范围非常宽泛，既可以指家庭中家长对子女的管教，也可以指任何一个组织中上级对下级的命令。与“权力”相对应，韦伯还引入了一个“服从”（obedience）的概念。韦伯认为：“服从命令的动机……可能基于各种不同的考虑，从简单的习惯性反应直到最纯粹的理性的利益权衡。”[②]从权力服从这一组概念中，我们发现：在韦伯那里，权力不是一种单向作用的力（force），而是一种“关系”（relation）。这种关系是由具有主观意义取向的社会行动建构起来的。无论是行使权力的行为还是服从权力的行为，都是行动者有意识的“选择”，而不是完全被动的接受。在这一点上，韦伯的观点与齐美尔的观点十分相似。齐美尔在分析“统治”这一概念时，提出了“主宰”（subjectivation）和“臣服”（subordination）这样一对范畴。[③] 他认为，“主宰”和“臣服”中都包含了一定的“自由”因素。这种“自由”就是康德所称的意志自由。统治权力关系的形态极其多样，但对社会研究真正具有意义的则只是其中涉及社会群体行动范式的那种权力。这样，韦伯又提出了“统治”这一概念。他认为：“统治构成一种特殊的权力形态”，[④]它是“某种特定的命令（或命令总体）得到特定人群服从的可能性”。[⑤] 它不包括以纯粹暴力的方式所达到的控制，因此必须以人们“对统治正当性的信仰”为前提。[⑥] 为了把统治与暴力控制区分开来，韦伯又把正当化的统治称为“命令控制”（imperative control）或权威，并从理论分析的角度为这种统治形式确立了两个基本特征：一是自愿服从，二是存在一套支持统治正当性的“信仰体系”，即说明为什么某人或某些人应该服从某种统治的理论体系或意识形态。

---

① Max Weber, *Economy and Society*, edited by Guenther Roth and Claus Wittich, Berkeley: University of California Press, 1978, Vol. 1, p. 53.

② Max Weber, *Theory of Social and Economic Organization*, Glencoe, Illinois: Free Press, 1949, p. 324.

③ 参见 G. Simmel, *On Individual and Social Forms*, edited by D. Levine, University of Chicago Press, 1977, p. 96-120。

④ Max Weber, *Economy and Society*, edited by Guenther Roth and Claus Wittich, Berkeley: University of California Press, 1978, Vol. 2, p. 941.

⑤ Max Weber, *Economy and Society*, edited by Guenther Roth and Claus Wittich, Berkeley: University of California Press, 1978, Vol. 1, p. 53.

⑥ Ibid., p. 213.

二、正当性

“正当性”这一概念在韦伯的政治社会学中占据十分重要的位置。韦伯认为:“行动,特别是涉及社会关系的社会行动,可以受到人们相信存在一种‘正当秩序’这一信念的指导。而人们的行动真正受到这种信念制约的可能性则称作这种秩序的‘有效性’(Geltung)。”[①]因此,在韦伯那里,某一统治系统的正当性指的就是人们愿意服从该统治并根据该统治系统的相应命令来行动的可能性。[②] 社会行动者之所以会信任某种统治并依其命令行事,可能是出于传统、情感、某种价值信念或是对某些成文规定的认可。[③] 由此可以总结出,韦伯认为正当性的来源有四种:传统、天启或先知预言(诉诸人们的敬畏、恐惧等情感)、价值合理的信仰以及形式理性的法律。这些不同的正当性基础对应不同类型的正当统治。

第二节　正当统治（权威）的类型学

为了分析正当统治的历史演变及其基本形态,韦伯提出了三种不同的正当统治类型。这种分类正是其“理想类型”方法的具体运用。也就是说,这样的分类是为了分析和研究的便利而人为建构出来的,它们并不是对客观历史事实的描述。在现实社会中,这三种类型的正当统治很可能是以相互混合的面目出现的,而很少表现为纯粹的单一形态。(如表 5 所示)

---

① Max Weber, *Economy and Society*, edited by Guenther Roth and Claus Wittich, Berkeley:University of California Press,1978,Vol. 1,p. 31.

② Ibid. ,p. 214.

③ Ibid. ,p. 36.

表5　统治类型及其相关特性

统治类型	正当化的形式	配套的行政管理形式	服从的基础	司法过程的形式	法律思想的类型
传统型	传统上君主和世袭的家族所拥有的个人权威；对久远传统之神圣性的信念	世袭的家长式行政管理	个人出于某种传统信念对统治者的效忠	包括：(1)经验性司法；(2)实质性司法；(3)个人化司法(卡迪司法)	形式非理性/实质理性
个人魅力型	领袖的个人魅力权威；"对个人所拥有的独特神圣性、英雄品质或其他特殊个人属性的人身效忠"	在纯粹的"个人魅力型"统治中，没有任何例行的行政管理，只有任意性的领袖集权统治	对领袖个人魅力的崇拜	天启或神谕式司法；领袖凭其个人魅力进行的任意性司法	形式非理性/实质非理性
法律—理性型	理性的、体系化的法律；来自理性的、有意识制定的具体法律规则的权威	专业化的官僚制行政管理	对抽象的、不受个人意志左右的抽象规则及其演绎逻辑式的适用过程的信任	理性的、形式化和程序化的专业司法	形式理性，特别是形式逻辑理性

一、传统型的正当统治

传统型权威的效力来自对古老规则与权力之神圣性的宣称和信仰。[①] 在这种权威类型中，权力关系的双方都认可一套由来已久的行为方式；这套行为方式不一定能够为语言文字所表达，只是由于其代代相传的性质，而成为一种习惯性的力量。传统型的正当统治具有这样一些特点：(1)统治者与服从者之间往往存在一些自然的亲缘关系，统治者之所以获得支配性的权力，完全是因为他具有

① Ibid.，p. 226.

某种特定的身份。父权制和我们所熟悉的家族统治就是这种统治方式的典型。(2)这种统治方式与某种特定的经济组织形态——自给自足的家庭经济有着紧密的联系。韦伯认为,传统型的权威是一种“日常生活的结构安排”,其目的是实现“正常的需求满足”。[①](3)所有的传统型统治方式都或多或少带有一定的宗教特性,有一套借以支撑传统之不可动摇性的崇拜仪式体系。

二、个人魅力型(克里斯玛型)的正当统治

当某种正当统治依赖于“对某一个人以及他所揭示或规定的某种规范模式或秩序(个人魅力权威)所具有的特殊神圣性、英雄主义或非凡个性的效忠”时,[②]这样的统治就属于个人魅力型的统治。在韦伯那里,“克里斯玛”或“人格魅力”(Chrismatic)一词被用来表示某些人的人格特征:他们被认为具有超自然、超人的力量或品质,因而被视为“天纵英明”。在比较原始的社会中,这些品质来自巫术,譬如宗教先知、能驱邪治病或精通律法的智者,狩猎能手或战争英雄,都被称为克里斯玛式人物。通过进行比较性的历史分析,韦伯总结出四种不同类型的“个人魅力”。他借每一种“个人魅力”形态的主要体现者来说明其特征:第一种个人魅力体现在北欧神话中的“熊皮武士”身上,其特征是勇武的意志和战斗力。第二种个人魅力的体现者则是“萨满教”的女巫,其特征是能够“通灵”,因此被视为神灵在人间的信使。第三种个人魅力的代表者是摩门教的创始人史密斯,他自称受到天使的宣谕,并在自己的住处附近找到了以象形文字记述的救世福音全文。我国清末太平天国运动的领袖洪秀全,自称“天父附体”,大体也属于这种类型。第四种个人魅力型人物是“文人”或“知识分子”,他们凭借生花之笔或如簧之舌来鼓动或引导群众。

与其他类型的正当统治相比,个人魅力型的统治有这样两个突出的特点:首先,这种统治“特别反对经济上的考虑”,[③]因为任何功

---

① Max Weber, *Economy and Society*, edited by Guenther Roth and Claus Wittich, Berkeley: University of California Press, 1978, Vol. 2, p. 1111.

② Ibid., p. 215.

③ Ibid., p. 244.

利性的计算都会破坏对领袖个人魅力的崇拜。同时，它也反对任何个人或阶层取得经济上的优势，因为这样会导致以经济地位来取代个人魅力的后果。这样，个人魅力型统治所允许的经济组织形态必定是某种伦理经济，而不是强调效率的市场经济。其次，由于个人魅力型统治的基础是“独一无二的、短暂易逝的天赋”，[①]这必然导致它的内在不稳定性。韦伯认为，个人魅力型的统治基本上属于一种过渡型的统治方式，它“实际上是历史中特别具有创造性的革命力量”。[②] 在历史的一些转折点上，具有特殊个人魅力的人物往往能够打破社会生活的常规，从而创造出新的社会生活方式。但是，这种统治方式并不能持久，随着个人魅力型人物生命的终结或其他个人性的变故，新的常规性（传统的或法理型的）统治方式必然取而代之。

三、法律—理性的正当统治

法律—理性统治（简称法理型统治）的基础是一套内部逻辑一致的法律规则以及得到法律授权的行政管理人员所发布的命令。这种统治方式与前两种统治方式有着根本的不同，因为它不依赖于与个人有关的身份或属性，是一种“非人格化”的统治。这种统治形式在现代西方社会已经取得了支配性的地位，它的最明显体现就是所谓的“法治国”（Rechtstaat）理想。使法治得以有效维持的是这样一套相互关联的信念：(1)适用于某一特定社会群体的法律体系或是经由全体社会成员的一致同意而产生的，或是由一个为社会成员所认可的权威机构发布的，这套理性的法律体系会得到全体社会成员的遵从。(2)任何法律都具有抽象的、一般化的特性，并不指涉具体的个人或群体。社会管理围绕着法律的制定、维护和执行而展开。立法机构负责制定适用于整个社会群体的一般性规范，为社会成员的行为和社会关系的建构提供一种基本的导向；司法机构负责在具体案件中纠正偏离法律秩序的行为，从而使基于法律的社会秩序得以保持稳定；而行政机构则依照一套既定的规则在实施对社会

---

① Ibid. ,p. 1121.

② Ibid. ,p. 1117.

的日常管理。(3)法律成为一个高度分化的社会系统,独立于政治、宗教和其他社会领域。法律职业者受过专门的职业训练,组成自治的职业共同体;法律知识高度抽象化和概括化,成为一种只有专家才能掌握的专门知识;法律实践必须由专家来进行,非专业人士受到资格条件和知识本身的双重限制而无法涉足法律实践活动。(4)不仅法律实践活动具有上述特点,整个社会的日常管理都进入一种技术化、非人化的状态。管理人员都由受过专门训练的人士充当,严格按照规则办事,不受个人心理因素的影响。

韦伯认为,法理型统治是现代西方社会的一个十分突出的特点,其产生和发展与西方社会独特的宗教、文化和经济形态密切相关。这种统治形式的出现是与民族国家的兴起基本同步的。民族国家的统治方式依赖于这样一些前提条件:(1)统治和行政管理资源的国家垄断,这要求创立一套中央集中领导的、持久性的税收体系并且建立一支中央政府机构统一领导的常备军;(2)由中央政府垄断制定法律的权力以及合法使用暴力的权力;(3)组织一套理性化的官僚系统,代表国家实施对社会的日常管理。法理型统治所具有的基本特征恰好有助于满足这些条件,因此,它自然成为民族国家所选择的统治方式。

在韦伯的社会理论中,每一种正当统治类型都对应着一种具体的统治方式。传统型统治对应着家长式统治方式,个人魅力型统治对应着领袖集权统治,而法理型统治则对应着"官僚制"统治方式。"官僚制"是韦伯借以描述现代社会中的合法统治方式的一个重要"理想类型"。它包含以下要素:

(1)公务按照每日重复的常规进行,它不需要也不允许个人的创造力在其中得到体现。

(2)公务的履行由行政机关根据确定的规则来安排。这要求:(a)通过非人格化的标准来确定每一个公务人员所必须完成的特定任务;(b)公务员被授予完成其职业任务所必需的权力;(c)公务员可以使用的强制手段受到严格的限制,他们的合法职业活动的范围也得到明确限定。

(3)每一个公务员的职责和权力都是一个科层式的权威体系的组成部分。上级官员负责监督下级的工作和绩效,而下级官员则有权对上级的监管行为提出申诉。

(4)公务员和其他政府雇员对为他们履行职务所必需的那些资源并不享有所有权，但他们得为这些资源的使用负责。公务与私人事务、政府收入与个人收入得到严格的区分。

(5)公务员对他们的职务也不享有所有权，这些职务不能被出售，也不能被继承，而只能按照形式化的规则进行解聘和招新。

(6)公务的履行在很大程度上有赖于形式化的文书写作。①

韦伯指出，在西方历史上，市场经济的兴起、传统家族制社会关系的解体以及个人魅力型统治的非长久性使官僚制的出现和蔓延成为“一种难以避免的命运”。在官僚制中，行政官员的权力来自法律，公民的权利和义务也由法律来界定，各种社会关系以及这些关系组成的社会结构都由法律这种抽象的一般性规则来安排。在各级政府机构中，官员们是“你方唱罢我登场”，但政治权力的结构却保持不变。这种制度安排使社会关系具有持续性和稳定性，为人们的社会行动方式规定了明确的限度。总之，它使个人行为和社会运转都处于一种有序的状态。但韦伯同时也看到了这种制度难以避免的负面效应。他指出：在这种制度下，社会越来越变得像一个“铁笼”，被囚禁于其中的个人变成了“制度化”的个人，他们越来越需要“秩序”。如果这种秩序发生动摇，他们就会惊慌失措；如果他们被某种力量从这种秩序中抽离出来，获得完全的“自由”，他们就会感到束手无策。②

第三节　形式理性法：法理型统治的基础

一、法律规范的制定和适用方式

通过其历史性的比较社会学研究，韦伯发现不同的社会存在不

---

① 参见 Max Weber, *The Theory of Social and Economic Organization*, New York: Oxford University Press, 1947, p. 330-332。

② 韦伯在 1909 年所作的一次演讲。参见 J. Mayer, *Max Weber and German Politics*, 2nd ed., New York: Arno, reprinted, 1956, p. 127-128。

同的“法律制定”(lawmaking)和“法律发现”(lawfinding)方式。为此,韦伯建构出几个“理想类型”,用以分析这些方式各自具有的重要特征。他指出:

从理论研究的角度来看,法律和程序的发展可以被认为是经历了这样几个阶段:第一个阶段是通过“法律先知”来表达的克里斯玛型法律天启。第二个阶段是由法律显贵们进行的经验式法律创造和法律发现。第三个阶段是由世俗或宗教权威来发布法律命令。第四个也就是最后一个阶段的特点则是:法律是经过系统的精心设计而制定出来的,司法活动由受过法律专业训练的人员来进行,这些司法人员所受的训练使他们具备丰富的知识,并且能够总是用形式化的逻辑思维来分析问题。①

克里斯玛型的法律天启广泛存在于古代社会中。韦伯所提供的证据来自古埃及、古巴比伦、古希腊和中世纪欧洲各蛮族国家。在这种类型中,法律的制定和适用都是通过“天启”或“神判”的方式来进行的。比如,在中世纪的一些北欧国家中,法官并不参与案件的决策,他只是在一旁监督着审判的过程。案件的决策者是掌握着“神人沟通”本领的灵师(declarers),他们要求当事人按照一定的仪式和程序进行宣誓,或者作出种种规定的动作,并从这些过程中观察出神灵的判断,从而决定诉讼的结果。

法律显贵们进行的经验式法律创造和法律适用以及世俗和宗教权威所发布的法律命令是两种同时并存的类型。前者的主要例证是英国普通法制度。在这种制度中,法律不是由权威机构一次性发布的,而是在法律职业阶层的职业化社会行动中逐渐累积起来的。在这里,法律制定与法律发现之间的界限非常模糊。后者的主要例证是教会和各世俗国家的制定法。这种法律的表现方式是统治者或权威机构的命令;它是一次性发布的,适用于发布机构管辖范围内的一切案件。司法机构只能适用和解释这种法律,而不能改变和规避它。韦伯认为,这两种法律制定和法律发现的模式都是从天启式类型中发展出来的。前者继承了天启类型中的形式(或程

---

① Max Weber, *Economy and Society*, edited by Guenther Roth and Claus Wittich, Berkeley: University of California Press, Vol. 2, 1978, p. 882.

序）因素，而后者则继承了其中的实质（或命令）因素。

最后一种以系统立法和专业化司法为特征的法律制定和法律发现方式是在前面几种方式的基础上发展起来的，其主要代表是近代欧洲大陆的法律制度。这种法律制度的成因是多方面的，但其主要动力则是法律专家的知识努力。在韦伯看来，这种方式是发展的最高阶段，它只为法律内部的进一步系统化和精细化留下了空间。

二、法律教育和法律职业的组织形式

韦伯认为，在西方世界存在两种基本的法律教育方式，它们之间的区别导致了不同的法律制定和法律发现方式以及不同的法律思想类型。这两种法律教育方式分别是经验的法律教育和理性的法律教育。“前者是把法律作为一门手艺来传授的经验式培训；学徒在实际的法律实践过程中从法律职业者那里学到或多或少的实用知识。而在后一种类型中，法律教育是在专门的学校里进行的，在那里，教学的重点是法律理论和法律‘科学’，也就是说，那里要对法律现象进行理性的和系统的分析。”①前者的典型代表是“行会式的”由律师来传授法律的英国法律教育。其主要特点是：（1）法律教育在律师事务所或者是律师公会设立的法律学校中进行，师生之间的关系类似于手工作坊中师傅和徒弟之间的关系；（2）教学的方式是实践过程中的“经验演示”，而传授的主要内容则是法律实践中的技艺和诀窍；（3）这种教育是进入法律职业的“准入证”，接受教育的过程同时也是取得法律职业资格的过程。后者的典型代表则是欧洲大陆的大学法律教育。其主要特点包括：（1）法律教育在大学中进行，大学法律院系虽然与法律职业领域之间存在一定的联系，但也保持着相当大的独立性，能够不受实践需求的直接影响。（2）教学的方式是理论传授和逻辑分析，教学的主要内容是抽象化、系统化的法律理论。法学教授同时具备教师和学者两种身份，他们传授给学生的不是实践经验，而是自己对法律现

① Max Weber, *Economy and Society*, edited by Guenther Roth and Claus Wittich, Berkeley: University of California Press, Vol. 2, 1978, p. 784-785.

象进行理性分析和系统整理后形成的学术知识。(3)大学法律教育为学生提供的是一种综合性的素质培养,但它并不保证学生一定能够进入法律行业。实际上,许多接受过这种法律教育的学生最后不一定会选择法律职业,而是进入行政管理部门或者成为企业的管理人员。

这两种不同的法律教育方式其实也反映了两种不同的法律职业组织方式。前者所反映的是行会式的职业垄断性管理方式,后者所体现的则是相对来说较为松散和开放的职业组织方式。在一种职业组织方式中,法律职业者形成了一个有严密的内部组织和行规的利益集团。所有的法律职业从律师、法学家到法官都在这一团体的控制之下;而且都必须接受同样的培训,有过相同的经历。法官从律师中产生,而律师也都曾经做过法律学徒。而在后一种职业组织方式中,各种法律职业都具有相对的独立性,并不存在一个囊括所有法律职业者的行会式组织。法律基本上是学理取向而不是实践取向的,法学家(法学教授)的意见得到所有法律职业者的尊重。因此,法律职业只有在知识的意义上可以称得上是一个共同体(community)。

三、法律的类型

马克斯·韦伯根据体现在法律中的知识类型而对法律进行了系统的分类。韦伯把这些知识类型称为法律思想(legal thought)或法律思维方式(legal thinking)。他根据两条标准来区分不同法律制度中所体现的知识类型:(1)形式性(formality),即一种法律制度是否"使用内在于这种法律制度之中的决策标准",这决定了它的系统自治程度;(2)理性(rationality),即一种法律制度是否"按照一种统一的决策标准来处理所有类似案件",这决定了该制度所确立的规则的一般性和普遍性程度。根据前一种标准,法律可以分为形式法和实质法;而根据后一种标准,法律又可以分为理性法和非理性法。把这两条标准结合起来,我们就得到了四种法律类型:形式理性法、形式非理性法、实质理性法以及实质非理性法。(见表6)

表 6 法律的分类

标准	理性	非理性
形式	形式理性法	形式非理性法
实质	实质理性法	实质非理性法

理性是马克斯·韦伯社会理论中的一个核心概念,但他用这一概念来表示的含义却不甚统一。根据安东尼·克隆曼的总结[①],马克斯·韦伯所称的理性大概有四个含义:

(1)在许多场合,韦伯用"理性"一词来表示受一般性规则或原则的约束。他指出,当我们说一种实体法或一种程序制度是"理性的"时,最基本的含义就是指它包含着一般性的规则或原则。[②]

(2)"理性"的第二种含义是系统性。一种理性的法律"是由所有经分析导出的法律命题组成的一个整体;在其中,这些法律命题构成了一个逻辑清晰、内部一致而且至少在理论上天衣无缝的规则系统。根据这种法律,所有可以想象到的事实情境都能够找到相应的法律规则,从而使秩序得到有效的保障"。[③]

(3)"理性"的第三种含义是"建立在对意义的逻辑解释的基础上"。通过对法律事件之意义的逻辑解释,我们可以把各种与法律有关的事实特征建构成一个逻辑命题;同样,通过对法律条文之意义的逻辑解释,我们可以找出某一特定法条与上述事实命题之间的相关性。随后,通过演绎推理的方式,我们可以得出一个法律上有效的结论。

(4)"理性"的第四种含义是"可以为人类的智力所把握"。[④]

韦伯最经常使用的是第一个含义;而在许多特殊的场合,为了突出法律的某种独特性质,他使用其他几种含义的次数也并不算稀少。相比之下,"形式性"这一概念的含义则比较单纯,主要指决策

---

① 参见 Anthony T. Kronman, *Max Weber*, Stanford University Press, 1983, p. 72-75.

② 参见 Max Weber, *Economy and Society*, edited by Guenther Roth and Claus Wittich, Berkeley: University of California Press, Vol. 2, 1978, p. 665-976.

③ 同上书, p. 656。

④ 同上。

标准的内在性。

形式非理性法的主要实例是克里斯玛型的天启法律。这种法律中完全不具备人类理性所能把握的一般性规则或原则，人们无法对任何一个法律决策的结果作出预测。但是，这种法律又带有极端的形式主义色彩，决策的标准内在于法律或程序之中。它要求所有诉讼参与者的行为都严格遵照某种“具有魔力效果的程式”。韦伯指出：

纠纷解决以及新规范创制过程中呈现出来的魔法因素导致了所有原始法律程序都具有严格形式主义的特性。因为，如果相关的问题不能以正确的方式提出，魔法技术便不能提供正确的答案。而且，魔法不是一视同仁地对所有问题作出解决，它对问题的选择是任意性的；每一个法律问题都有专门适合于它的独特技术。我们现在能够理解所有受固定规则约束的原始程序所具有的主要特征了：一方当事人在陈述誓词时所犯下的哪怕最微小的错误都会导致救济的丧失甚至是整个案件的败诉。①

韦伯对这种原始的法律类型进行了深入的论述，因为他认为其中所包含的严格形式主义因素对近代西方法律特别是证据法所具有的严格形式化特征的形成有着显而易见的影响。此外，这种原始法律类型的某些遗迹至今仍保留在英国普通法中。韦伯所举的例子是英国的陪审员制度。亨利二世所推进的陪审员制度在英国法律史上是一次伟大的创新：它取代了“不动产诉讼”中以赌誓和决斗为手段的取证技术，而让诉讼双方的 12 位邻人来回答关于案件事实的问题。这 12 位邻人后来就发展成对案件事实作出判断的陪审团。这种陪审团虽然取代了神的位置，使英国法律中的魔法因素进一步减少；但是，由于这些外行陪审员的决策仍然像神谕一样并不遵循既定的一般性规则，因而同样难以预测，所以它仍然是一种非理性的制度。韦伯把这种制度同古罗马的平民陪审员（civil jurors）制度进行了对比，发现这两种外部形式相似的制度由于参与者行动导向的不同而产生了不同的结果。在古罗马，平民陪审员会把在法

---

① Max Weber, *Economy and Society*, edited by Guenther Roth and Claus Wittich, Berkeley: University of California Press, 1978, Vol. 2, p. 761.

庭审理过程中出现的问题拿到法庭外去向"问答法学家"(responding jurists)请教,并把这些法学家的回答作为判案的依据。与英国由 12 位邻人发展成的陪审团不同,接受法学家建议的陪审员是在受过专业训练的专家指导下来审理案件;他们的司法决策所依据的知识体系中本身便包含一般性的原则和规则,因此,他们的回答本身便是受规则约束的。正是由于存在这样的区别,古罗马的"平民陪审员"制度导致了法律的理性化,而英国的陪审员制度却成为普通法中的一种非理性因素。①

实质非理性法不具备一般性的规则,决策标准也外在于法律,受宗教、伦理和情感等因素的制约。韦伯所举的这种法律的例子包括:伊斯兰沙里阿法院中适用的"卡迪司法"(khadi-justice)②、古代雅典的人民审判大会以及英国的治安法院所适用的法律③。这些审判方式要考虑每一个具体案件所涉及的众多具体因素,案件审判过程受许多具体场景因素的影响,审判结果是无法预测的。

实质理性法的主要例证是僧侣或教士控制的法律体系以及"家族制的司法体系"。韦伯写道:

一种特殊类型的理性法律教育(但并不具有法律形式性)的最纯粹形态体现在神学院的法律教学或者与神学院有紧密联系的法学院的法律教学中。其特殊性的某些方面可以归因于这样一个事实:牧师的法律研究方法旨在达到一种实质的而不是形式的法律理性化。……这种学校里的法律培训主要依靠一部圣典或者是一种通过稳定的口头或文字传统而固定下来的神圣律法,它具有一种意义非常特殊的理性特征。它的理性特征存在于它建构一种不是导向有关群体的实际需要而是导向学者不受抑制的智识需要的纯粹理论性的决疑术(casuistry)的偏好。在适用"辩证法"手段的地方,便会产生抽象的概念以及大致理性的、系统的法律原则。但是,正像所有的僧侣学术一样,这种法律教育也受到传统的约束。当它所创造出来的决疑论被用来满足任何实践的而不是知识的需

① Max Weber, *Economy and Society*, edited by Guenther Roth and Claus Wittich, Berkeley:University of California Press,1978,Vol. 2,p. 760-765.

② Ibid. ,p. 845,976-978.

③ Ibid. ,p. 813,891.

求时，就只有在以下的特定意义上讲才是形式的：它必须通过重新解释来维持传统的不变规范在新的需求面前的可适用性。但是，它的形式特性不是指它会创造出一个理性的法律体系。作为一种规则，它只包含对人类或法律秩序提出宗教或伦理要求的因素，却并不包含对现有的法律秩序进行逻辑上的系统整理的因素。①

"决疑术"的词源是拉丁文中的 *cacus*（个案），它可以被简单地概括为"个案方法"，是一种伦理抉择或司法裁判的方法，主要用于个案无法被涵摄于一般性原则或规则之下的情形。此种情形一般出现于不止一项原则/规则可以被适用而它们之间存在冲突或不存在可适用的原则/规则的场合。决疑术的指导思想体现在"情势造就个案"这一格言中，其经典表述来自圣托马斯·阿奎纳："人类行为应当因应人物、时间和其他情势所组成的多样条件而变化：这正是道德的全部内容。"②韦伯对决疑术在促进实质合理性论证方面的作用的讨论是他的社会理论中十分重要而又往往被忽视的部分。这一部分的讨论可以帮助我们进一步理解韦伯的形式、实质之分意味着什么。形式合理性意味着内在化的行动和判断标准，用卢曼的话来说就是意味着"系统闭合"。而实质合理性则意味着诉诸外在标准来做出判断，比如在法律判断中引用神学或伦理标准。因此，我们不能从字面上去理解韦伯意义上的形式合理与实质合理。

同样，在家族制的司法体系中，法律决策过程虽然要遵循一些来自传统的一般性规则，但它同时也要受到伦理、宗教和其他外部因素的影响。最后一种法律类型，也就是形式理性法，是现代西方社会所特有的法律类型，也是法理型统治的基础。韦伯当时还没有预见到，这种法律类型会随着西方列强的海外殖民以及"二战"以后世界各国的政治、经济、社会和文化结构在霸权影响和自由竞争、自由交流的双重作用下所进行的重新调整而成为一种世界性的现代法律类型。人们已经习惯于把这种法律占统治地位的社会称为"法治社会"。

---

① Max Weber, *Economy and Society*, edited by Guenther Roth and Claus Wittich, Berkeley: University of California Press, 1978, Vol. 2, pp. 789–790.

② 转引自 Albert R. Johnson and Stephen Toulmin, *The Abuse of Casuistry: A History of Moral Reasoning*, Berkeley, CA.: University of California Press, 1998, p. 135。

韦伯心目中最典型的形式理性法是受罗马法影响的近代欧洲各国民法典(特别是《法国民法典》和《德国民法典》)以及德国的潘德克顿法学所提出的“学理法”。这两种典型意义上的法律被韦伯称为逻辑形式理性法,它们都接受了罗马法中发展出来的法律原则和法律技术,而且都是法学家们所从事的“法律科学”事业的产物。韦伯认为,它们体现着理性的全部四种含义。这集中表现在它们的五个前提性“公设”上:

第一,每一项具体的法律决定都是某一抽象的法律命题向某一具体“事实情境”的“适用”;

第二,在每一具体案件中,都必定有可能通过法律逻辑的方法从抽象的法律命题导出裁决;

第三,法律必须实际上是一个由法律命题构成的“没有漏洞”(gapless)的体系,或者至少必须被认为是这样一个没有空隙的体系;

第四,所有不能用法律术语合理“分析”的东西也就是法律上无关的;

第五,人的每一项社会行动都必须总是被型构为或是一种对法律命题的“适用”或“执行”,或是对它们的“违反”,因为法律体系的“没有漏洞”性(gaplessness)必定导致对所有社会行为的没有漏洞的“法律排序”(legal ordering)。①

这五个公设是韦伯建构出的完备的形式理性法应当具备的特质。虽然我们很难在现实中找到完全符合这些标准的法律体系,但韦伯的比较历史分析在欧洲某些地方的法律知识体系(尤其是德国19世纪的“潘德克顿法学”)中找到了接近于这种理想类型的对应物。

韦伯之所以提出这种法律类型学,主要的目的是分析和阐释西方法律史上所特有的“理性化”过程,即法律中的“形式性”和“理性”因素逐渐增加的过程。通过这种理论上的工作,韦伯揭示了西方法律和西方社会的独特性,使他成为一个“西方社会的理论阐释者”。

---

① Max Weber, *Economy and Society*, edited by Guenther Roth and Claus Wittich, Berkeley: University of California Press, 1978, Vol. 2, p. 789-790.

第四节　合法性与正当性：现代国家的正当统治

强制性、理性和正当性是韦伯在比较分析不同社会的法律最常使用的标准,也是现代形式理性法的特点之所在。韦伯的高明之处在于他发现了这几种特性之间的相互关联。现代国家正是利用形式理性法来整合强制、理性化日常管理和使统治正当化这三种功能,从而有效地维持日益复杂的多元社会中的社会秩序。在现代"法治国"中,具有一般性和普遍性特点的法律使暴力以文明和理性的方式渗透到社会的各个层面,全面影响人类的生活。传统社会和克里斯玛型领袖统治的集权社会中那种直接暴力所能触及的深度和广度远远无法同"法治国"中的法律强制力相比。而且,理性的、客观的法律还使暴力披上了正当化的外衣,使"哪里有暴力,哪里就有反抗"这一规律失效。触犯法律的人在法律的强制力面前是无法反抗的,因为社会已经将其视为"罪人"。在"法律之网"面前,"罪人"只有两条路可以选择:"认罪"或者"躲避"。"法治"原则使经过正当程序制定出来的法律无须再为自己的正当性寻求外在的支持,而且它还成为评价政治正当性的依据。在"法治国"中,"合法"(legal)与"正当"(legitimate)成了一对同义词。

日常(Alltag)化在韦伯对传统型和法理型支配方式的论述中占有突出的地位。他称传统的和官僚制的支配为支配的"日常形式"(Alltags Formen)①。他提到日常化的资本主义(Alltagskapitalismus)②,他还提到"日常秩序"(Alltagsordnung)、家庭范围内的日常行动(familiengebundene Alltagshandeln)、日常旨趣(Alltagsinteressen)、日常基督徒,甚至在"日常世界"践行"日常行

---

① Max Weber, *Wirtschaft und Gesellschaft*, 5th edn, ed., Johannes Winckelmann, Tübingen: J. C. B. Mohr (Paul Siebeck), 1976, S. 141.

② Ibid., S. 654, S. 659.

为"的"日常人"。[①] 形式理性化的法律无法自动实施，而实施这种法律的必然是一套非人格化的、例行公事的官僚机构。这是韦伯支配社会学与法律社会学的连接点，也是其思想中最深刻的内容之一。正是官僚机构按部就班、照章办事、不带入任何价值判断地实施法律行动，才使现代社会最终变成了一个压抑自由与个性的"铁笼"（我在后记中对"铁笼"这个概念有所批评）。官僚制在这里不带任何评价意义，它是一个描述性的概念，指的是按科层结构组织起来的负责法律和政策的日常实施工作的国家机器。

要想理解韦伯关于正当性的理论，我们必须回到他全部理论的基础——关于社会行动的理论，特别是社会行动的类型学。韦伯从社会行动的意义关联出发，总结出了社会行动的四种基本意义取向：

（1）工具理性的取向，即行动是为了达到某种目的，为此，行动者根据自己对环境中的客体和其他人的行为所作的预期来选择和调整行动的方式和手段；

（2）价值理性的取向，即行动者之所以进行某种特定的行动，是因为相信该行动具有某些伦理的、审美的、宗教的或其他方面的价值，而不是为了这些价值之外的其他目的；

（3）情感取向，即行动由行动者的特定情感或感触状态决定；

（4）传统取向，即行动由根深蒂固的习惯决定。[②]

韦伯并没有号称这四种类型涵盖了所有的行动取向，他为其理论留下了充分的发展空间。这种分类的重要意义在于：它使我们看到了行动意义的多样性，并且能够对这些意义进行理论上的探究。

在分析了人类社会行动所包含的基本意义取向类型之后，韦伯接着指出：人们之所以会服从某种强制、某种规则或某种秩序，完全是因为他们相信这些外在力量具有"正当性"。而正当性的基础则是这些外在力量中所包含的、与社会行动者的主观意义取向相吻合

---

① Max Weber, *Wirtschaft und Gesellschaft*: *Religiöse Gemeinschaften* (Max Weber Gesamtausgabe, Band 22-2), Hans G. Kippenberg (Hrsg.), Tübingen: J. C. B. Mohr (Paul Siebeck), 2001, S. 368, 371, 314, 323, 319.

② Max Weber, *Economy and Society*, edited by Guenther Roth and Claus Wittich, Berkeley: University of California Press, 1978, Vol. 1, p. 24-25.

的意义结构。在社会生活中,人们常常通过认可某种秩序之正当性(legitimacy)的方式来使之确定下来。对于人们如何认可和保障某种秩序的正当性,韦伯有两种不同的说法。在一个地方,韦伯认为人们赋予一种秩序以正当性的方式包括:传统、情感、价值理性的信念以及法律。①

在另一个地方,他又指出:"一种秩序的正当性可能由两种主要的方式来保障:一、这种保障可能是纯粹主观的,包括:1. 情感的:导源于感情沉迷;或 2. 价值合理的:取决于对秩序作为某种伦理、审美的或其他类型的终极价值之体现所具有的绝对有效性的信念;或 3. 宗教的:取决于对遵守秩序而获救赎的信念。二、此外,一种秩序的正当性可能还(或仅仅)由对特定外在后果的预期、即由利益情势所保障。"②通过比较这两种说法,并且把它们与韦伯的社会行动分类做一对照,我们发现韦伯似乎认为法律与目的理性的社会行动之间存在某种关联,而法律秩序的正当性则来自人们对特定外在后果的预期或者是对利益情势的判断。

进而,我们可以把韦伯的社会行动类型学和正当性取得方式类型学与他对正当统治的分类做一番比较,我们发现:传统性行动和从传统中获得的正当性显然对应于传统型的统治;情感性的社会行动和来自情感认同的正当性对应于克里斯玛型的统治;而目的理性的社会行动和来自手段目的判断的正当性则对应于法理型统治。只有价值理性的社会行动以及来自价值信念的正当性找不到对应的正当统治类型。根据罗杰·科特莱尔的研究,统治西方人思想领域达千年之久的自然法理论恰恰是它们的对应物。

韦伯对自然法的论述包括这样一些重要内容:(1)关于自然法的起源。韦伯认为自然法理论肇端于斯多葛主义哲学,在古罗马时代由西塞罗和其他一些法学家加以继承和发扬,最终在基督教教会哲学得到系统的整理和发展。(2)关于近代自然法的复兴。自然法在基督教经院哲学家和法学家那里被发展成一套关于"正义"和"理性"的形式化公理体系。而近代自然法理论除继承了这一传统

① Max Weber, *Economy and Society*, edited by Guenther Roth and Claus Wittich, Berkeley: University of California Press, 1978, Vol. 1, p. 36.

② Ibid., p. 33.

外,还受到两种主要因素的影响:一是文艺复兴时代思想家关于“自然”的思想;二是来源于英国《大宪章》和普通法传统的关于个人自由的思想。(3)自然法的作用。根据韦伯的论述,我们可以总结出自然法的三种作用:首先是规范(normative)作用,也就是为制定法提供一个道德基础,并指导和约束法律的制定与实施;其次是正当化(legitimizing)作用,也就是为制定法提供一种价值理性的正当性证明;最后是革命性(revolutionary)的作用,即帮助人们打破旧的社会秩序,创造新的法律和新的社会秩序。在这里,韦伯所举的例证就是《法国民法典》。他认为:《法国民法典》是除了来自司法实践的英国法和来自理论研究与法律教育的罗马法之外的“第三种世界性的法律”,其主要特色就是打破一切陈规、重新创造世界的理性主义精神。(4)自然法的分类。韦伯把自然法分为“形式的”自然法和“实质的”自然法。所谓形式的自然法,就是完全不受权宜性的功利考虑的影响、纯粹以人类的理性思辨为基础的自然法,其典型形态是17世纪和18世纪产生的“社会契约论”。而实质的自然法则是与人为法或制定法纠缠在一起的,受社会政治、经济和文化等因素影响的自然法。实质的自然法标志着自然法理论的弱化。

韦伯指出:随着资本主义经济的发展和法理型统治的扩张,自然法理论在现代西方社会中的作用越来越微弱。人为制定的形式理性逐渐成为自身的正当性来源和规范性基础,实在法不再需要诉诸一种“更高级的法”来证明自己的正当性。

表7　社会行动类型、正当性取得方式类型与正当统治类型之间的关联

社会行动的类型	正当性取得方式类型	正当统治类型
传统	传统	传统
情感	情感	克里斯玛(个人魅力)
价值理性	价值	宗教/自然法
工具理性	合法	法律—理性

第十一章　法律与宗教

第一节　引　　子

作为一套理性化的规则体系，法律只能规范人的外部行为。但是，每一个人都是有着独特意志和思想的存在，其行为必定有着精神上的根源。因此，法律必定与规范人类内心的伦理和宗教有着不可分割的联系。但是，在“诸神相争”的多元主义时代，国民基于一套统一的信仰体系来支持政权和法律之正当性的可能性除了在政教合一的伊斯兰神权国家[①]外已经变得不复存在。“法律必须被信仰，否则它将形同虚设”[②]，如果我们不是将这句话视为一位学者的理想主义宣言，而是将它用作判断法律有效性的标准的话，那么恐怕在世界上就很难找到有效的法律系统了。在世俗主义的现代国家中，支撑法律运作的已经不再是“信仰”，而是大多数人出于安全、稳定和可预见性等“功利”考量的“信赖”。换句话说，公民的守法主要不是出于“信

---

① 在当代比较宪法学家眼中，神权宪制构成一种特殊的宪法制度类型，与自由民主宪制和社会主义宪制各有自身鲜明的特点和完全不同的正当性来源，这种类型学研究显然也受到韦伯思想的直接影响。参见 Ran Hirschl, *Constitutional Theocracy*, Harvard University Press, 2010。

② ［美］哈罗德·伯尔曼：《法律与宗教》，梁治平译，三联书店1991年版，第28页。

念伦理”(Gesinnungsethik),而是基于权衡后果的“责任伦理”(Verantwortungsethik)[①]。在马克斯·韦伯研究社会规则的理论体系中,对宗教的研究占有很大的比重。而且,韦伯的“宗教社会学”与他的“法律社会学”之间更有着某种“有选择的亲和性”(elective affinity),[②]两者对于阐释西方社会的独特性都是不可或缺的。

1905 年 4 月 2 日,在写给李凯尔特(Rickert)的一封信中,韦伯提到他研究“新教伦理”与资本主义之间关系的设想:

在 6 月或 7 月间,你将会收到一篇关于文化史研究的论文,其论述主旨将会吸引你:基督新教的禁欲主义作为现代职业文明的基础,这是对现代经济的某种“精神决定论”(spiritualistic)的理论建构。[③]

这里所指的论文就是于 1904 年和 1905 年分两次发表的《新教伦理与资本主义精神》。这篇著名的论文拉开了韦伯规模庞大的宗教社会学研究的序幕。这项研究一直持续到 1919 年,占据了韦伯学术生涯顶峰时代的大部分时间。在韦伯去世之后,他关于宗教社会学的研究成果被辑为《宗教社会学论文集》出版,[④]这些论著至今仍是研究宗教与社会之间互动关系的重要参考文献。

韦伯整个宗教社会学研究的目的,在于通过对东西方各大宗教的对比研究,来突出展示基督教文明的特性及其与资本主义发展之间的关联。在《新教伦理与资本主义精神》一书中,韦伯集中探讨了理性资本主义如何在西方基督教世界兴起的论题。韦伯在这里力

---

① 关于信念伦理与责任伦理之间关系在韦伯思想脉络中的展开,参见 Bradley E. Starr, “The Structure of Max Weber's Ethic of Responsibility,” *Journal of Religious Ethics*, Vol. 27, issue 3, 1999, p. 407-434。

② 参见 Hubert Treiber, “‘Elective Affinities’ Between Weber's Sociology of Religion and Sociology of Law”, Theory and Society, 1985, Vol. 14, p. 809-861。

③ Marianne Weber, *Max Weber: A Biography, translated by H. Zohn*, New York: John Wiley & Sons, 1982, p. 356.

④ 即 Max Weber, Gesammelte Aufsatze zur Religionssoziologie, 3 vols, Tübingen: J. C. B. Mohr, 1920。该文集共分三卷,第一卷包括《导言》(1920 年)、《新教伦理与资本主义精神》(1904~1905 年)、《基督新教诸教派与资本主义精神》(1906 年)、《世界诸宗教之经济伦理》(包括:“导论”“儒教与道教”“中间考察——宗教拒世的阶段与方向”,1915 年),第二卷包括《世界诸宗教之经济伦理》(续):《印度教与佛教》(1916~1917 年),第三卷包括《世界诸宗教之经济伦理》(续):《古犹太教》(1917~1919 年)。

图论证：人类的精神世界并非总是物质环境的反映，它可以成为引发社会经济变迁的真正独立而又自发的动力。具体地说，西方民族在宗教改革以后所形成的新教，对于西方近代资本主义的发展起到了重大的促进作用。韦伯认为，新教伦理不仅和资本主义精神有着一种内在的亲和力，而且是导致资本主义制度形成的一个活跃的、决定的力量。韦伯以新教中加尔文派的教义为范例来说明这个问题。加尔文派信奉上帝预选说，认为人的生死是由上帝永恒的天命所决定的，"按照上帝的旨意，为了体现上帝的荣耀，一部分人与天使被预先赐予永恒的生命，另一部分则预先注定了永恒的死亡"。[①]因此，加尔文教徒为了避免遭到上帝的惩罚，争取获救，便开始无休止地进行劳作和有条有理地进行俗世活动。清教徒资本家的内在精神动力，竟是一种"救赎焦虑"！

这种建立在"天职"基础上的合理的经济行为，导致了物质财富的大量积累，为现代资本主义的产生创造了必要的物质条件。此外，加尔文教徒的天职概念，还造就了一种与众不同的"劳动精神"。韦伯指出，传统型的工人，他们的劳作只限于为挣到"习惯工资"所必需的长度。而信奉加尔文教的工人，由于渴望获得救赎，把劳动视为一种天职，为了雇主的利益倾出自己的全力，来确立受到神宠的证据。或许，资本家从他的劳动中榨取的剩余价值越多，他在适当程度上完成其天职的标记就越清晰。总之，新教伦理创造出了勤勉敬业的资本家，使他们安于节俭的生活，而把已有的财富用于创造更多的财富，从而以尘世上的成功来证明自己属于"蒙主恩召"的那一类人；同时，它又创造出了清醒、谨慎而又循规蹈矩的工人，来取代传统社会中行动迟缓的和无精打采的劳动阶级，从而为资本主义的生产提供了一支充满精神力量的劳动大军。总之，新教伦理导致了资本主义精神的发生和发展，而其直接作用点便是驱动人们在现世生活中创造意义的"职业"（Beruf）。对此韦伯总结道："在构成近代资本主义精神乃至整个近代文化精神的诸基本要素之中，以职业概念为基础的理性行为这一要素，正是从基督教禁欲主义中产

---

① ［德］马克斯·韦伯：《新教伦理与资本主义精神》，于晓、陈维纲译，三联书店1987年版，第15页。

生出来的。”①

这种观点在韦伯后期的宗教社会学研究中得到进一步的发展。从宗教对人类行为的导向(orientation)着眼,韦伯逐渐揭示出宗教在社会规范体系中的作用,并阐明了西方宗教的理性化过程以及宗教理性化与法律理性化乃至整个西方社会理性化之间关系。

第二节　作为一种社会规范的宗教

与从内部视角研究宗教思想的神学家不同,作为社会科学家的韦伯并不关心宗教的实质内容,而是对宗教的形式和社会作用表现出极大的兴趣。韦伯认为,尽管高度成熟的世界各大“正统”宗教都以某种“出世”的教义来引导信众,原始的宗教却完全是入世的,甚至是以追求某种可计算的经济利益为目的的。在人类社会的早期,由于人类控制自然和社会的能力较弱,面对自然万物和社会关系时往往感到无能为力,所以人们往往把外部世界神化,认为那里栖居着各种神灵。通过与神灵沟通以获得对外部世界的把握和控制,这种社会心态促成了“一切‘职业’中最古老的职业巫师”的产生。② 早期宗教的象征性仪式有助于消除人们对外部世界的恐惧,同时,也使同一个生活共同体中的人们对同一套礼仪产生信仰,从而使他们的行为方式趋向于一种具有常规性的秩序。正如韦伯所言,“‘宗教的’观念对生活方式和经济的首要的和基本的影响,总的来说,就是起了固定化的作用”。③ 在古希腊和古代东方世界普遍存在这种人格化的宗教形态,这表现为自然观上的万物有灵论和社会心态上的祖先崇拜。而到了古罗马时代,西方宗教逐渐呈现一种“非人格化”的趋势。古罗马的诸神有明确的分工,并且不再是一种“为所欲为”的非理性存在。人们甚至可以理性地预见神灵

---

① ［德］马克斯·韦伯:《新教伦理与资本主义精神》,于晓、陈维纲译,三联书店1987年版,第141页。

② ［德］马克斯·韦伯著、［德］约翰内斯·温克尔曼整理:《经济与社会》,林荣远译,商务印书馆1997年版,上卷第455页。

③ 同上书,第460页。

的作为。这使得宗教逐渐走进了理性的疆域。

作为一种社会规范,宗教主要从以下几个方面引导着人的社会行动,使之趋向于某种秩序:

第一,宗教是一种社会整合的力量,他使得单独的个人团结为一个共同体。在人类社会的早期,一个部落、一个村社或一个城邦的人民往往共同尊奉着一个神灵,这种信仰以及相应的集体祭祀仪式维系着各该社区的同一性(identity)。

第二,宗教为人类的共同生活提供了一套共享的知识体系,从而使个性迥异的个人遵循某种共同的生活方式。韦伯指出,生活在社会中个人总是要根据对他人行动的预期来调整自己的行动。如果一个社会缺乏一套共享的知识体系,每一个人都各自根据自己对自然和社会的理解来行动,那么,整个社会就会陷入一团混乱。理解和预测他人的行动方式必须以存在这样一套知识为前提。而一个社区的宗教恰恰是这样一套知识体系。

第三,宗教为人类社会安排了一种"差序格局",为长幼尊卑的社会等级结构提供了一种"正当化理由"。在世界各大宗教中,都根据不同的教义论证了不同社会等级安排的合理性。

第四,宗教为人们对现有社会秩序的不满提供了一个"合理"宣泄的出口。各种宗教指出了"现世"所固有的不完善状态,认为在这个世界上生存本身便意味着要忍受种种苦难。同时,它又为人们指出了"另一个"尽善尽美的世界,指出在现世的忍耐和道德修持可以换得某种出世的福祉。正是在这个意义上,马克思把宗教称为"精神鸦片"。

第五,宗教是人类社会规范体系中的一个重要环节,它与其他重要规范处于相互补充、相互支持的关系之中。一个社会的宗教反映着这个社会的人们如何看待世界和他人,代表着某种特定的生活方式。而这种"社会生活的结构"同样体现在该社会的其他规范(包括法律)之中。

第三节　西方宗教的理性化

在《宗教社会学论文集》导言中,韦伯指出了西方文明所特有的理性化性质。这包括国家行政管理的理性组织、自由劳动的资本主义理性安排、法律的理性结构、受过理性训练的法律家阶层的存在以及一种理性的、"有条不紊的生活方式"的出现。① 韦伯认为,西方社会不同领域中的理性化过程是相互关联、彼此影响的。因此,他试图通过研究西方宗教的理性化过程揭示出整个西方文明的独特性。

韦伯认为,宗教的理性化是由两个相互关联的过程交织而成的:一方面是巫术因素在宗教中的逐渐消失,另一方面是由文明化的西方人"把世界理解成一个有意义的和谐宇宙并相应调整自己对世界的态度"的需求导致的信仰的不断系统化。② 韦伯写道:

> 要判断一个宗教所体现的理性化程度,可以运用两个在许多方面相互联系的尺度。其一是:这个宗教摆脱巫术的程度;其二是:这个宗教将上帝与世界之间的关系、以及由此而来的这个宗教本身与世界的伦理关系,有系统地统一起来的程度。③

通过比较世界各大宗教的内在教义和组织形式,韦伯认定只有西方宗教才具有实现理性化的条件。这体现在以下几个方面:

1. 基督教中的"上帝"具有这样几个特征:(1)他是一个具有人格的存在,而不是一种非人格化的力量或原则(道);(2)他并非永恒地存在于世间,而是超越于现世之外;(3)他从"无"中创造出世界,而不是利用世间已有的材料制造出新的物种或者通过生育繁殖"创造"出世界万物。这种超越性的人格上帝观具有双重含义:

---

① 参见 Max Weber, *Gesammelte Aufsatze zur Religionssoziologie*, Tübingen: Mohr, 1972, Bd. 1, 1ff; W. Schluchter, *Die Entwicklung des Okzidentalen Rationalismus*, Tübingen: Mohr, 1979, 15ff。

② 参见 Max Weber, *Wirtschaft und Gesellschaft*, Tübingen: J. C. B. Mohr, 1956, Bd. 1, S. 286。

③ [德]马克斯·韦伯:《儒教与道教》,洪天富译,江苏人民出版社 1993 年版,第 256 页。

(1)世界的意义不是人所赋予的,因此也不是人所能改变的。基督教使人认识到自己的无知,从而对"规律"(law,用在人类社会中就是指法律)产生敬畏。(2)在基督教中,世界及其意义产生于人格化的上帝的"意志","规律"也来源于这种"意志"。但是,由于这种意志发自世人永远无法企及的上帝,所以人们无从得知其准确含义。正因为如此,天主教中的教会(一种世间组织)和基督新教中的《圣经》(一种文本)才能起到指引人们生活的作用,成为沟通人类与上帝的桥梁。这使得西方人具有尊重理性权威而不是屈服于暴力的传统。① 在这里,韦伯显然美化了西方文明传统,完全无视欧洲历史上绵延不绝的宗教战争以及国内宗教迫害。

2. 在犹太教和基督教信仰中,上帝与人类曾经缔结了契约。在这种契约上,上帝要求人类过一种有节制的理性生活,作为自己给予人类以保护的条件。这种教义具有多方面的意义:(1)它使西方社会产生了尊重契约、诚实守信的传统,并为后来古典自然法学派的社会契约观提供了一种深厚的思想背景。(2)它开启了西方权利和义务观念的先河:在上帝面前,人类尚且享有要求保护的权利。当然,这种权利是以履行一定的义务为代价的。这种教义使西方人很早就认识到权力的有限性,认识到权力必须有一个合法的基础。(3)上帝与人类之间的契约是在非常遥远的古代缔结的,生活在此后各个时代的人们无法再去修改契约的条款,也无法准确理解契约条款的含义。因此,人们必须借助专家"先知"、预言家和牧师的帮助才能确知自己对上帝的权利和义务。这种对专业人士的依赖和信任也为西方社会的理性化创造了条件。②

3. 基督教教义受到斯多葛主义和早期自然法思想的很大影响,表现出一种追求对普遍法则的理性认知的倾向。历代教士和神学家都以追求知识为己任,他们是西方知识分子的原型。通过这些知识分子的不断努力,基督教终于发展成一种逻辑严密、论证繁复、体系完整的理性宗教,其中包含宇宙万物和人类社会的详细阐释以及对人类行为方式的全面指导。

---

① 参见 Hubert Treiber,"'Elective Affinities' Between Weber's Sociology of Religion and Sociology of Law",*Theory and Society*,1985,Vol. 14,p. 809-861。

② 参见 A. T. Kronman,*Max Weber*,Stanford University Press,1983. p. 147-165。

4. 基督教提倡信徒之间的平等,从而有助于打破传统的家族纽带和等级制度,进而促生一种普遍性的人际关系。这一点从基督教的历史上可以得到证明:耶和华本来只是犹太民族的神灵,而其内在教义本身的特性却使基督教最终突破了犹太民族的有限范围,发展成一种世界性的宗教。

由于以上几个方面的内在原因,基督教在具备适当外在条件的情况下必然会走上理性化的道路。

第四节　宗教与法律的内在关联:西方宗教的理性化与西方法律的理性化

在韦伯的社会理论中,相互关联的个人行动之所以能够构成某种和谐的社会秩序,其主要原因大致有两个:一方面,某一社会中的个人在共同生活的过程中形成或接受了某种共同的思想或信念,这种共同的知识体可以被称为一个生活共同体所特有的精神气质(ethos),它是这个社会中的人们采取某些一致行动的心理基础;另一方面,社会中存在一些先于个人也外在于个人的规范,这些规范可能是代代相传的风俗习惯,也可能是社会中的权威机构人为制定并有专门人员负责执行的法律。韦伯认为这两方面的因素是相互支持、互为补充的。个人可能会在某种外在暴力的强制下作出某种行为,但这种情况不可能形成一种社会常规。要使某种社会规范获得持久的效力,必须使它获得人们的自愿支持,也就是获得“正当性”。宗教是一种兼具精神气质和社会规范两种属性的社会存在,它与法律存在某种结构和功能上的互补。在几大文明古国的早期法律中,除了中国的法律只带有很少的宗教色彩外,印度、埃及和巴比伦的法典都同时又是一种宗教经典;这种法典除了规范人的行为,还试图约束人的内心。在西方基督教世界中,由于教会与世俗政权的分离,宗教与法律从一开始就是各自独立的。但是,宗教信仰和教会组织所维持的社会秩序与世俗国家的法律秩序向来是互为补充的。因此,在论述西方社会的理性化过程时,韦伯特别强调了宗教和法律两个领域的互动关系。

韦伯把法律的理性归结为三个方面：法律规则体系的逻辑一贯性；法律规则在法律实践中的实际有效性；法律规则的正当性（法律规则与其他社会规范的一致性）。[1] 韦伯认为，基督教的内在特性正有助于西方法律实现这三方面的理性化：

1. 尽管教会法的实践过程像其他宗教法一样避免不了宗教和伦理因素的影响，因此教会法仍然属于一种实质理性法，但是，与其他各大宗教的法律规范相比，教会法具有更多的形式理性因素。而且，这种因素直接推动了世俗法的理性化进程。教会法的理性化是以下因素共同作用的结果：

（1）在处理自身与世俗政权之间关系的过程中，教会求助于斯多葛主义哲学特别是其中的自然法思想，从而发展出一套关于正义的规范理论。这种理论具有形式理性的特点。

（2）中世纪早期，教会在其“忏悔手册”中创造出了第一套系统化的法律，这些法律取材于日耳曼法中的形式化因素。

（3）教会继承了罗马法中的职业性法律技术，同时又从古希腊哲学家特别是亚里士多德那里学到了严格的逻辑分析方法，它借助后一种方法对前者进行了系统的概括和整理，使教会法（至少从文本意义上讲）成为一种逻辑严谨、体系完备的法律规范。

（4）在中世纪的欧洲，大学的结构和专业设置把教会法的教学与神学和世俗法的教学分隔开来，这种学科制度安排进一步推进了教会法和世俗法两方面的理性化。

（5）教会的法学家们并不费心去为具体的个案提供意见，因此，他们可以专心对法律进行纯学术的研究，从而在先例和逻辑推理的基础上发展出一套规则体系。由于教会的科层式结构，他们对教廷的敕令和配套的决议非常感兴趣，并在此基础上来提出自己设计的学理性法律规则，从而使之在教会的法律实践中产生权威性的影响。教会的法律职业者们进一步区分了法律制定和法律发现，并提出和强化了这样一种观念：司法判决必须以制定法为根据。

---

① 参见 Michel Coutu, *Max Weber et les rationalites du droit*, Paris：L. G. D. J & Quebec, Canada：Les Presses de l' Universite Laval, 1995。

(6)教会的自治性科层式组织结构本身也需要一套理性的法律规范来加以维持和管理。①

在《罗马农业史》《经济与社会》和《世界经济通史》等著作中,韦伯都强调了宗教在罗马法形成和发展的过程中所起到的重要作用。但他并没有具体分析这种作用的具体发生过程。实际上,罗马法基本上是一种世俗化的法律体系,而罗马人所崇拜的众多神灵也大多是服务于世俗的目的,象征着权力、财富、战争、和平等。真正对罗马法产生重要影响的倒是源自斯多葛学派的自然法思想,特别是其中包含的抽象的正义观。这一点可以从乌尔比安这句经常被人引用的话中得到印证:“法律是善良和公平的艺术,在这项艺术中,我们(法学家)称得上是教士,我们尊崇公正,并且信奉这善良而公平的知识,区分正义和非正义,分辨被禁止的和被允许的,期望能使人善良,不仅仅是为了畏惧刑罚,也是由于报偿和真正的感动,如果我没有错,这是真实而非伪善的哲学。”②这种自然法思想与基督教的内在教义是基本吻合的;因此它很容易为基督教所吸收,也使基督教团体对罗马法产生了亲近感。

韦伯的这种观点倒是可以得到许多证据的支持:教士阶层是斯多葛学派自然法思想和罗马法在中世纪的主要传承者。中世纪的经院哲学家和教会法学家对自然法理论进行了理论上的深入探讨,从而发展出一种高度理性化的法学理论。这在托马斯·阿奎那的著作中得到最明显的体现。由于经院哲学家十分重视对亚里士多德所开创的逻辑学的研究,并将这种研究同罗马法和教会法的注释、整理工作结合起来,原本具体的、分散的罗马法规则被提炼和总结成一些高度抽象和概括的法律概念与法律原则。因此,正是在宗教职业者那里,西方法律获得了逻辑上的一贯性,成为一套具备形式合理性的法律体系。比查士丁尼《国法大全》早一个世纪出现的《狄奥多西法典》为欧洲的基督教共同体确立了一种“生活指南”。

---

① 参见 Weber, *Max Weber on Law in Economy and Society*, edited and annotated by Max Rheinstein, translated by Edwards Shils and Max Rheinstein, New York: Simon & Schuster, 1967, 250ff。

② 转引自[美]布林顿等:《西洋文化史》(第一卷),刘景辉译,学生书局 1984 年版,第 194 页。

其概念体系和结构安排都取自罗马法;但在抽象性和系统性方面,却比罗马法更有过之。“狄奥多西法典不仅使古代罗马法的僵硬性得以缓解并表现出对蛮族的宽容,而且标志着异教的衰亡和宗教的统一”。查士丁尼的伟大事业是这种新的法律宗教的集大成者,他“希望上帝是这整部作品的作者和引导者”。①基督教并不仅仅是使罗马法在中世纪得以保存和延续的一个载体,而且还对罗马法的发展作出了很大贡献:(1)它使罗马法成为一种普遍适用的法律(适用于所有基督徒),打破了罗马人与外邦人、自由民与奴隶之间的界限;(2)它使自然法理论更加系统和抽象,并以此作为实在法的基础;(3)它使罗马法脱离了家族制和奴隶制的背景,成为一种一般性的法律规则。

2. 法律规则在法律实践中的实际有效性是法律的形式理性所具有的基本含义之一:它要求司法活动遵循预先确定的一般性规则,并且以内在于规则体系的标准来审理案件,而不是根据个别案件的具体情况来“就事论事”。正如韦伯在他的“法律类型学”中所指出的那样,世界各大宗教的宗教法基本上都属于实质理性法,也就是说,它们都避免不了在司法决策的过程中考虑法律以外的因素、适用法律之外的标准。这一特征基督教也是难以避免的。但不同的是,基督教世界很早就实现了教权与政权的分离。这样,世俗法可以吸收教会法中的理性化技术因素,却不必受宗教审判方式的直接影响。这使法律的实际有效性成为可能。

3. 基督教通过其信仰体系为法律的正当性提供了支持。这一点对教会法来说自然是顺理成章,而对世俗法来讲也是如此。在韦伯那里,宗教和法律都是引导人们按某种方式生活的“导向性”结构。他发现:在西方社会中,这两者为人们的社会行动所提供的“导向”基本上是一致的。基督教要求人们过一种理性的、节制的生活,而这种生活方式也符合法律的要求。同时,西方的世俗法律(特别是在近代早期)也常常借助“上帝的名义”和神学自然法中的正义、理性等原则来作为支持自身“正当性”的资源。

---

① C. N. Cochrane, *Christianity and Classical Culture*, Oxford University Press, 1940, p. 318-357.

第五节 世俗化与除魔

尽管宗教在韦伯思想中占据核心地位,而且他把资本主义的起源与一个特定的基督新教教派(加尔文主义)联系起来;但他同时又被视为世俗化或除魔(Entzauberung)主题的最系统阐释者,这也构成韦伯思想中最有张力的一部分。作为现代性的一部分,世俗、世俗化或世俗时代是现代学术史上的关键词,但其含义却有待界定。对有些人而言,世俗化意味着道德的沦丧和文明的衰退;而对另一些人来说,世俗化却意味着科学昌明、社会进步和蒙昧时代的结束。与世俗化紧密关联的概念包括启蒙、除魔以及理性化。在西方思想史上,康德和韦伯为“世俗化”命题贡献了最重要的分析工具和理论资源。康德的“启蒙”意味着把一切置于“理性”的检验和批判之下。但他同时也承认人的“理性”有其限度,强硬的无神论者和盲信的教徒都犯了同样的错误:他们都宣称自己知道其实并不知道的东西。因此,我们需要厘清知识的界限,以便为信仰留下空间。为此,康德指出,实践理性要求我们“设定”一个超验的上帝,从而为我们的“道德律”提供依据。① 这类似于孔子所说的“敬神如神在”,只有基于这种拟制或假设,我们才会“畏天命”,并做到“慎终追远”,乃至“民德归厚”。不然的话,便会陷入“上帝死了,人可以为所欲为”的道德困境。韦伯则提出“除魔”这一重要概念来帮助我们理解“世俗化”的要害。用一位评论者的话来说,在韦伯看来,

除魔背后的力量是合理性(rationality),更准确地说,是合理性化(rationalization)。与理性(reason)不同,合理性关注的是手段而不是目的;它是指人的算计能力,有效达致可欲目标的能力。它发端于有目的的人类实践活动。它的根源是现世的。在特定情况下,它具有无限的适用性和非同小可的扩张性。实际上,它是相当

---

① Immanuel Kant, *Die Religion innerhalb der Grenzen der blo & szlig; en Vernunft*, Meiner, 2004. 中译本参见[德]康德:《单纯理性限度内的宗教》,李秋零译,中国人民大学出版社 2003 年版。

霸道的。它改变着它所触及的范围,最终它改变了手段与目的之间的关系。①

实际上,从韦伯作品的内在逻辑来看,除魔与理性化之间并无矛盾,除魔中的"魔"是人类智识所无法理解、无法把握的魔法力量,这种魔法力量早在基督教这种理性宗教中就被祛除了,因此他说"西方文化千百年来一直持续推进除魔的过程"②,而科学只是一种晚近才加入的力量。韦伯给除魔所下的定义是"在原则上,所有发挥作用的力量都不是神秘莫测的,相反,人们原则上可以通过计算支配所有事物。这就意味着世界的除魔"。③ 但在这句话前面,韦伯有个限定性的表述:"所以,日益加强的理智化和理性化,并不意味着人们对所处的生活状况的普遍认识也随着增加。这一过程倒意味着这样一种认识或信念:人,只要想要了解,就能随时了解到。"④这其实是在表明,除魔意味着人的主观定位的一种变化,人(至少在智识上)能够了解和把握世界,能够成为自然的主人,但这种主观确信并不等于客观确定性。人在很多事情上仍然不可避免地受到非理性因素的影响。这表明了韦伯作为社会科学家和作为思想家的角色张力:一方面,作为社会科学家的韦伯客观地描述了科学祛除巫魅这一总体历史进程,总结了现代人经济活动理性化、伦理理性化乃至整个生活秩序理性化的进程;另一方面,作为思想家和"先知"的韦伯敏锐地感受到这个总体理性化进程中隐含的风险和不确定性,其中最重要的风险来源就是人自身。毕竟,工具理性只能帮助人找到实现任何给定目的的最佳手段,但却无法帮助人选择目的。关于如何选择目的的完整人格养成教育(德国人所说的Bildung)已经淡出了历史舞台,取而代之的是分工越来越细致的专业教育。韦伯的担忧集中表达在这样一句被广泛引用的话中:"专家没有灵魂,纵欲者没有心肝;这个废物幻想着它自己达到了前所

---

① Alkis Kontos, "The World Disenchanted, and the Return of Gods and Demons", in A Horowitz and T Maley (eds.), *The Barbarism of Reason: Max Weber and the Twilight of Enlightenment*, University of Toronto Press, 1994, p. 230.

② [德]马克斯·韦伯等:《科学作为天职:韦伯与我们时代的命运》,李猛编,生活·读书·新知三联书店2018年版,第1~46页。

③ 同上书,第19~20页。

④ 同上书,第19页。

未有的文明程度。”[①]失去了星与罗盘的现代人,驾驶着日益先进的船舶,航行在浩渺无垠的大海上,他们将前往何方?这个问题本身是专家无法回答的。

① [德]马克斯·韦伯:《新教伦理与资本主义精神》,于晓、陈维纲译,三联书店1987年版,第143页。韦伯把这句话放在引号里,但却并没有注明来源。研究者们花了大量时间和精力考证这句话的出处,不少人追溯到尼采,但他们也只能找到《查拉图斯特如是说》当中若干表达类似意思的警句,但表达方式却完全不同。

第十二章　罗马法与西方法律传统的起源

在马克斯·韦伯生活的时代，德国法学仍然处于“潘德克顿学派”（以查士丁尼《学说汇纂》为主要理论资源的德国法律学派）的影响之下。在大学法律教育中，与罗马法有关的课程仍然占据主要地位。马克斯·韦伯在哥廷根大学、海德堡大学和柏林大学就读期间选修了大量罗马法课程，他的老师中包括当时最著名的罗马法学家依曼纽尔·贝克尔（Immanuel Bekker）、祁克（Gierke）和泰奥多·蒙森（Theodor Mommsen）。1891 年，在奥古斯特·梅茨恩（August Meitzen）的指导下，韦伯完成了他的大学授课资格论文（Habilitationsschrift）：《罗马农业史及其与公法和私法的关系》（*Die romische Agrargeschichte in ihrer Bedeutung fur das Staats-und Privatrecht*）。这不是一篇传统意义上的罗马法论文，甚至不是一篇我们通常理解的那种“法律史”论文。从这篇论文中，我们已经可以看出此后贯穿于韦伯一生的治学方法：把历史研究置于一个社会理论框架之中。他没有考察罗马农业法的内部结构和条文含义，而是从古罗马的社会、经济现实出发来探讨法律与经济之间的互动关系。正如洛维茨（Löwith）所指出的那样，在韦伯那里，“历史研究不负责确定过去的意义（像 Ranke 所主张的那样），也不试图发现摆在我们面前的历史必然性，而是要试图理解我们的社会如何一步一步转变到当下这种状态,我们现在所处的'资本主义'时代正是属于这样一段历史的。"①韦伯对罗马农业制度的研究也正是这一总体性历史研究战略的第一步。此后,在《古典西方文明衰落的社会原因》(1896年)、《古代文明的农业社会学》(1897年)、《城市》(1921年)、《世界经济通史》(1919年)和《经济与社会》中,韦伯继续对古罗马的法律制度及其与社会、经济之间的复杂关系进行了深入的研究。这些尚未得到充分理解的研究成果对于我们了解罗马法与罗马社会的关系,乃至了解整个西方法律传统的独特性都具有十分重要的意义。

第一节 公法和私法在罗马农业史中的重要作用

《罗马农业史及其与公法和私法的关系》是韦伯的任教资格论文,也是他早年的重要著作,但却是长期遭受冷落的一部作品。考虑到韦伯的其他重要著作特别是《新教伦理与资本主义精神》在英语世界产生的巨大影响,"罗马农业史"直到2008年才有了第一部英译本便是一件令人惊讶的事情。② 著名历史学家阿尔弗雷德·休斯(Alfred Heuss)在1965年为"罗马农业史"所写的一篇书评中写道:

韦伯是第一个认真阅读古罗马农业研究者(卡多、法罗、克鲁姆拉)作品的人,他对古代学者的论述做了实事求是的分析……并从技术细节上揭示了罗马农业资本主义的基本原则。从这种意义上讲,本书虽然遭到历史学家的普遍忽视,但它仍然可以称得上是一部开创性的作品,后面的研究不得不沿着它所开拓出来的道路前进……还有哪一个历史学家有能力把握这些法律资料和土地调查

---

① K. Löwith, "Max Weber und Karl Marx", *Archiv fur Sozialwissenschaft und Sozialpolitik*, Bd. 67, 1932, p. 64.

② Max Weber, *Roman Agrarian History*, translated by Richard I. Frank, Claremont, California: Regina Books, 2008.

员的技术用语？而韦伯则用他大师级的娴熟技巧做到了这一点。[①]

在这篇文章中，韦伯着重探讨了古罗马种植农业体系的起源，并试图通过考察古罗马的宪法结构和市民法来说明这一经济发展过程。在文章的第一部分，韦伯分析了古罗马不同时期进行土地调查的形式，并试图找出这与当时的国家税收制度和法律之间的关系。在第二部分中，他解释了各种农业制度创新在整个罗马经济史中的意义。许多韦伯研究者已经指出：马克斯·韦伯在这篇文章中表现出一种马克思主义的分析立场，即把法律和权力结构看成由某种生产方式决定的。实际上，韦伯虽然受到马克思的很大影响，但他并没有采用历史唯物主义的分析方法，而是秉承着历史法学派的传统，把整个社会视为一个有机构成的整体，在这个有机体中，经济、法律、政治和文化诸因素处于相互影响的过程之中。为了说明这一点，我们可以把韦伯的“罗马农业史”与泰奥多·蒙森（Theodor Mommsen）的《罗马史》做一比较。

泰奥多·蒙森是著名的罗马史学家，在罗马法和罗马历史的研究方面享有盛誉。分别于1854年、1855年和1856年出版的《罗马史》三卷本是他毕生心血的结晶。在这部巨著中，蒙森通过考察古罗马的法律结构对罗马史作出了全新的阐释。在他看来，“法律结构及其变迁过程就是历史本身”。[②] 因为法律明确表达着既定的社会权力结构，而法律的变化则体现着社会权力结构的改变。法律的内容取决于各个社会利益集团争夺权力的最终结果，它体现出各种利益集团之间由斗争和妥协交织成的张力。蒙森认为，公法是政治权力结构的指示器，而私法则表现着社会的家庭和财产分配结构。因此，通过分析一个社会的公法和私法制度便可以揭示出该社会的政治经济结构。蒙森的思想在许多方面与马克思十分相似：他们都认为物质利益是整个社会赖以存在的基础，而争夺物质利益的斗争（阶级斗争）则是政治的主要内容。他们也都认为：法律体现着社会各阶级的力量对比和权力分配，同时也体现着社会物质财富的分

---

① Alfred Heuss, “Max Webers Bedeutung für die Geschichte des griechisch-römischen Altertums,” *Historische Zeitschrift* 201, 1965, S. 515-535.

② Theodor Mommsen, *Reden und Aufsatze*, Berlin, 1905, p. 13.

配。与马克思不同的是,蒙森认为像奴隶制、封建制和资本主义这样的生产资料所有制形式并非表现着一种历史发展的必然规律,它们只是表示着社会结构的某种特征。因此,奴隶制并不排斥资本主义,相反,古罗马的"财政、商业和农业资本主义"正是以剥削奴隶的劳动为基础的。① 蒙森指出:

历史的意义在于:通过观察过去的文化形态,我们可以揭示出具有普遍性的文明的有机条件在任何地方都一样的基本因素,以及因时因地而异的这些因素的不同组合方式。②

在他看来,资本主义生产方式便是这样一种在许多社会都存在的基本因素,而在不同的社会中,这种因素与包括法律在内的其他因素以不同的方式整合到一起。指导韦伯写作"罗马农业史"的导师是农业史专家奥古斯特·梅茨恩(August Meitzen),但对这篇文章的写作起最大影响作用的却是蒙森。正如韦伯自己所说的那样,"对专家们来说,我无须反复指出我的研究方法是以蒙森的研究为基础的,他的研究已经为此后所有关于罗马公法与行政法的研究奠定了基础"。③ 韦伯从蒙森那里借鉴来的最重要的一个观点就是:在古罗马社会中已经存在资本主义。不过,他对蒙森的观点进行了修改,不再仅仅从经济含义上来定义资本主义,而是试图找出资本主义所包含的政治、经济、法律乃至社会心理等多种因素。为此,韦伯区分了政治导向的资本主义和市场资本主义。前者主要是利用政治权力所造成的机会来谋取利润的一种行为方式,后者则是以资本雇用劳动,并把劳动产品拿到市场上进行交换的一种方式。前者受其本身性质的局限,只可能在很小的范围内存在,后者则成为一种带有普遍性的社会生产方式。韦伯指出,在古罗马社会中,靠剥削奴隶和贫苦的自由民的劳动来获取利润的大庄园(oikois)实际上已经具备了资本主义企业的性质;因为庄园经济已

① 参见 G. H. Mueller, "Weber and Mommsen: Non-Marxist Materialism", in *British Journal of Sociology*, Vol. 37, 1986, p. 1-20。

② Theodor Mommsen, *The History of Rome*, book 5, ch. 11, New York: Scribner's Sons, 2nd ed., Vol. 4, 1885, p. 557.

③ Max Weber, *Die romische Agrargeschichte in ihrer Bedeutung fur das Staats- und Privatrecht*, Stuttgart: Enke, 1891, S. 4.

经不再是一种“自给自足”(autarkia)经济形态,而是一种以追求交换价值为目的的市场经济。韦伯发现:典型的罗马大地主大多居住在城市中,热衷于政治活动。他们在乡间的庄园则由忠诚的管家(通常由获得解放的奴隶担任)负责经营。庄园土地上所生产的主要是市场上高价格的产品,比如橄榄油、酒、蔬菜、畜禽等。谷物由于利润较低,主要由殖民地生产。这些庄园产品基本上不供生产者和庄园主自用,而是拿到市场上去出售,以换取高额货币利润。因此,在古罗马时代已经存在高度发达的市场,而“自由的”市场竞争的结果只有利于生产资料的占有者:

非常明显的是,自由竞争并没有给小农带来任何利益,而只有利于那些占有较多地产的农业资本家、贵族和庄园主。实际上,这种自由竞争的市场经济代表着“历史上最明显的农业资本主义”……资本主义的经济结构和社会阶级划分在罗马历史上得到赤裸裸的展现。①

从这里,我们可以看出受马克思影响的明显印记。韦伯接下来又指出,这样一种经济形态之所以能够存在,主要的原因是私人产权制度的出现。通过考察古罗马时代的土地测量与土地分界技术,韦伯发现:在罗马共和国早期,分配给个人占有和使用的土地是非常之少的。这种小块的土地如果由个人分开种植,便根本无法满足本人和家庭的生活所需。因此,从这种土地划分方法可以看出,当时的土地是归家庭或家族集体所有的。当人们就与土地有关的权利问题发生争议时,任何人都无法主张自己对某一块土地享有所有权。他只能声明自己是某一个家族的成员,而这个家族对这一片土地拥有权利。这种土地的家族共同所有制还可以从土地转让的方式“要式买卖”(mancipatio)得到证明。这种买卖方式体现着家父的支配权,不仅适用于不动产的转让,而且适用于家子的转让。“要式买卖”要求有家族中的重要人物在场充当见证人,并且要求买卖双方都各自完成一些严格形式化的象征性动作。在这一时期,罗马城邦国家的支配作用十分有限,虽然氏族制度已经基本解体,但

① 参见 Max Weber, *Economy and Society*, edited by Guenther Roth and Claus Wittich, Berkeley: University of California Press, 1978, Vol. 1, p. 68。

家族仍然是基本的自治单位。后来，随着私人对土地的实际占有逐渐成为一种普遍的现实，加之罗马国家逐渐把被征服地区原来收归国家所有的公田（ager publicus）分配给罗马公民所有，土地的私人所有权逐渐得到法律的确认。这时，土地的测量和划分方法也发生了变化，田地开始被分割成足够支持一家人生活的长方形地块。要式买卖也逐渐为"让渡"（traditio）所取代。这种转让方式只要求买方支付价金并实际占有土地，而卖方清楚表明自己出售土地的意图即可。

私人产权制度的出现促进了古罗马的市场发育和繁荣，也使得罗马私法逐渐发展为一个发达的法律体系。而罗马公法的发达则与税收制度和军事行动有关。当罗马国家把公田划归个人所有的时候，相应规定了各种土地应当缴纳的税款比率。为了合理使用税收收入、对日益庞大的国家武装力量进行管理，帝国时代的罗马已经发展出一个庞大的官僚机构。公法的主要作用是维持国家的"管理秩序"，界定和区分各个国家机构的权力和责任，并划分"公"与"私"的界限。韦伯指出：军事掠夺和市场贸易是罗马经济的两大支柱，而这两者都与土地和农业有着密切的联系。军事掠夺是罗马帝国获取土地和劳动力奴隶的主要方式，而市场贸易中的主要商品则是农产品和手工制品。因此，土地成为政治权力争夺中的一个焦点。在不同时期，土地测量方式的变化意味着税收制度的变化，同时也可以反映出政治权力结构的变化。而土地测量方式在帝国时代的逐渐固定也标志着公法的作用日益扩大，政治权力的更替和国家的日常行政管理在公法的约束下逐渐走上常规化和"法治化"的轨道。

韦伯敏锐地指出：公法和私法的区分只表明这两种法律所调整的社会关系类型不同，并不意味着两者在社会生活中的"势力范围"能够截然分开。恰恰相反，如果没有公法对国家权力的限度和作用方式作出规定，私法所提供的私人产权和契约自由保障就难以落实。而如果保障一定范围内的个人权利和行动自由的私法付之阙如，限制和界定政府权力的公法大概也就不会出现了。在古罗马，公法和私法的出现遵循着一种共同的逻辑：人们实际生活的需要导致了私人财产权的出现，私人财产权又成为市场交易的基础并促进了市场经济和“农业资本主义”的发展,而市场活动和个人维护自有财产的需要又促使罗马市民去要求国家制定使政府以一贯的、可以预见的方式来行动的公法。[①]

第二节　罗马法的独特性及其对近代西方法律的影响

韦伯在其一生的学术研究事业中都保持着对罗马法的兴趣,他关于罗马法的最成熟的见解体现在《经济与社会》中。对罗马法的研究是韦伯揭示西方法律独特性的第一步。韦伯发现,西方法律与世界其他主要文明的法律制度之间存在的根本差异早在罗马法中就已经可以见到端倪。具体说来,罗马法中对西方法律传统的形成产生重要影响的独特因素主要包括:

一是与其他古代社会的法律相比,只有在罗马法中才确立了私人所有权制度。在古代东方社会中,土地最初是归氏族或家族所有;王权确立之后则归国王所有,正可谓“普天之下,莫非王土”。虽然土地的占有和使用必定要落实到个人,但这种所有权形式的确有着十分重要的经济和社会含义。首先,土地如果完全属于君主所有,那么土地的分配便完全需要靠政治手段来实现。土地的市场转让绝不可能存在,农产品的转让也会受到很大的限制。因此,自给自足的自然经济是这种所有权制度的必然产物。其次,土地王有导致了接受封地的贵族对国王的依附关系,也导致了佃农对地主的依附关系。原有的家族纽带在这种所有权结构下会得到巩固和强化。而私人所有权制度的确立同样具备两方面的社会经济效果:首先,私人所有权制度必定会导致资源向最能发挥其效用的地方流动,从而导致市场的繁荣和商品经济的发达。其次,私人所有权制度也有助于打破各种人身依附关系,瓦解传统的家族统治。不过,韦伯并没有过分强调古罗马社会中家族共同体的瓦解,他充分

---

① Max Weber, *Die romische Agrargeschichte in ihrer Bedeutung fur das Staats-und Privatrecht*, Stuttgart: Enke, 1891, S. 129.

注意到了家父权在罗马法中的重要地位。

二是只有在罗马法中,“私人”领域和“公共”领域的区分才通过公法与私法的两分得到初步的确认。在古代东方社会,公与私的界限是十分模糊的,国家政权主要依靠家族统治来维系,而国家对私人生活的干预也没有任何外在的明确限度。在古罗马,市民对自己的财产享有所有权,并且可以通过契约来自行创设新的权利和义务;虽然这种权利和自由的强度用今天的标准来看是极为有限的,但它毕竟开了个人权利与自由的先河。

三是在古罗马的公法中,第一次出现了“权限”和权利分割这样的概念。古罗马的政治权利结构体现出了权力分立和相互制衡的基本思路。

四是韦伯认为从学理上可以把实体法和程序法的发展概括为四个阶段:由法律先知主导的法律天启;由法律职业者(法律绅士)根据其经验进行的立法和司法;由世俗和神权统治者通过“主权者命令”强加的法律;由受过法律教育的专家进行的系统化的法律制定和法律实践。从他的论述中我们可以看到,罗马法的发展和演变史实际上已经涵括了这所有四个阶段。早期的罗马法与原始宗教结合得非常紧密,法律的制定和实施由祭司把持,司法活动带有严格的形式主义色彩,通过誓证和神判的方式来进行法律决策;而在共和国时代和帝政时代,由于罗马经济完全依靠奴隶的劳动而维持和发展,罗马市民得以摆脱日常生计的操劳,而热衷于政治和学术,这时,法律职业者和法学家便应运而生了。法律职业者造法和国家颁布在罗马法的历史上是同时并存的,这使得罗马法中发展出了较为完备的司法技术和法律解释理论。最后,罗马法的抽象性和系统性完全得益于法学家们的学术研究工作。罗马的制定法和司法技术随着罗马帝国的崩溃而逐渐湮没无闻,正是罗马法学家所整理和概括出来的法律概念、法律原则和法律格言使得罗马法能够历经漫长的岁月流传下来,并在近代西方形式理性法的发展过程中发挥了重要的作用。

在马克斯·韦伯看来,罗马法最重要的一个特征也是它之所以能够作为西方法律传统之源的一个重要原因,就是它的理性化取向。西方最早的法律职业者和法学家产生于古罗马,最早的法律学校也在那里诞生,法律的理性化正是在法律职业者的行动需求和法学理论研究的推动下实现的。不过,韦伯指出,今天我们所学习和研究的那种系统化的罗马法体系并不是古罗马人创造出来的,而是查士丁尼所发起的罗马法编纂运动的产物。由于同司法实践的密切结合,罗马共和国和帝国时代的法律只是一些庞杂的法律条文、法律问答、敕令、法律著作和司法技术组成的大杂烩,缺乏系统性。

由于罗马法具备以上这些特点,它非常能够适应市场经济的需要,并且有助于国家的理性化管理。因此,当近代民族国家兴起的时候,罗马法能够借助欧洲大学中法学家们的研究活动而得到复兴,并对资本主义的早期发展起到了促进作用。

第十三章 西塞罗与罗马共和宪制

第一节 引 论

现代自由主义政治思想以为国家是“必要的恶”,因此作为立国之基的宪法以限制国家权力为首务。这种国家观是启蒙运动以来的产物。在古典政治思想中,国家是基本的善,是使人类这种“政治动物”得以培育美德、发展文明的基础条件。因此,古典共和主义宪制以确保国家不被派系利益所把持并服务于政治共同体的公共福祉为关注点。自1911年走向共和以来,中国曾经尝试过各种宪法模式,而自由主义的政治理念却始终与中国民众的社会心理和政治精英的强国希望有距离。在遍尝了各种激进主义酿成的苦果之后,寻求政治的“新常态”已成为政治精英和民众的共同追求。此时,我们有必要放慢追逐“世界潮流”的脚步,收拾心浮气躁的心灵,品味一下古典宪制的陈年佳酿,也未尝不是一种享受。

与两种国家观相伴随的是两种关于“理性”的观念。古典共和主义者认为理性本身是合乎自然的、神性的,因此也是向善的。尽管理性可能会受挫于激情、机遇和情势,但它独立于这些偶然因素的品格却是清晰可辨的。当代政治哲学的主流则认为理性是形式的和工具性的,既可以服务于善,也可以服务于恶。对理性之恶的防范是运用理性来进行“制度设计”的目的之一。由于其独特的理性观,古典共和主义者强调人在宪制中的重要性,选择正确的人去管理国家是最重要的事情。同时,它重视教育在国家建设中的重要作用;人人在接受恰当的理性教育之后都可以为圣贤,但在此之前,需要由圣贤来治理国家。现代政治思想则认为人人在理性上都是平等的,这种平等可以化约为一人一票的选举政治。由此引出了列奥·施特劳斯的评论:现代民主是以上就下的向下运动,政治成了测度、掌控和操弄民意的艺术。而古代共和是以上带下的向上运动,强调圣贤对民众的引导作用。①显而易见,这种意义上的西方古典政治思想与中国儒家政治思想的核心要义是不谋而合的。从这个意义上说,古典共和主义思想和儒家思想一样,既包含政治哲学,也包含道德哲学和教育理论,而现代自由主义政治思想则认为政治和教育是可分而且应当分离的。虽然我们可以不同意这种古典思想中的等级意识,但其中对教养因素的重视却是值得品味和借鉴的。

本章就从共和主义鼻祖西塞罗的著述入手,解析古典共和思想中包含的核心要素。不论是以公元前44年凯撒被任命为永久独裁者为标志,还是以公元前27年1月16日屋大维被授予“奥古斯都”(Augustus)荣誉称号为象征,罗马共和国在存续了近五百年之后最终于公元前1世纪后期走向帝制。在周边国家大多奉行君主专制的时代,一个共和国为何能够存续近5个世纪,并且逐渐征服四邻,确立在地中海区域的霸权,这是一个不断激发史学家和政治学家学术兴趣和灵感的问题。早在公元前2世纪,希腊史学家波利比乌斯(Polybius of Megalopolis)就提出了一个类似当代“法律与发展”或“制度经济学”学者常提的那种问题:“世上有谁会如此心胸狭隘或者缺乏智识好奇心,以至于不想知道一个史无前例的事件的原因:一个国家,也就是罗马共和国,是如何以及借助何种政治制度在短短53年的时间里征服了差不多整个已知世界?”②在他所著的《历史》中,整个第6卷都在讨论罗马的独特宪法,也就是糅合了君

① Leo Strauss, “What Is Liberal Education?” in his *Liberalism: Ancient and Modern*, The University of Chicago Press, 1968, p. 3-8.

② Polybius, *The Histories*, trans. R. Waterfield, Oxford University Press, 2010, p. 3.

主制、贵族制和民主制因素的“混合宪制”,是如何帮助罗马实现社会稳定、经济繁荣和军事强盛的。[①] 西塞罗是活跃在公元前 1 世纪的共和国公民、政治家和思想家,他以自己的政治和学术活动来捍卫他所信奉的共和主义价值,甚至为此牺牲了自己的生命。但这是因为时势已经背他而去,并不因此而使他的思想的价值有所降低。时过境迁,在各式“共和国”遍布全球的今天,重温西塞罗这位“共和主义”鼻祖的学思对我们大有裨益。

当然,在进入对西塞罗政治思想的讨论之前,我也想要提醒读者注意西塞罗作为政治家的实践取向。他从不追求思想体系本身的内在融贯性和体系性,在他的论著中也看不到深刻思想作品中常见的迟疑、含混和张力,而只有清晰显白的表述和雄辩有力的修辞。正因如此,他的格言才得以被一代代的西方政治家奉为圭臬,在各种公共演说的场合被反复援引。用沃格林精辟而讥讽的话来说:

西塞罗是“人类共同智慧”的凯歌。他的政治论著表述流畅清晰,风格刚猛凌厉,符合一位伟大演说家和出庭律师的身份。但这种清晰是表述的清晰,而不是思想的清晰;他不仅不是一位原创性的思想家,而且他明确表示拒绝成为这样的思想家;对问题刨根问底不是士人当为之事,而是“教书匠”的工作。他的作品全然缺乏伟大思想家的作品所具有的那种经过升华的模糊性,这种思想家与自己的问题贴身肉搏,迷醉地致力于探寻现实的结构,更乐意发现问题而不是解决问题。在西塞罗那里不存在问题;每当有潜在的问题固执地想要浮现出来的时候,这位罗马执政官和统帅就会用自己的铁腕将其压服在不容置疑的语言枷锁之下。其结果是令人赞叹的:西塞罗是整个政治思想史上引用率最高的作者之一;拉丁教父们言必称西塞罗,而他们的引用又被后人一再转引,以至于西塞罗的名言警句(Ciceronian formulas,在大多数情况下它们都不成其为理论)已成为西方政治理论中不可或缺的要素,因此获得了一种无法用其内容来解释的重要性。[②]

---

① 见前引书,第 371~413 页。

② Eric Voegelin, *History of Political Ideas*, Vol. 1: *Hellenism*, *Rome*, *and Early Christianity*, edited with an introduction by Athanasios Moulakis, Columbia, Missouri: University of Missouri Press, 1997, p. 131.

第二节　什么是“共和国”

西塞罗不仅是罗马共和国宪制的最卓越阐释者,而且是整个西方共和主义传统的鼻祖。实际上,如今印欧语系中的“共和国”一词,比如法语中的 République、德语中的 Republik、英语中的 Republic,都来自西塞罗对希腊语中 politeia(πολιτεία)一词的拉丁文翻译 res publica 以及他对这一概念的哲学阐释。Res publica 一词并非西塞罗的创造。在他写作《论共和国》一书之前,这个词的用法极其复杂多样。它的直接含义是“公共之物”,但也可以指“公共活动”“公共事务”“公共利益”“社会”(作为公共活动的主要场所以及公共利益的主要受益者)和“共同体”(由公民 civitas 或人民 populus 组成)。① 西塞罗率先用这一术语来对应柏拉图和亚里士多德的 politeia 概念,并给这一术语下了一个明确的定义:“共和国乃是人民的事业(Res Populi),但人民不是人们某种随意聚合的集合体,而是许多人基于正义观的一致和利益上的伙伴关系而形成的共同体”。② 此外,西塞罗还为共和主义政治哲学和法律哲学提供了一系列拉丁术语,包括刚毅(virtus)、素质(qualitas)、诚信(fides)、仁义(humanitsas)、光荣(gloria)、和谐(concordia)、精神(animus)、理想统治者(princeps)、文雅(decorum)、幸福(beatitude)、权威(auctoritas)、品格(moralis)、荣誉(honestas)和义务(officium)等。③

---

① M. Schofield, “Cicero's Definition of *Res Publica*”, in J. G. F. Powell (ed.), *Cicero the Philosopher: Twelve Papers*, p. 66.

② [古罗马]西塞罗:《论共和国》, 王焕生译,上海人民出版社 2006 年版,I. 39。引用西塞罗著作时本章依西方古典学传统标注章节段落,而不是页码,以便有志深入研究的读者对照原文。对于译文,本人根据拉丁原文进行了改动。下面所引王焕生先生所译的《论义务》和《西塞罗论法律》也做了类似处理,不再一一注明。此三本书是西塞罗在政治—法律哲学方面的主要著作,本章多有征引。拉丁原文所依据的是哈佛大学出版社勒布古典丛书,版本信息如下:Cicero, *De Re Publica*, *De Legibus*, Loeb Classical Library Volume 213, trans. C. W. Keyes, Harvard University Press, 1928; Cicero, *De Officiis*, Loeb Classical Library Volume 30, trans. W. Miller, Harvard University Press, 1913.

③ R. T. Radford, *Cicero: A Study in the Origins of Republican Philosophy*, Rodopi, 2002, p. 72.

从这一定义出发,西塞罗本人以及后世的学者们归纳和引申出了共和国的若干基本要素。

第一,共和国是人民共有之物,而不是一人或若干人的私产。这意味着它是一种“被统治者也有份参与的政府形式”,有别于君主制或僭主制,但包含贵族共和(贵族制)与平民共和(民主制)两种形态。共和制的基本要求是全体公民在国家事务中有休戚与共的利益关联。因此,公务活动的公开性、透明性和公众的参与都是题中应有之义。① 一个共和国应该能够保障公民的自由、财产和生命,并追求共同善。

第二,“并非任何一群人以任何方式的结合都可以称为人民,人民是依以下两项原则形成一种共同体:(1)对何为正义形成共识;(2)分享利益”。② 这个共同体的纽带是对同胞的正义与慷慨(beneficentia)。③ 这种观点并非西塞罗的独创,而是来自他对古希腊哲学的学习和接受。从普罗塔格拉到柏拉图、亚里士多德,希腊哲学家大多将正义理解为城邦的基础,并认为城邦有责任教育公民变得正义,即毋害他人,只拿自己应得的东西。④ 值得注意的是,正义在古希腊和罗马主要是指一种个人美德,是与节制、审慎、坚毅相并列的四大美德之一,而不像罗尔斯所代表的现代自由主义政治哲学所理解的那样是“政治制度的第一原则”。

第三,这个共同体不仅是当代人选择和行动的结果,而且是以往和将来的成员不断努力的成果。正如西塞罗所言,“我们国家的存在不是靠一个人的智慧,而是靠许多人的智慧,不是由一代人,而是经过数个世纪,由数代人建立的”。⑤ 因此,当代人不可轻易推翻现行的制度和法律,而是要在“祖宗之法”的基础上循序渐进地改变,以实现更完善的政治生活。《论共和国》第五章的“序言”里写

---

① H. I. Flower, *Roman Republics*, Princeton University Press, 2010, p. 11.

② [古罗马]西塞罗:《论共和国》,I. 39:“populous autem non omnis hominum coetus quoquo modo congregates, ed coetus multitudinis iuris consensus et utilitatis communion sociatus.”

③ [古罗马]西塞罗:《论义务》,王焕生译,中国政法大学出版社 1999 年版,I. 20。

④ S. E. Smethurst, “Politics and Morality in Cicero,” 9/3 *Phoenix*, 1955, pp. 111-121.

⑤ [古罗马]西塞罗:《论共和国》,Ⅱ. 2。

道："罗马共和国牢固地建立在古老习惯和强人之上（moribus antiquis res stat Romana virisque）"。这一论断充分展示出西塞罗思想的保守主义品格。

第四，由于共和国是人民共有之物，其存在是为了公共利益，所以，其最大的敌人是把个人野心和私利看得比公共利益更重的政客，比如凯撒和安东尼。他写道："因此谁会说这是一个人民之国，即一个共和国，如果全体公民受一个人的残暴所制，抑或没有统一的正义纽带或一群人之间的合意与联合（这正是人民的定义）？"①在他看来，暴君和野心家是共和国的敌人，人人得而诛之。在支持刺杀凯撒的布鲁特斯和凯希乌斯采取非常手段抗击"专制余孽"多拉贝拉（Dolabella）部队的时候，西塞罗写道："朱庇特已谕示：所有旨在确保共和国安全的手段都是合法的和正当的。因为法律（lex）不外乎是来自诸神的正确理性（ratio），它命令人们行正直之事，并禁止相反的事情"。② 为了国家的安全，共和卫士可以采取非常手段，不必受法律形式的约束，而只需在事后向元老院和人民做个交代。这也正是西塞罗在卡提林事件中所坚持的立场。德国法学家卡尔·施密特对无力保护自身的魏玛共和制度的批评，无疑是受了罗马共和思想的影响。

第五，立法的恰当疆域是公共利益（res publica），用事先制定的法律规则来保护公共利益，可以防止这种利益为武断的权力意志所侵凌。诚然，私人利益（res privata）于公共讨论之后在法律中所获得的领域也值得公权保护。③ 但西塞罗区分了人民的福祉（populi utilitas）和人民的意志（populi voluntas），认为公共利益以前者而不是后者为准，因为"傻子的选票"也不能改变正义的自然法则。④

---

① 同上书，Ⅲ.43："Ergo illam rem populi, id est rem publicam, quis diceret tum, cum crudelitate unius oppressi essent universi, neque esset unum vinculum iuris nec consensus ac societas coetus, quod est populous?"

② Cicero, *Philippicae*, ed. & trans. W. C. A. Ker, Harvard University Press, 1926, p. 11, 28.

③ M. N. S. Sellers, *Republican Legal Theory: The History, Constitution and Purposes of Law in a Free State*, Palgrave Macmillan, 2003, p. 2.

④ ［古罗马］西塞罗：《西塞罗论法律》，王焕生译，上海人民出版社 2006 年版，Ⅰ.16.44。

第六，虽然强调共和国归人民所有，但这里的人民是超越具体时空的理想概念，而不是某时某地生活在罗马的具体个人。这样的人民概念旨在帮助具备美德的政治家来判断公共利益，制定有利于国家长远发展的政策。对于具体的人民，西塞罗是抱有怀疑态度的。他认为，如果人民缺乏美德，他们就变得十分危险，暴民之害甚于暴君。他认为，民意是流变不居、反复无常的："以为一切基于意见，而非自然，这是愚蠢人的想法"。[①] 法律不能随民意而变，必须本乎"自然"："要是法是由人民的法令、统治者的决定、法官们的判决确立的，那么便会存在抢劫法、通奸法、提供伪遗嘱法，只要这些法能由人民的投票或决议获得通过"。[②]

第七，共和与法治是一对相依相伴的概念，既然共和意味着避免暴君出于私意的权力滥用，而权威和秩序又必不可少，那只能以法律的权威取代个别人的权威。于是西塞罗写下了这句后半段被人广为引用的名言："法律的执行者是行政官员，法律的解释者是法官；最后，我们都是法律的奴隶，目的却是为了保有自由。"[③]

第八，自由是共和国所要保障的核心价值。"所有命运掌握在别人手中的人都会更多地为手握权柄的人考虑，更多地揣度他们将做什么，而不是自己必须做什么"[④]，因此，在一个自由得不到保障的社会，以自主选择和自主决断为表现形式的公民美德便无从培育和生长，民众会沦为奴颜婢膝的仆役。而公正的司法是保障自由的必要制度设置："要是在这个法庭上审判案件的标准是权势的衡量，而不是事实真相的衡量，那么神圣与纯洁在这个国家确实已经不复存在，法官的权威和正直也不足以给卑微的公民提供任何安慰"。[⑤]

第九，为了解决在危急时刻挽救共和国的非常权力与日常政治

---

① 同上书，I.45。

② 同上书，I.43。

③ Cicero, *Pro A. Cluentio* (66 BC), Nabu Press, 2010, p. 146: "Legum ministri magistratus, legum interpretes judices; legum idcirco omnes servi sumus ut liberi esse possimus."

④ Cicero, *Pro Publio Quinctio*, trans. J. H. Freese, Harvard University Press, 1930, p. 96-97.

⑤ Cicero, *Pro Publio Quinctio*, p. 70.

中的法治原则之间的矛盾，西塞罗发明了一个概念，叫作“导师”（tutor）或“舵手”（rector），他处在宪法框架之外，平时并不参与日常行政管理和国家事务，但却在关键时刻发挥力挽狂澜、把握国家发展方向的作用：“一个善良、智慧、深知公民的利益和尊严，有如公民的教导者和公共利益保护者的人，要知道，我们应该称这样一位人士为首脑或舵手。你们应该做到能够识别谁是这样的人，因为正是这样的人能够用自己的智慧和行动保卫国家”。[①] 这种设想显得过于理想化，但的确暴露出法治本身所面临的困境：在面对战争、内乱、饥荒、自然灾难等非常事态的时候，人们对能够解决实际问题的强人的期待便会超过对形式正义的渴望，法治往往不能保卫自身。西塞罗用一句话很好地概括了这种状态：“战时法无声（Silent enim leges inter arma）”。[②] 罗马共和国为了避免紧急状态的常态化，曾经试图为应对这种状态的“独裁者”的任期设定一个严格的限度，即6个月。但西塞罗所设想的还不是这种宪制框架内的“独裁者”，而是一位像姜太公那样平时钓鱼、思考，危难时刻应人民的召唤担当大任，社会秩序恢复常态后又归隐田园的智者。这种既不同于哲学王又不同于短期独裁者的角色，可以说是西塞罗的独创理念，在现实中从未存在过。只有他本人，按照这种理想做过不成功的尝试。

作为哲学家的西塞罗虽然提出了他的理想共和国概念，并认为这个理想的共和国并不是海市蜃楼，而是在罗马历史上确实存在过，但作为政治家的他又清醒地认识到自己所处时代的政治现实与这个共和国之间的差距。他曾感叹：“事实上，在我们这一代，虽然共和国仍然像一幅由于年代久远而褪色的名画那样被继承下来，但它的色彩却没有得到尽力复原，甚至就连它的构图和基本轮廓也没能得到维护”。[③] 在一系列书信中，他写道：“我们生活在一个虚弱、

---

① ［古罗马］西塞罗：《论共和国》，Ⅱ. 51。

② Cicero, *Pro Milone*, trans. N. H. Watts, Harvard University Press, 1931, Ⅳ. 11. 尽管这句话后来脱离语境成了“法谚”，用来形容战争状态下国际法规则的苍白无力，但其本意却是指罗马共和国末期社会失序、私人武装横行、暴力冲突随处可见状况下国内法的失灵。

③ ［古罗马］西塞罗：《论共和国》，Ⅴ. 2.

可怜、不稳定的共和国中”,①“共和已逝！”②,“元老院、法院以及整个共和国的总体架构都已经被改变了”③。但他试图力挽狂澜,恢复共和。在《论共和国》和《论法律》中,西塞罗也大量采用这种医学比喻,指出共和国正变得虚弱、不稳定、身染重疾、濒临死亡,而自己则试图开出良方,令其起死回生。总体上说,西塞罗貌似一位对“前朝旧制”“祖宗之法”(mos maiorum)念念不忘的不合时宜之人,把握不住时代的气息,对势所必至的帝制盲目抵触。但这种固执的思想恰恰抵御住了时光的腐蚀,在历史的不同阶段反复被人重新拾起,用以解决人类社会一些亘古不变的问题。

第三节　混合宪制

混合宪制或均衡宪制是西方共和主义法政传统中的重要观念形式,其主要目的在于中和简单宪制(君主制、贵族制和民主制)的极端化倾向,确保政体的温和与节制。古代史学家如修昔底德、波利比乌斯、塔西佗和李维,哲学家如柏拉图和亚里士多德,近代思想家如孟德斯鸠、约翰·亚当斯、亚历山大·哈密尔顿和托马斯·杰弗逊等都论证和提倡过某种形式的混合宪制。而对混合宪制进行过最系统论述的古典思想家,无疑是西塞罗。

要理解西塞罗的混合宪制理论,我们有必要先了解一下希腊历史学家波利比乌斯的混合宪制学说。为了解释罗马共和国从第二次布匿战争中迦南战役惨败中浴火重生并称霸整个地中海世界的原因,波利比乌斯提出了一种宪制循环论(anakuklōsis):人类社会从原始首领制出发,依次经过王政制、僭主制、贵族制、寡头制、民主制和暴民政治,最终再回到原始首领制,如此循环往复。④ 政体类型

---

① Cicero, *Letters to Atticus* 1－89, Loeb Classical Library, 1999, Att. 1. 17. 8 = 17; Dec. 61.

② Cicero, *Letters to Quintus and Brutus*, Loeb Classical Library, 2002, Q. fr. 1. 2. 15 = 2; Dec. 59.

③ Cicero, *Letters to Friends*, Loeb Classical Library, 2001, Fam. 1. 8. 4 = 19; early 55.

④ Polybius, *The Histories*, Ⅵ. 4. 7－4. 10, 5. 4－9. 10.

学在此前的希腊哲学家那里，尤其是在柏拉图和亚里士多德那里，已经得到充分的发展。波利比乌斯的贡献在于探讨了政体变迁的机理。他提出的学说是一种生命体盛衰周期论：政体犹如生物，有其孕育、出生、成长、达到顶峰、衰老以及死亡的过程。每一种单一政体都会经过这一自然过程，比如："首先原始首领制会自然形成，无需有计划的人类努力。通过人为的努力和改进，王政会从中产生。而后王政转化为它的较坏变体，即僭主制，这种衰败的政体最终会走向死亡，最终被贵族制自然取代"。① 因此，宪制变迁论与生命周期之间的关联可以用表 8 来概括：②

表 8　宪制变迁论与生命周期之间的联系

宪制阶段	相对应的生命阶段
基本类型的形成（sustasis）：一人统治、少数人统治或众人统治	孕育
人为改善其统治质量而迈向该政体本身的完美状态（genesis，auxēsis）	出生与成长
理想或完美状态（akmē）：君主制、贵族制或民主制	成熟
衰败并退化为基本类型中较坏的变体（metabolē）：僭主制、寡头制或暴民统治	衰老
解体或灭亡（katalusis，telos）	死亡

由此可见，波利比乌斯一方面将政体兴衰比喻为生命周期，但另一方面也并没有主张某种命定论或决定论。人们是否凭借理性来改善一种自然形成的政体的统治方式，并使正义（也就是妥当的行为方式，kathēkon）在全社会得到遵循，是区分同一基本类型中的好坏政体（比如贵族制和寡头制）的主要标准。这种通过人的意志和理性因素来改变自然—历史发展轨迹的可能性在斯巴达的利库古（Lycurgus）那里体现得最为明显：

---

① Ibid.，Ⅵ. 4. 7–4. 8.

② 根据大卫·哈姆教授的对照表修改而成，参见 D. E. Hahm，"Polybius' Applied Political Theory"，in A. Laks & M. Schofield（eds.），*Justice and Generosity：Studies in Hellenistic Social and Political Philosophy*，*Proceedings of the Sixth Symposium Hellenisticum*，Cambridge University Press，1995，p. 15。

利库古……没有令宪法变得简单和统一,而是汇集了最好的政治制度中所有的优良品质和独特个性,因此没有哪种因素会过度成长并蜕化为它自身所包含的邪恶。他的目的是令每种因素的力量被另一种因素牵制,从而使其中没有哪种因素会令天平颤动,更不会严重打破平衡,而整个政府系统得以依照制衡原则而长期保持平衡和均势。君主因害怕民众而不至于变得过于傲慢,后者在宪法中被赋予了充分的参与权。民众又因为害怕长老而不至于冒险忤逆君主,后者因为德高望重而获遴选,他们总是以正义作为自己的行为指南。于是,社会中那些因为坚守传统习惯而变得不合时宜的人们因为长老们的性情倾向和凝聚力而变得更有势力,更有分量。通过这样来起草他的宪法,利库古使斯巴达人长期享有着自由,这在历史上也属罕见。①

在这里,我们看到的不是现代宪制理论中的“分权与制衡”原则,而是一种“恐惧平衡”(balance of fear)②:社会上不同阶级、不同权力中心之间的相互惧怕导致了一种相对稳定的均衡状态。波利比乌斯认为,利库古经过深思熟虑设计出的宪制安排,被罗马人在不经意间完成了。虽然这种混合宪制不能帮助罗马共和国完全避免盛极而衰的命运,却能够延长盛世的长度,减轻衰亡的痛苦。

西塞罗的《论共和国》一书试图回答一个基本问题:什么是最好的政体?而该书给出的答案很明确:融合了民主制、贵族制和君主制要素和原则的混合政体。这种观点明显受到柏拉图、亚里士多德和波利比乌斯的影响,但西塞罗给混合宪制赋予了新的内涵,并使这一概念成为共和主义传统中的理论要素。

第一,西塞罗用公共利益来阐释混合宪制的必要性。善政的原则是服务于公共利益,而每一种简单政体都很容易滑向服务于部分人利益而不是公共利益的恶政:民主制容易变成暴民政治,贵族制容易变成寡头政治,君主制容易变成独裁专制。混合宪制由于给领袖、精英和大众都提供了政治角色,使这三股力量相互制衡,从而趋向于温和折中,寻求并服务于公共利益。

---

① Polybius, *The Histories*, Ⅵ. 10. 6–10. 11.

② M. Schofield, “Social and Political Thought,” in K. Algra, et al. (eds.), *The Cambridge History of Hellenistic Philosophy*, Cambridge University Press, 2008, p. 748.

第二，政治稳定被西塞罗用来作为解释混合宪制之优势的主要考量因素。《论共和国》中对话的主角斯基皮奥表示，如果一定要他在三种简单宪制中选一种，他会选择君主制，因为：（1）整个宇宙由一个神统治；（2）罗马在不久以前也是由明君统治；（3）思想或判断应当统治愤怒和欲望；（4）治家之道在于全家服从一个家长；（5）正像在航海中所有人都服从船长、在疾病时所有人都听从医生一样，罗马人民在战时都听命于一个伟人，以求得安全。[①] 但是，正像被西塞罗称为"明君形象代言人"（effigiem iusti imperii）[②]的居鲁士也可能由于"灵魂的变化"而变成暴君一样，[③]君主制本身充满了不稳定因素："就这样，国家政权犹如一个球，僭主们把它从国王手里夺过来，然后一些显要人物或民众又把它从僭主们那里夺过去，而后又由派别集团或僭主从他们那里夺走，一种单一的政体从不可能长久地存在下去"。[④] 为了避免使国家政权成为不同群体可以争夺的球，就需要分散权力中心，设法使公共权力由人民的不同部分分享，而不是由一人、少数或多数把持。

第三，西塞罗在这里没有套用他所钦佩的柏拉图在《理想国》中所采用的那种描绘理想政体的方法，而是从罗马共和国的"活的宪法"中找到了完美的或可变得完美的宪法模型。他比较了自己的方法与柏拉图方法的不同："……他探究……原因，并且建立了一个令人向往却无从期待的、规模极小的、实际上不可能存在的、只是借以从中观察公民事务之原则的国家。至于我，则将在尽可能的限度内做到：遵循柏拉图考察过的那些原则，不是根据国家的一般轮廓和形象，而是以一个幅员辽阔的国家为例，像用权杖那样触及每一种公共的善和恶的根源。"[⑤]正因如此，一位当代学者评论说，"西塞罗的政治哲学是现存文献中最早针对比希腊城邦国家更大的政治单

---

① ［古罗马］西塞罗：《论共和国》，Ⅰ.54。

② Cicero, *Letter to Quintus*, Ⅰ. 1. 23, in his Letters to Quintus and Brutus. Letter Fragments. Letter to Octavian. Invectives. Handbook of Electioneering, ed. & trans. D. R. S. Bailey, Harvard University Press, 2002.

③ ［古罗马］西塞罗：《论共和国》，Ⅰ.44。

④ 同上书，Ⅰ.68。

⑤ 同上书，Ⅱ.52。

位之政治现实作出解释的思想贡献”。[①]

在全面考察了罗马共和国的宪制传统之后,在《论共和国》中,西塞罗将罗马宪法称为“迄今为止最好的宪法”(optimum longe statum civitas)。理想的混合宪法的三个组成部分在罗马共和宪法均有体现:君主制成分,体现在执政官职位上;贵族制成分,体现在元老院;民主成分,体现在民众大会、百人团大会、部族大会等选举和立法机构上。“执政官拥有的权力虽然按时间只有一年,但按其性质和权限却相当于王权”。[②] 执政官有两位,他们在平时是国家的最高行政长官,战时则是最高军事指挥官。其他行政官员包括20位财政官(Quaestor)、4位市政官(Aedile)和8位裁判官(Praetors)。这些官员都由民众选举产生,任期1年。此外还有两名审查官(Censors),由退休执政官担任,任期5年,负责进行财产普查、核实资格、检查道德风纪等。元老院并无立法权,它负责对立法草案进行初审,此外更像是一个咨询、顾问机构。立法权由民众大会行使。其中comitia centuriata(百人团会议)选举执政官和裁判官。部落大会(comitia tributa)负责宣战和通过法律。由于交通不便,罗马式直接民主实际上只有罗马城居民参与,乡下人和外地人很难参与。会议在市民中心(Forum)内的大会场(Comitium)举行,而选举则在罗马城外的战神场(Field of Mars)举行。

第四,尽管西塞罗认为罗马的混合宪制整合了一人统治的尊荣与执行力、少数人统治的智慧与审慎以及多数人统治的平等与共同参与,但他同时也指出了这种完美形式背后的不完美现实:“一个国家的管理者的性格和意愿怎么样,那个国家便会是怎么样。因此,除非一个国家的人民权力无比强大,否则在任何国家都不可能有自由可言。确实没有什么比自由更美好,但是如果不是人人都能平等地享受自由的话,那自由也就不可能存在。然而自由又怎么能做到人人平等地享有呢?且不说在王政制度下,在那里奴役是公开存在的,或者是无从置疑的,甚至在那些被宣称为人人自由的国家里也一样。要知道,人们诚然参加选举,委托权力和官职,受人央求

---

① R. T. Radford, *Cicero:A Study in the Origins of Republican Philosophy*, p. 71.

② [古罗马]西塞罗:《论共和国》, Ⅱ. 56。

给予支持,被人要求审议提案,然而他们授予的是即使他们不愿意也不得不授予的东西,他人想从他们那里得到的是他们自己并不拥有的东西,因为他们不能享有行政权力,不能参与审议国事,不能参加由被挑选出来的法官组成的审判,因为这些都是靠家族的久远历史和财富来确定的东西。”①在任何政治体中,权力都是掌握在少数人手里,不论他们是世袭君主还是民选官员。混合宪制相较于其他制度安排的优势,在于它的稳定性和自我修复能力。

第五,如前所述,波利比乌斯在其《历史》的第 6 卷将单一政体的更替描述为一种循环。由于每种正常政体中都包含着某种自我破坏的力量,所以君主制会堕落为僭主制,僭主制会被贵族制所取代,贵族制会蜕变为寡头制,寡头制会被民主制取代,而民主制会异化为暴民统治。暴民统治是一种事实上的无政府状态,其无序和混乱局面会使人们渴望秩序和权威,于是社会又恢复到君主制。② 但西塞罗认为混合宪制中有相应的制度设计来打破这种循环,尤其是他本人添加的“导师”或“舵手”角色:“这里就要开始那个众所周知的循环。对这一循环的自然运动和循行你们应该从其始端起学会认识它。要知道,这是国务智慧的基础,我们整个这次谈话就是围绕着这一点,理解各种国家的发展道路和转折,以便当你们知道任何一种政体在向某种方向转变时,能够预先加以制止或对抗”。③

第六,西塞罗的思想仍然体现着古典时代的等级观。与柏拉图一样,他相信人生而材质各异,正义不在于人人平等,而在于各安其分。在宪法层面上,这意味着赋予不同阶层的人以不同的角色:“如果一个国家不存在权利、义务和职责的公平的分配,使得官员们拥有足够的权力,杰出人士的意见具有足够的权威,人民享有足够的自由,那么这个国家的状态便不可能保持稳定”。④ 如果一种宪制安排能够把每一类人都放到合适的位置上,社会和谐便能够顺利实现,而和谐/和睦正是维系国家公共生活和社会稳定的主要纽带:“事实上,如同演奏弦琴、长笛和歌唱时的乐声中需要保持各种不同

---

① ［古罗马］西塞罗:《论共和国》,Ⅰ.47。

② Polybius, *The Histories*, p. 371-413.

③ ［古罗马］西塞罗:《论共和国》,Ⅱ.45。

④ 同上书,Ⅱ.57。

的乐声之间的某种和谐,精微的听觉会对它们的任何变音和不协调感到难以容忍,那种和谐靠对各种声音进行调整而协和一致,由上、中、下各种阶层协调意见组成的国家也像声乐一样,靠各种不同因素的协和一致而发出协调的奏鸣。歌唱时音乐家们称之为和谐的东西,在国家中称为和睦,这是每个国家的一种最紧密、最牢固的安全纽带,并且如果没有正义,这种和睦便怎么也不可能存在”。[①]

综合以上考虑,西塞罗提出了古典时代最详尽细致的混合宪制理论,并把这种在罗马共和国历史上逐渐形成的宪制安排视为罗马最宝贵的财富。正是从西塞罗开始,混合宪制成为共和主义思想中的必备要素,对后世许多国家的法政思想乃至国家建设、制度设计都产生了深刻的影响,尤其是对“当代罗马”美国的宪法传统沁润至深。《论共和国》中关于混合宪制的这一段话有助于我们理解混合宪制的核心理念:

鉴于以上情况,在三种单纯的国家政体中,在我看来,以君主制最为优越,但可能有一种政体比君主制更优越,它乃是由三种良好的政体平衡、适度地混合而成的。要知道,最好是一个国家既包含某种可以说是卓越的、君主制的因素,同时把一些事情分出托付给社会贤达的权威,把另一些事情留给民众们协商,按他们的意愿决定。首先,这种政体具有显著的公平性,而公平是自由的人们不可长期缺少的。其次,这种政体具有稳定性,因为那几种单纯政体很容易滑向与之相对应的堕落状态,君主变成暴君,贵族变成寡头,民众变成暴民;并且那些政体很容易被新的政体所更替,那种情况在这种综合性的、合适地混合而成的国家政体里几乎是不可能发生的,除非首要人物们出现巨大的过失。要知道,由于在这种政体中每个公民都被稳定地安置在自己应处的地位,因此不存在可以引起变更的原因,也不存在它可以趋向崩溃和毁灭的政体形式。[②]

---

① [古罗马]西塞罗:《论共和国》,Ⅱ.69。

② 同上书,Ⅰ.69。

第四节　自然法与理性

尽管苏格拉底之前的哲学家以及柏拉图和亚里士多德都曾论述过自然法与自然正义,并将它们与实定法和城邦的正义做了区分,但西方法律思想中自然法传统一般被追溯到廊下派,这在很大程度上是由于西塞罗的贡献。[①] 西塞罗继承并系统整理了廊下派哲学家尤其是潘尼修斯(Panaetius)的学说,并将其与罗马的政治法律实践结合起来,为自然法思想的传承做出了巨大的贡献。

西塞罗把自然定义为"包含着整个世界并且用感觉和理性保护着它……我们看到感觉和理性存在于世界的各个部分之中(因为世上没有哪种事物不是世界整体的组成部分)。因此世界的支配原则体现于其中的那些事物必然包含着感觉和理性。因此世界必然是明智的,而包含世间万物的自然亦擅长于完善自身的理性。总之,整个世界(包括神和世上的所有力量)都包含在神圣的自然之中"。[②] 从这段话中可以看出,西塞罗并没有沿袭古希腊尤其是前苏格拉底哲学家的自然(physis)与法(nomos)两分法[③],而是将自然本身视为具有感觉和理性的存在。自然赋予世界以秩序,人类由于分享了自然的理性而能够为自己立法,建立和维护与自然合拍的人间秩序。西塞罗的自然法学说中包含以下要素:

第一,这是一种有神论,而不是世俗的自然法学说。西塞罗指出:神的心智是"首要和最终的法"(principem legem et ultimam);"真正的、首要的法律"(lex vera atque princeps)[④]。

第二,自然与实定法相对,高于并先于实定法:"理性从事物的自然本性出发,促使人们采取正确的行动,劝阻人们干坏事(ad

---

① G. Watson, "The Natural Law and Stoicism", in A. A. Long (ed.), *Problems in Stoicism*, Athlone, 1971, pp. 217-218.

② Cicero, *On the Nature of the Gods* (*De Natura Deorum*), trans. H. Rackham, Loeb Classical Library, Harvard University Press, 1933, 2. 11. 29-2. 11. 30.

③ J. M. Kelly, *A Short History of Western Legal Theory*, Oxford University Press, 1992, p. 14.

④ [古罗马]西塞罗:《西塞罗论法律》, Ⅱ. 8, Ⅱ. 10。

recta faciendum inpellens et a delicto avocans）。它并非从变成文字那一刻才成为法律，而是从生发那一刻就是法律；而且，它是与神的心智同时生发的。因此，正确和首要的法律是至上神朱庇特的完满理性，其应用在于令行禁止。”①

第三，西塞罗继承了廊下派关于人类道德进步和“中间义务”的观点，认为人的理性相对于神的理性或自然而言是不完满的，因此国家的实定法确定的并不是绝对义务，而只是相对的中间义务。法律为了引导理性不完满的人类的行为，仅仅部分体现了自然法。这与富勒所称的“愿望的道德”和“义务的道德”遥相呼应。西塞罗将廊下派哲学中用来描述“中间义务”的术语“妥当行为”（kathêkon）翻译成拉丁文中的 officium（义务），并且在《论义务》一书中详尽描述了“义务”的各项要求。② 人类从自然中分得的不完满理性体现为“审慎”或实践理性（prudentia）。它一方面体现了人类认知能力的有限性以及不得不在不确定状况下作出决策的现实处境，另一方面也揭示出美德的可能性。恰恰因为行为的后果不受动机支配，“善有善报，恶有恶报”不一定能在当世得到应验，人的善恶美丑才能得到考验和呈现。法律也是人们作出的选择：“阐释‘法律’（lex）这一术语本身可以清楚地看出，它包含有公正、正确地进行选择（legere）的意思”，③它是对立法者智慧和道德的考验。在一个良性运转的社会，“法律即实践理性，它有能力促成正确的行为并杜绝错误的行为”。④

第四，西塞罗把自然法作为“实定法的规范”（norma legis）。在他看来，实定法只有尽量模仿自然法，才可能达致完善。但模仿自然法的过程不是靠一时一地的“哲学王”或“立法贤达”来实现的。在罗马，这一过程是经验累积和传统形成的过程：“我们的法律与自然相符合（nostra iura ad naturam accommodari）……这要感谢我们祖先的智慧”。⑤

① ［古罗马］西塞罗：《西塞罗论法律》，Ⅱ.10。
② 参见［古罗马］西塞罗：《论义务》。
③ ［古罗马］西塞罗：《西塞罗论法律》，Ⅱ.11。
④ 同上书，Ⅰ.6.18。
⑤ 同上书，Ⅱ.61。

第五，西塞罗明确表述了后来称为自然法主要命题之一的“恶法非法”观念：“毫无疑问，法律的制定是为了保障公民的幸福、国家的昌盛和人们的安宁而幸福的生活；那些首先通过这类法规的人曾经向人们宣布，他们将提议和制定这样的法规，只要它们被人民赞成和接受，人民便可生活在荣耀和幸福之中。显然，他们便把这样制定和通过的条规称作法律。由此可以看出，那些违背自己的诺言和声明，给人民制定有害的、不公正的法规的人立法时，他们什么都可以制定，只不过不是法律”。①

第六，西塞罗最早提出了类似于后来洛克所提出的那种“自然权利”理论。他认为，有两种权利是“自然的”：一种是保护自己财产的权利，另一种是对自己遭受的不公进行报复的权利。② 当这两种自然权利受到侵犯的时候，人们要么诉诸暴力，要么诉诸法律以实现正义：“在人道与文明的生存状态与野蛮的生存状态之间，最强烈的对比是法律和暴力。如果我们拒绝应用其中一种，就必然诉诸另一种。我们希望摒弃暴力，那么就必须依赖法律，也就是依赖法院，因为那里是所有法律的栖居之所。如果法院不能令人满意或者不存在，暴力定会卷土重来”。③ 这种论述预示了霍布斯和洛克关于自然状态与政治社会之分野的论述。

第七，西塞罗将自然法在政治社会中的体现表述为一种一般性的互惠关系：“正如柏拉图出色地表述的那样，我们不是只为自己而生，我们的祖国和朋友都对我们的存在有所期求；又如廊下派所认为的那样，大地上生长的一切都是为了满足人的需要，而人是为了人而生，为了人们之间能够互相帮助，因此我们应该遵从自然作为指导者，为公共利益服务，互相尽义务，付出并得到，或用技艺，或用劳动，或尽自己的才能，使人们相互更紧密地团结起来”。④

第八，西塞罗给出了法律思想史上最著名的“真正的法律”的定

---

① ［古罗马］西塞罗：《西塞罗论法律》，Ⅱ.11。

② Cicero, *De Inventione*, *De Optimo Genere Oratorium*, *Topica*, trans. H. M. Hubbell, Loeb Classical Library, Harvard University Press, 1968, Topica 23. 90: “Natura partes habet duas, tributionem sui cuique et ulciscendi ius”.

③ Cicero, *Speech on Behalf of Publius Sestius*, ed. & trans. R. A. Kaster, Oxford University Press, 2006, p. 91-92.

④ ［古罗马］西塞罗：《论义务》，Ⅰ.7.22。

义,这一定义在此后的历史上一再得到重复和改编,形塑了从保罗到奥古斯丁再到托马斯·阿奎那的基督教自然法传统,[①]以至于西塞罗被称为"最正义的异教徒":

真正的法(vera lex)乃是正确的理性(recta ratio),与自然相吻合,适用于所有的人,稳定、恒常,以命令的方式召唤履行义务,以禁止的方式阻止犯罪行为。它的命令和禁止对好人从来有效,但坏人不会自觉遵循这些律令。通过制定法律来背离这种法是错误的,取消它的部分内容是不被允许的,完全废止它是不可能的。我们无论是以元老院的决议或是以人民的决议都不可能摆脱这种法律的束缚,而它也并不需要像塞克斯图斯·艾利乌丝这样的解说者或阐释者。这种法不会在罗马是一个样子,在雅典则呈现为另一种样子;不会在此时这样,而彼时那样;对于所有的民族、所有的时代,它是唯一的、永恒的、不变的法律。而且也只有一个对所有的人是共同的、如同教师和统帅的神,它是这一种法的作者、解释者、适用者,谁不服从它,谁就是自我逃避,藐视人的本性,从而将会受到严厉的惩罚,尽管他可能躲过通常被人们视为惩罚的那些后果。[②]

第九,西塞罗强调了公民和政治领袖在确立合乎自然法的人间法过程中的不同作用。一方面,他认为"法律是慎行者的心智和理性,是衡量正义与不义的标准"。[③] 在法律秩序正常运转的和平时期,法律与一般有德公民的行为尺度和判断标准相差不远。但在法律秩序被破坏的时期,比如凯撒乱政时期,"libertas in legibus consistit"(法律是公民权利的保障)这一原则被迫屈从于凯撒的仁慈(clementia)。[④] 在这种情况下,为了恢复共和和法律秩序,就需要有杰出的政治领袖挺身而出,力挽狂澜。这种英雄人物以公共利益为动力,以恢复合乎自然的共和秩序为目的:成则光复共和,还民自由;败则彪炳史册,激励后人。这种不幻想成功而直面政治现实的

---

① 参见 J. Porter, *Nature as Reason*: *A Thomistic Theory of the Natural Law*, Wm. B. Eerdmans Publishing Co. ,2005。

② [古罗马]西塞罗:《论共和国》,Ⅲ.33。

③ [古罗马]西塞罗:《西塞罗论法律》,Ⅰ.19。

④ 参见西塞罗的 *Pro Marcello* 和 *Pro Ligario*。See Cicero, *Orationes Caesarianae*: *Pro Marcello. Pro Ligario. Pro rege Deiotaro*, University of Michigan Library, 1893.

思想,是西塞罗区别于大多数自然法思想家的特质。从斯基皮奥之梦(Somnium Scipionis)这个思想史的著名隐喻中,我们能进一步理解西塞罗的追求。

《论共和国》第六卷用很大篇幅讲述了斯基皮奥之梦。在梦中,对话主角的已故父亲、第二次布匿战争中的英雄阿非利加努斯向他讲述了为国立功的意义:“对于所有保卫国家、帮助国家、扩大了国家疆域的人,天庭为他们划定了一定的地域,他们可以在那里永远幸福地生活。要知道,没有什么比按照法结合起来,被称之为公民社会的人们的会聚和联合更能使统治整个世界或者说起码统治地上生长的一切的那位最高主神满意的了。国家管理者和保卫者从那里出发,然后又回到那里。”①斯基皮奥于是问道:“那我为什么还要滞留在世间呢?我为什么不赶紧到你们这里来呢?”他父亲回答道:“如果不是你所看见的整个这座圣宇都归其所有的那位神把你从你那肉体的桎梏中解脱出来,到达这里的道路是不可能对你敞开的”。② 获得这种解脱的方式是秉持美德,服务公共利益,为国家的安全和福祉而奋斗,而不是追求眼前的名利:“就这样,如果你希望能从高处俯瞰并观察这处居地和永恒的住所,那你就不要听从民众的意见,不要把自己事业的希望寄托于人间的奖赏,而应该让美德靠自身的魅力把你引向真正的荣耀。其他的人会怎么评说你,让他们去评说,反正他们是要评说的。但他们所有的意见都被局限在你所看见的那些地区的狭窄范围内,而且不管那些意见是关于什么人,都永远不会长久,会随同人们的去世一起被埋葬,由于后代的遗忘而消失”。③

由此可见,西塞罗一方面对罗马宗教背景下的自然法理念、罗马共和国的宪制和法治传统以及罗马公民的公共利益抱持着坚定信念并以哲学家的身份对这些思想资源进行了精准的汇总和概括,另一方面又从政治家的实践立场看到了妥协和变通的重要性。在坚守底线的妥协变得不可能时,他深思熟虑地选择了“殉道”。

---

① [古罗马]西塞罗:《论共和国》,Ⅵ.13。

② 同上书,Ⅵ.15。

③ 同上书,Ⅵ.25。

第五节　贡献与影响

西塞罗是罗马共和国政治和法律制度的最杰出阐释者,也是这种制度本身的守护者和践行者。当他在世时,他的哲学思辨和公共演说才华是各个政治派别都想利用的宝贵财富,就连他的死敌凯撒也曾称赞说:"你的功绩高于伟大的军事将领。扩大人类知识的领域比扩大罗马帝国的版图,在意义上更为可贵"。[①]

对于西塞罗思想在欧洲中古时期的影响,麦金泰尔有精炼的概括:"西塞罗在漫长的历史中曾经被立场迥异的作者们用于完全不同的目的。受西塞罗的《霍腾修斯》(Hortensius)鼓舞而步上哲思之路的奥古斯丁以如此纷繁多样的方式来解读西塞罗,使得西塞罗成为中世纪经院学者为数不多的必读作者之一。而在十五六世纪的文艺复兴中,西塞罗又成为反奥古斯丁的人文主义者的思想渊源,尽管他的作品仍然是各种派别的学者们(包括加尔文教派的奥古斯丁主义者)公认的经典文本"。[②] 西塞罗关于国家是"众人通过同意遵守法律并参与公共善举而形成的联合体"的观念影响了奥古斯丁在《上帝之城》(De civitate dei)中关于国家的定义,在第十九卷第二十一章,他写道:"如果没有公义,王国除了是更大规模的匪帮外还能是什么?"[③]这一类明显复制西塞罗《论共和国》中相关表述的例子在《上帝之城》中随处可见。西塞罗对奥古斯丁的影响是如此之大,以至于一位当代作者写道:"没有西塞罗何来奥古斯丁,正如没有亚里士多德何来托马斯·阿奎那和马西利乌斯

---

① 朱利乌斯·凯撒对西塞罗的赞颂。转引自徐弈春:《西塞罗和他的三论》,载[古罗马]西塞罗:《论老年·论友谊·论责任》,徐弈春译,商务印书馆2003年版,"中文版序"第1~19页。

② MacIntyre, *Whose Justice? Which Rationality?* University of Notre Dame Press, 1988, p. 288.

③ Augustine of Hippo, *De civitate dei*, Loeb edition, 7 vols., Harvard University Press, 1957-1972, Book XIX, chap. 21: "Remota itaque iustitia quid sunt regna nisi magna latrocinia."

(Marsilius)?"①

受尼采和海德格尔的影响,现代政治哲学家不再热衷于到启蒙思想家或拉丁文作者那里去寻找理论资源,而是极力想"回到希腊",以建构政治生活的新范式。这种范式立基于共同体团结而不是理性,亲情友爱而不是原则,对人类弱点的清醒认识而不是对社会进步的盲目乐观。② 但这些政治哲学家及其追随者们都忽略了一个基本的事实:希腊政治哲学的生成土壤是方圆不过数里、人口不过数万的城邦国家,公民群体的友爱、团结、公共讨论和政治参与只有在这种政治地理和人口条件下才是可能的。西塞罗是第一个对如何在一个幅员辽阔、人口众多、民族构成复杂的大国实现善治的问题作出系统理论阐释的政治—法律思想家,他的思想对汉密尔顿和亚当斯等美国开国元勋们产生过重要影响。15 世纪佛罗伦萨人文主义者列奥纳多·布鲁尼曾把西塞罗称为"拉丁语之王",如果没有他那严谨与优美的文字,拉丁文不可能取代希腊文成为欧洲高雅文化的载体。③ 他的影响的衰落,与拉丁文教育的式微不无关系。但作为共和国公民的我们,有必要回到西塞罗,与他一起思考共和政治的长治久安之道。更为重要的是,西塞罗作为一位爱好哲学的政治家,通过其言行树立了一种典范(examplar),而不仅仅是提供了一种教诲。

① J. S. McClelland, *History of Western Political Thought*, Routledge, 1996, p. 145.

② M. C. Nussbaum, "Kant and Stoic Cosmopolitanism," 5/1 *The Journal of Political Philosophy*, 1997, p. 1-25, at 1.

③ L. Bruni, "Vita Ciceronis," in L. Bruni, *Opere letterarie e politiche*, ed. P. Viti, Unione Tipografico-Editrice Torinese, 1996, p. 411-499, at 416.

第十四章　市民社会与市民法：中世纪欧洲城市法溯源

第一节　引　　子

对市场经济的理论探讨使人们自然而然地对市民社会问题产生了浓厚的兴趣。的确，市民社会的三要素——市场、契约、市民（进而延伸为公民）权利，同时也是市场经济的基石。这些要素的萌生和发展都与欧洲文明的历史进程有着不可分割的联系。不可否认的是，中国社会中从未形成过一个近代意义上的"市民阶层"，与之相关的市场、契约和市民（公民）权等制度设置基本上也属于舶来品。市场经济在中国能否生根发芽，能否有机地融入社会主义体制之中，也是一个大家都在关心的问题。

对市民社会的探讨在马克斯·韦伯的社会理论体系中占有一个非常重要的位置，是其研究西方社会理性化进程的总体战略中的一个重要组成部分。其研究成果主要是《经济与社会》中的"不正当的统治（城市的类型）"一章和《社会经济通史》中的"市民阶级"一节。

韦伯指出，城市是西方文明独特性的非常重要的贡献力量，因为：

充分意义上的城市共同体(*Stadtgemeinde*)只有在西方才成其为大规模存在的现象。除了西方以外,近东的部分地区(叙利亚和 Fenicia,或许还有美索不达米亚)也曾在短暂的时期内存在过近似意义上的聚落。因为,我们称之为城市的聚落至少在相对的意义上必须是以商业和手工业为主要业态的,并且应当具有如下特征:(1)防御工事;(2)市场 ;(3)自己的法院,以及至少在一定程度有独立的司法管辖权;(4)联盟机制,从而使城市之间得以建立联系;(5)至少享有部分自治权和独立性,因此能够建立自己的治理机构,在其中市民(die Bürger)享有参与权。①

城市在这里有两个含义:一是拉丁文中的 *urbs* 所指的含义,即有别于农村的由商人、手工业者和其他非农业生产者组成的生活空间;另一个含义则是拉丁文中 *civitas* 所指涉的含义,有市民共同体的意思。西方城市在西方近代文明发展过程中所起到的独特作用在下列事实中得到了明显的显示:只有在西方城市中,才产生了政党与政治家,产生了西方艺术史上所有的独特现象,产生了现代意义上的科学,同时也产生了理性化的市民法。城市还是西方宗教制度的控制中心,并孕育出了近代西方文明的承载者——市民阶级(*die Bürger*)。②

就其独特的历史属性而言,市民阶级和市民法乃是中世纪城市的产物。对于中世纪城市的讨论,乃是韦伯探究西方文明发展的一个策略要点。在其实质性的比较历史分析中,韦伯对比了东方城市、古代城市与现代城市之间的异同,借此揭示出中世纪欧洲城市的独特性质。③ 我们的探讨也便从中世纪欧洲城市的起源处开始。

---

① Max Weber , Die nichtlegitime Herrschaft (Typologie der Städte) (1921), in *Wirtschaft und Gesellschaft*, Tübingen: J. C. B. Mohr (Paul Siebeck), 1976, S. 736.

② 参见 Weber, *Max Weber: The Interpretation of Social Reality*, J. E. T. Eldridge (ed.), Schcken Books, 1980, p. 261。

③ 参见 Weber, *Max Weber: Selections in Translation*, Runciman, W. G. (ed.), Cambridge University Press, 1978, p. 307。

第二节 西方文明重心的转移与中世纪欧洲城市的兴起

西方古代文明的活动领域是以地中海为中心。欧、亚、非三洲所围绕的地中海沿岸地带就是欧洲古代文明的主要舞台。欧洲古代文明在很大程度上其实就是地中海文明。一直到罗马帝国覆灭之后，经过好几个世纪的发展，所谓的欧洲文明(从历史/地理的意义上讲)才逐渐形成。

蛮族入侵并没有摧毁地中海的统一性和古代文明的发展，西方与东方也并没有就此分离和对立。事实上，在公元8世纪之前，古代地中海经济虽然逐渐式微，但商业活动和手工业生产并没有完全消失。一直到7世纪中叶，伊斯兰教徒大举入侵，占领了地中海的东、西、南三面，使得地中海被封锁，欧洲才完全与古代地中海经济割离。9~11世纪，西欧处于被封锁状态，商人阶层逐渐消失，城市生活没落。这才是欧洲与古代传统割裂之处，造成了东方与西方的分离以及地中海时代的整体性终结。从此以后，封建制度与庄园制度相结合，成为9世纪初到13世纪中叶欧洲的主要社会经济制度。

从罗马帝国的分裂到伊斯兰教徒的入侵，这数个世纪的发展虽使地中海经济终结，商业消失，封建制度形成；但是，这一过程同时也促使欧洲文明的重心北移至欧洲大陆，对文化的发展产生了深远的影响。古罗马的经济活动在很大程度上依赖着政治和军事活动，市场和商贸主要为少数贵族服务，以提供奢侈品为主。粮食和基本生活用品则主要由被征服地区无偿提供。相对而言，中心内移的欧洲中世纪则长期处于“和平”的状态，因此持续的经济发展才成为可能。这时候，由于社会生产的主要力量已经不再是没有人身自由的奴隶，而是享有部分或全部人身自由的农奴、佃农和自耕农，对生活必需品的需求因此大量增加。在9~11世纪，这种需求主要靠庄园附近的小集市来满足，提供布料、暖炉等手工制品的则主要是附近的农家，他们把这些产品的生产作为农业生产的副业，以此来交换他人生产的其他生活必需品。这种状况到11世纪时发生了根本的转变，其直接原因就是地中海贸易的重新开放以及由此导致的贸易复兴运动。而近代意义上的西方城市和市民阶层也正产生于此时。最早产生的一批城市大多位于拜占庭帝国内，或与君士坦丁堡有联系，因而能够充分利用东方贸易的好处。其中最重要的有威尼斯、阿马尔菲、米兰、卢卡、比萨、热那亚等。此后，在广大的欧洲内陆地区也涌现出大量城市，包括德国的“汉萨同盟”和法国的巴黎等。[①] 城市中最早的居民是“商人”，而“商人”(mercatores)一词的最初含义与“市民”(Burgenses)一词大体相同，也包括手艺人在内。[②] 他们是完全脱离农业生产的“专业人士”。贸易是城市的经济命脉，手工业则为其提供产品。商人行会和手工业者行会是最基本的经济组织；虽然带有浓厚的封建色彩，但其对于利益的权衡计算和竞争则已具备资本主义垄断集团的特点。

韦伯指出：与其他文明相比较，西方城市的居民享有特殊的权利，而与非市民有所区分。我们从一般的欧洲中世纪史教科书上都可以了解到：许多城市相继从封建领主手中获得相对独立的合法地位。首先是威尼斯于1082年获得特权，在拜占庭帝国内免交一切关税。此后又有比萨、佛罗伦萨以及北欧和德国境内的一些城市取得类似的权利。但是，这些教科书和其他许多历史著作并不能回答这样一些问题：中世纪的欧洲城市为什么能够取得这样的特殊权利？而东方的许多规模远远超过这些欧洲城市的巨大城市为什么不能取得类似的权利？我们知道，中国古代的许多大城市不仅充当着政治、文化和军事中心，同时也拥有大量的手工业作坊和大规模的集市。[③] 这种城市与欧洲中世纪城市的区别何在？韦伯对这些问题都作出了很深入的解答。

首先，韦伯认为，西方城市的居民基本上摆脱了家族统治的束缚，而这种以血缘为纽带的支配关系恰恰是东方中古社会赖以存续

---

① 参见[美]伯恩斯、[美]拉尔夫：《世界文明史》(第二卷)，罗经国译，商务印书馆1990年版，第30页。

② 参见《大不列颠百科全书》，中译本，台湾丹青图书有限公司1987年版，第3卷第30页。

③ 参见夏维中：《市民社会：中国近期难圆的梦》，载《中国社会科学季刊》(香港)1993年第6期，第177页。

的基础。欧洲中世纪各国通常都奉行着严格的长子继承制,其他的子嗣只得离开父辈的产业另谋出路。中世纪城市中最早的一批居民便是这些只身闯天下的个人,他们的存在本身便是对封建体制的突破。而在奉行"析产不分家"的中国社会和其他东方社会中,城市手工业者和商人仍然受到他们所归属的宗族的束缚,因此无法形成一种独立的力量。

其次,欧洲中世纪并不存在像中国这样的中央集权国家,国王的权力十分有限,他们没有自己独立的财政资源和军队,完全依靠封建领主的供奉和效忠。军事力量的分散化一方面使城市居民可以拥有自己的武装力量,另一方面又使国王和单个的封建领主无法掌握和驱动一支无比庞大的军队。这样,市民阶层便有可能与封建领主进行直接的斗争。韦伯指出,在欧洲中古城市史的文献资料中,过度强调市民取得权利之方式的持续合法性,而很少提及篡夺政治权力的市民军事同盟(confraternization),这其实掩盖了基本的历史真相。实际上,欧洲中世纪城市的特征就在于其统治团体乃是依靠武力上的结合非合法地取得城市统治权,并依靠团体的力量对抗封建领主的报复,保护城市的自治权。在东方中世纪社会中,统治者对财政和军事拥有绝对的控制权;人民拥有武器是不可想象的,即使能够组织成武装力量也无法与庞大的国家军队相抗衡。[①]

最后,中世纪欧洲城市之所以能够取得自治权,还在于城市内部各阶层之间能够团结起来,组成维持内部秩序、抵抗外来侵犯的团体。这种联合的基础主要有两个:一是共同的利益,二是共同的宗教仪式和信仰。而东方中世纪城市中的手工业者则无法实现政治上的联合,无法形成一种一体化的政治力量。[②]

城市一旦取得自治权之后,便需要通过一定的组织形式来进行内部管理。欧洲中世纪城市中最早出现的管理机构是全体市民大会和地方执政管辖区会议。这是一种原始的"民主"管辖方式。它们很快为科层式的"精英"统治所取代。全体市民大会逐渐演变为市政委员会,地方执政管辖区会议则演化为市政厅。各城市都纷纷

---

① 参见 Max Weber, *Economy and Society*, edited by Guenther Roth and Claus Wittich, Berkeley: University of California Press, Vol. 2, 1978, p. 1250。

② 同上书, p. 1286ff。

颁布了自己的“宪法”：1293年佛罗伦萨《正义法规》、1111年《斯拜尔特权利宪章》、1135年《美因茨宪章》等。至此，城市的围墙开始将自身与外面的封建领地隔绝开来，在其内部发展出一种迥然不同的文明形式。值得注意的是，与罗马帝国和古代东方人为建造的作为行政控制中心的城市不同，中世纪的欧洲城市完全是经济发展的自然产物，具有非常显著的典型意义。诚如马克思和恩格斯所言，“某一民族内部的分工，首先引起工商业劳动和农业劳动的分工，从而也引起城乡的分离和城乡利益的对立”。[①] 从事工商业劳动的市民阶层是欧洲封建社会中出现的一种革命性力量，他们就是资产阶级的前身。根据马克斯·韦伯的定义：

在社会史的意义上，市民阶级一词有三种不同的含义。首先，市民阶级可以指一群具有特定经济利益关系的人。……其次，在政治意义上，市民阶级包括享受一定政治权利的一切国家庶民。最后，在身份的意义上，市民阶级是指除官僚阶级和无产阶级以外“有教养和财产”的社会层，例如企业家，藉财产收益以生活的人，以及有学院教养、有身份地位、或在社会上受人尊重的人物。[②]

市民阶级的经济、政治和身份概念都是近代西方历史的独特产物。中世纪欧洲城市不仅在时间上紧连着西方资本主义的兴起和近代民族国家的形成，而且在社会经济结构和思想文化构成方面也是后者的前提条件。

第三节　中世纪欧洲法律与近代资本主义法律的内在关联

韦伯十分注重对中世纪欧洲法律制度（包括日耳曼法）的研究。他认为：“每一位学生都必须知道：现代资本主义法律制度（从股份、债权、现代抵押制、汇票到资本主义工业、矿业和商业中的各种交易

---

① ［德］马克思、［德］恩格斯：《德意志意识形态》，人民出版社1961年版，第14～15页。

② ［德］马克斯·韦伯：《社会经济史》，郑朴译，台北，商务印书馆1977年版，第330页。

形式和组织形式)在罗马法中都不存在,它们起源于中世纪,其中有一部分来自日耳曼法。"[①]他的博士论文研究的便是中世纪商法中的一个重要问题:"中世纪商业合伙制的历史"。而他取得大学任教资格后所开设的课程覆盖了罗马法和日耳曼法。在当时,同时讲授这两门课程的教师如果不是绝无仅有的,至少也是十分罕见的。

在这篇博士论文(同时也是韦伯正式发表的第一篇论文)中,韦伯已经提出了此后贯穿在其所有作品中的一个主要问题:"近代"资本主义的起源。他从两个侧面触及近代资本主义的历史源头问题:首先,从资本主义的内容着眼,他研究了资本主义贸易公司在中世纪后期的产生,特别是研究了企业与家族群体的分离;其次,从资本主义的法律形式着眼,他探讨了一个当时在德国很有争议的问题:究竟是罗马契约法还是日耳曼契约法对中世纪贸易公司的法律形式产生了决定性的影响。他的主要观点是:带有"个人主义色彩"的罗马法原则在资本主义经济形态中为"团体主义"的日耳曼法律因素所取代。

韦伯在仔细分析 11~16 世纪南欧各国的法律原则和案例汇编的基础上描述了贸易公司的早期历史,并专门论述了近代贸易公司和有限责任公司产权制度的形成过程。通过比较罗马法中的社团(societas)制度和近代商法中的公司制度,韦伯发现其中最主要的区别就在于古罗马的商业社团缺乏与个人和家庭财产相分离的企业资产。对罗马法学家来说,作为法人的公司所独立拥有的资产是一个陌生的概念。罗马法中的社团制度只关注各个社团之间的交易,并没有规定社团的内部组织结构和财产制度,因此与普通的契约法没有什么区别。相反,日耳曼法中关于家族共同体的制度为后来的公司制度提供了原型。在日耳曼法中,家族不仅是一个以血缘关系为基础的社会单位,也是一个法律上的财产权单位和责任单位。家族中的财产归所有家族成员共同所有,某一单个的家庭成员不能因某项财产是他赚来的而主张对该财产的所有权。同时,家族以其所有的全部财产对外承担违约责任,而不论违约行为是由哪一

---

① Max Weber, *Economy and Society*, edited by Guenther Roth and Claus Wittich, Berkeley:University of California Press, Vol. 2, 1978, p. 1264.

个家庭成员作出的。这种团体制度产生了一种拟制的法律人格,使团体能够像个人那样享有权利和承担义务。这种制度在两个方面近似于近代资本主义公司制度:首先,这种制度使劳动与占有、使用权与所有权、责任与个体行为人分离开来;其次,通过这种制度,分散的资金可以汇集成一笔为团体所拥有的巨额财富,从而可以实现更大规模的投资,同时也有能力承担更大的责任。

马克斯·韦伯分析了中世纪海上贸易和国内贸易中出现的各种商业组织形式。这些商业组织形式是市场机制的产物,其主要功能在于合理地分配风险和分配利润。通过综合性的比较分析,他最终把这些商业组织归结为两类:一类是共同出资、以一个统一的商号名称共同经营、由出资人共同承担连带无限责任的开放性贸易公司;另一类是数人出资、由一人经营(经营者不一定是出资人)、出资人仅以其出资额承担有限责任的有限责任公司。这两种商业组织形式特别是后者,最终成为资本主义社会的主要经济组织形式。在有限责任公司基础上进一步发展起来的股份有限公司更是为资本主义的发展提供源源不断的物质动力。①

在这部早期著作中,韦伯过分强调了日耳曼法对近代资本主义法律制度的影响作用,而忽视了罗马法因素的重要性。实际上,欧洲中世纪商法主要由各城市法院中处理商人之间诉讼的判决发展而来,是法律职业者努力的结果。而这些法律职业者(包括法官和律师)所接受的主要训练便是罗马法教育。因此,在商法中已经融入了许多罗马法的概念和原则。在其后期的作品中,韦伯已经意识到这一点,并对此作出了补充性的说明:近世资本主义所特有的一切制度,多自罗马法以外的其他方面产生。……只在创出"形式的"法学思想上,罗马法之接受乃有决定的意义。② 他指出,虽然近代资本主义法律制度中的许多实质性内容来自中世纪法律,但使这些内容形成有系统、有条理的形式合理化规则的则是罗马法律思想。

除了考察中世纪商法以外,马克斯·韦伯还对中世纪欧洲城市

① 参见 Max Weber, *Zur Geschichte der Handelsgesellschaften im Mittelalter. Nach sudeuropaischen Quellen*, Stuttgart: F. Enke, 1889。

② 参见[德]马克斯·韦伯:《社会经济史》,郑朴译,台北,商务印书馆 1977 年版,第 358 页。

的政治组织和个人权利进行了深入的研究。他发现：摆脱了封建家族关系和等级制束缚的市民阶层主要通过“目的契约”来实现各种联合，组成各种组织。城市的管理就是通过这些自治组织来实现的。在韦伯看来，城市的命脉就在于市场，而市场又要求人们的行为具有可预见性和可计算性。这就要求所有个人的行为都遵循某种外部的既定规则。同时，市民的个人权利和经济利益也需要得到法律规则的保障。因此，在中世纪的欧洲城市中存在完备的法律制度。这些观点得到后来的许多研究成果的证实。

著名中世纪史专家 A. 古列维奇在《中世纪文化范畴》一书中写道：“与社会相对应的个人的地位，主要是由该社会的法律制度来确定和调整的；同时，个人在社会中的地位的实际状况也被反映在社会的准则和人们对那些准则的解释方式之中。从整体上我们可以说，一个社会认可的对法律的态度揭示了该社会对个人的态度。如果一个社会轻视法律，降低法律在社会关系中的作用，那么就意味着该社会轻视其社会成员的个人权利；另一方面，如果一个社会高度重视法律，在该社会中就必然存在它可依赖的保护人的生存的一定的安全保障。”[①]市民社会的性质决定了它不仅要重视市民的人身安全，而且必须有完善的财产保障体制，以及维护契约之可靠性、保障交易安全的法律规范，这些也是任何形式的市场经济得以建立的必要条件。那么，中世纪的城市是否具备这些条件呢？

考察一个社会的法治化程度，不仅应该看它是否有足够的立法、完善的司法体系和执法措施，还应该了解该社会中人民对法律的态度，看看人们的社会行动是否趋向于法律规则所安排的秩序。从这几方面综合考虑，我们发现中世纪的城市已经具备了法治社会的基本条件。从现在已知的最早的一部城市法《比萨习惯与法律汇编》于 1160 年 12 月 31 日颁布开始，各城市纷纷制定自己的法典，其中较重要的有 1242 年威尼斯城市法、1250 年波伦那城市法、1308 年卢卡城市法、1330 年米兰城市法和 1335 年佛罗伦萨城市法

---

① ［苏联］A. 古列维奇：《中世纪文化范畴》，庞玉洁、李学智译，浙江人民出版社 1992 年版，第 175 页。

等。[①] 这些法律的制定过程本身就反映出市民们对法律的态度，“中世纪城市中的人们并不满足于继承前辈遗留下来的法律和习惯，也不甘于坐等君主的立法，他们经常投身到创制更完备、更公平的法律的活动中去。许许多多的行业组织创制了自己的‘行会法’。还有一种重要的进展，就是人们基于共同的意愿组织了一种城市自治团体，有组织地与封建势力相抗衡，在自己的围墙内维持和平，保障基于法律的正常秩序”。[②] 在这些城市的“宪章”中，我们可以发现一些令人惊叹的民主语句。例如，1293 年佛罗伦萨《正义法规》规定：“完美的政府是由各行会代表组成并得到各行会批准的政府。”[③]这恰好验证了韦伯关于市民阶级主要依靠“目的契约”来组成政治组织的观点。如果不是由于行会内部那森严的封建等级制度和学徒、帮工所遭受的残酷压榨，这种自治的城市政府的确是符合现代民主政治标准的。即使存在上述弊端，城市政体相对于封建领地上所实行的那种统治来说，其进步意义仍然是不言而喻的。同近代资本主义政治相比，它所欠缺的也只是摆脱行会束缚的个人自由而已。正如马基雅维里所说，城市共和政体“既有好的法律作基础，又有好的规章实施法律，因而不必像其他政府那样，只靠一个人的品德来维持政权”。[④] 这样，城市自治社会实现了内部的平等，市民阶级成为一个独立的合法阶层。作为“第三等级”，他们日益发展成为一支独立的政治力量，奠定了向资产阶级过渡的政治、经济和法律基础。

葛兰西在他的《狱中札记》中详细分析了现代资本主义社会中的市民阶层，他写道：“目前，我们可以确定上层建筑中的两个主要层面：一个可以被称作‘市民社会’，即通常称为民间社会组织的集合体；另一个则是‘政治社会’或国家。一方面，这两个层面在统治

① 参见 *Dictionary of the Middle Ages*, Joseph R. Strayer (ed.), New York: Charles Scriber's Sons, v. 7, 1986, p. 429。

② R. C. van Caenegem, *Legal History: A European Perspective*, London and Rio Grande: The Hamledon Press, 1991, p. 127.

③ ［比利时］亨利·皮雷纳：《中世纪城市：经济和社会史译论》，陈国樑译，商务印书馆 1985 年版，第 19 页。

④ ［意］尼科洛·马基雅维里：《佛罗伦萨史：从最早时期到豪华者洛伦佐逝世》，李活译，商务印书馆 1982 年版，第 178～179 页。

集团通过社会执行‘领导’职能时是一致的;另一方面,统治集团的‘直接统治’或指挥是通过国家和‘合法的政府’来执行的。”[①]他还认为,资本主义社会最坚实的基础不是它的国家机器,而是缓慢发展起来的市民阶层。这个阶层的内部结构不是靠伦理道德或等级制度来维持的,其中人与人之间的关系基本上是一种利益关系。马克思说过:“商品是天生的平等派”,[②]“平等和自由不仅在以交换价值为基础的交换中得到尊重,而且交换价值的交换是一切平等和自由的生产的、现实的基础”。[③] 在利益原则的衡量下,统治者的神圣光环消退了。市民们为了维护自己的经济利益,毫不吝惜武力,迫使封建统治者颁布维护市民权的法律,修改古老的习惯,使城市法发展成一套完善的市场经济保障体制。[④] 近代资产阶级启蒙思想家关于“社会契约”的观念以及评价政府“正当性”的思想,均根源于市民社会这一现实的基础。从中世纪城市居民反抗封建势力、制定法律、组织自治共同体的活动中,我们已经看到了这些理论的端倪。而马克斯·韦伯对市民社会的经济、政治、法律、宗教诸特征的“理想类型”式概括,不仅吸收了市民社会本身所提供的理论资源,而且站在相对客观的立场上,对市民社会进行了反思性的考察。正是他第一次使“市民阶级”和“市民社会”从背景中走出,成为具有理论分析意义的概念。而他对中世纪欧洲法律制度的历史研究,则揭示出了资本主义社会所特有的那一套理性法律制度的起源和基础。

第四节　欧洲近代法律制度的文化基础

市场上的逐利行为是市民社会和资本主义的主要动力之一。但是,人毕竟是一种具有丰富内涵的动物,其行动取向必定是多元

---

① Anthony Gramsci, *Prison Notebooks*, Hoare, Q. et al. (eds.), London: Lawrence & Wishart, 1971, p. 2.

② 《马克思恩格斯全集》(第23卷),人民出版社2016年版,第103页。

③ 《马克思恩格斯全集》(第46卷上),人民出版社2016年版,第103页。

④ R. C. van Caenegem, *Legal History: A European Perspective*, London and Rio Grande: The Hamledon Press, 1991, p. 127.

的。如果过分强调利益在市民社会发展中的作用，甚至把它作为唯一的驱动力，这种理论的解释力便受到很大的局限。而许多中世纪史家特别是经济史学家，则往往陷入这种利益决定论的误区之中。例如，著名的中世纪史家亨利·皮朗就曾经断言："市民阶级最不可少的需要就是个人自由，没有自由，那就是说没有行动、营业与销售货物的权利，这是奴隶所不能享有的权利，没有自由，贸易就无法进行。他们要求自由，仅仅是为了获得自由以后的利益。"①

其实，在探索中世纪文明史的任何努力中，都不能忽视其中极为重要的一个方面：大学、教会和思想。在谈论中世纪城市和城市法时，这一点尤为重要。如果我们不清楚波伦亚大学、巴黎大学以及多明我修会、方济各修会和罗马教廷在那时做了些什么，我们就无法全面地把握那段历史，也就无法解释迄今为止的西方法律史上的许多重要现象。韦伯恰恰是最早看到这一点的思想家之一，他对中世纪法律教育、宗教与西方近代法律传统之间关系的论述至今看来仍是充满真知灼见的。

在《经济与社会》和《世界经济通史》等后期作品中，韦伯注意到罗马法因素和日耳曼法因素在中世纪欧洲城市法中的交汇，以及由此产生的近代形式合理性法律思维。这一过程是在欧洲最早的一批大学中完成的。当蛮族部落在4～6世纪从欧洲内陆汹涌南下、摧毁罗马帝国那些曾经坚不可摧的城池时，他们几乎与此同时拜倒在耶稣基督的脚下。罗马的辉煌文明也便得以在教会的羽翼下保存下来，其中包括罗马法学。在探讨法律绅士（Legal Honoratiores）阶层的形成和形式理性法的产生时，韦伯发现使罗马法得以薪火相传的主要制度化条件都存在于教会中：首先，教会创办的神职人员学校或者附属于神职人员学校的法律学校为罗马法的研究和教学提供了机会；其次，教会在其日常管理的实践中吸收了罗马法中的规范性因素，从而使教会的官僚行政管理和法律实践具备了形式理性的品质。许多僧侣同时又是渊博的罗马法学家，他们使教会法成为一套逻辑严密的法律体系，在某种程度上也影响了"蛮

① ［比利时］亨利·皮朗：《中世纪欧洲经济社会史》，乐文译，上海人民出版社1964年版，第49页。

族法典”的制定。韦伯还指出：欧洲大陆的法律思维方式和法律体系是在大学法学教育的基础上发展起来的，这一点与实行学徒式法律教育的英国法律体系形成鲜明的对照，从而也决定了两大法系迥异的风格和内涵。① 从现有的史料中我们得知：“12 世纪开始了一场伟大的运动，这场运动使知识的赐药所从修道院搬到城市。由于受罗马拉泰郎第三和第四两次会议（分别于 1179 年和 1215 年召开）敕令的鼓励，教会办的大学又复兴了。”②梅特兰称那个世纪（12 世纪）是一个“法律的世纪”，“学生们从欧洲的各个角落云集到意大利，好像那里发现了新的福音。到那个世纪快结束时，神学的地位衰落了，宫廷艺术也受到鄙视，盖尤斯和提修斯把亚里士多德和柏拉图逐出校园，人们在大学里学习法律，而且只学习法律”。③ 大学不但成为传播知识的中心，还成为缔造新的社会秩序的重要动力。“这些学校中培养出了一批新的权力人物毕业生，与凭借门第和血统的贵族比较，这是中世纪城市产生的第二类贵族。”④马克斯·韦伯把这些人称为“法律绅士”。这批新贵们之中有很大一部分成为法学家或法官，还有一些进入市政机构，他们从罗马法中学到了市民社会最需要的东西——市民法，并通过自己的立法和司法活动将其融入城市法的机体之中。以比萨为例，在 1160 年颁布《比萨习惯与法律汇编》之前，那里就已经形成了由三种法院构成的司法体系，即习惯法院、法典法院和上诉法院。习惯法院（Curia Usus）由 5 名法官组成，其中有 1 名必须由法律专家充任；法典法院（Curia Legis）有 3 名法官，都是法学家；上诉法院有 5 名法官，其中 2 名是专家。此外，在市政委员会和市政厅中，也有许多受过法律教育的专业人士，他们接受罗马法教育所形成的系统法律思想鲜明地体现

---

① 参见 Weber, *Economy and Society*, edited by Guenther Roth and Claus Wittich, Berkeley: University of California Press, Vol. 2, 1978, p. 784-802。

② ［意］卡洛·M. 奇波拉主编：《欧洲经济史》（第一卷），徐璇译，商务印书馆 1988 年版，第 70 页。

③ Pollock and Maitland, *The History of English Law*, 2nd ed., Cambridge University Press, Vol. 2, 1968, p. 111.

④ ［意］卡洛·M. 奇波拉主编：《欧洲经济史》（第一卷），徐璇译，商务印书馆 1988 年版，第 71 页。

到了1160年法典之中。[①] 难怪有人在谈到那一时期城市的法律状况时写道:“在政府宫廷内使用的法律规章要注意到法学家们以前起草的‘全部法律条文’。这是一种专业语言,但它指导着一切司法关系并保障着秩序:在一个管理良好的城市内,法律应得到尊重,违反法律的人将遭到严厉处罚。”[②]

12世纪,伊尔内留斯(Irnerius)第一个在波伦那大学讲授罗马法,他用的教材就是《法学阶梯》。维卡利尤斯(Vacarius)在波伦那大学接受了罗马法教育之后,受泰奥伯德(Theobald)大主教之聘,于1143年来到牛津大学,讲授《法学阶梯》。他所留下的讲稿成为我们研究那一时期法学教育状况的重要资料。从这份讲稿来看,当时的大学教授们传授法学知识的方法和体例完全遵循着罗马法的理论脉络。讲课的内容分为四部分:首先是导论,讲述法的起源及其性质,并详细介绍法律上的“人”的概念;第二部分讲授“物”和遗嘱继承;第三部分涉及继承、契约和准契约;第四部分则讲述债、准债、法律行为和犯罪等内容。[③] 韦伯十分明锐地指出:罗马法中的许多具体制度所针对的本来是古罗马社会中的事实情境,带有很强的就事论事的色彩。[④] 而到了查士丁尼修订《国法大全》的时代,由于距离产生这些具体制度的年代已经十分久远,法律的形式与其实质内容已经发生了隔离。因此,这时的罗马法已经被抽象为一些精练的概念和原则,并脱离地方性的历史条件而演变为似乎具有普遍适用性的规则。由于这些规则恰好满足了市场对一般性规则的需求,所以它们能够在中世纪欧洲城市中获得普遍的接受。大学法律教育更增加了罗马法的抽象性、逻辑性和学理性,使它成为超越时空限制的“欧洲普通法”。伯尔曼教授的研究也印证了韦伯的观点,他指出:“近代西方法律制度在11世纪晚期和12世纪的出

---

① 参见 *Dictionary of the Middle Ages*, Joseph R. Strayer (ed.), New York: Charles Scriber's Sons, v. 7, 1986, p. 429。

② [意]萨尔沃·马斯泰罗内:《欧洲政治思想史:从十五世纪到二十世纪》,黄华光译,社会科学文献出版社1992年版,第2页。

③ Hermann Kantorowicz, *The Glossators of Roman Law*, Cambridge University Press, 1938, p. 64.

④ 参见 Max Weber, *Economy and Society*, edited by Guenther Roth and Claus Wittich, Berkeley: University of California Press, Vol. 2, 1978, ch. 8。

现是与欧洲最早的一批大学的出现密切相关的。在那里,西欧第一次将法律作为一种独特的和系统化的知识体亦即一门科学来教授,其中零散的司法判决、规则以及制定法都被予以客观的研究,并且依据一般原理和真理而加以解释,整个法律制度均是以这些原理和真理为基础的。”①市民社会孕育出了自己的法律职业阶层,他们使法律得以系统化、科学化,并从社会习惯和宗教律仪中脱离出来,开辟了西方法律史上的新纪元。

那时,教堂也从幽静的乡村来到喧闹的城镇,成为市民生活环境的一个重要组成部分。修士们开始向人们灌输隐忍、节俭、忠诚、守信等注重个人操守的信仰,一场革命在教会内部潜移默化地进行着。“确实,一种职业是否有用,也就是能否博得上帝的青睐,主要的衡量标准是道德标准,换句话说,必须根据它为社会所提供的财富的多寡来衡量。不过,另一条而且最重要的标准乃是私人获利的程度。”②这种“新教伦理”早在宗教改革运动之前就已经悄悄地潜入到人们的信仰之中,起着十分微妙的作用。多明我修会和法兰西斯修会中的僧侣们表现出来的那种节制、诚信、虔敬精神对于早期资产阶级的影响是无法估量的,它为积累资金、信守契约、尊重法律、敬业勤俭的市民精神提供了范本。韦伯认为,在中世纪后期产生的基督新教与具备形式合理性的市民法之间存在一种“有选择的亲和性”(elective affinities),它们为人们的行动提供着一种类似的取向(orientation),因此都在资本主义的产生和发展过程中起到了重要作用。

市民阶级迅速积累起来的财富使封建领主们眼红,他们不断设法控制和支配市民社会。韦伯所论述的主要是典型的商业城市的情况,这种城市的存续时间很短,大约是从 11 世纪后期延续到十四五世纪。在此之后,大部分城市又落入封建领主的控制之中。但是,已经发展起来的资本主义因素却不会消逝,终有一天,它们又会以不可遏制的力量爆发出来。

---

① [美]伯尔曼:《法律与革命:西方法律传统的形成》,高鸿钧等译,中国大百科全书出版社 1993 年版,第 143 页。

② [德]马克斯·韦伯:《新教伦理和资本主义精神》,于晓、陈维纲译,三联书店 1987 年版,第 127 页。

对历史的回顾有助于人们理解今天的现实;尤其是当我们面临一种前所未遇的境况时,到一种曾经处于这种境况之中的文明形态中去做一番巡礼,就更是必要的了。正是从这个意义上讲,韦伯和其他一些中世纪历史专家对中世纪欧洲城市史的研究在今天仍然有一定的现实相关性。市场经济强调主体的独立、自由和平等,这些都最终归结为受法律保障的“权利”。正是在中世纪欧洲市民社会中,“权利”观念获得了滋生的土壤:人们在市场上交换的不仅仅是商品,更是对商品所享有的权利;正是由于有了自主的权利,人们可以通过契约来设立、变更或终止某种利益关系,甚至包括设立自治机构;市民们通过“权利”来与封建领主的“权力”相抗衡,并凭借两者之间的张力来维持市民社会政治结构的动态均衡。权利是法律的灵魂,法律则是权利的形式,这在城市法中已经得到明显的体现。正因为这样,市民们并不把法律视为一种异己的力量,而是积极地参与到法律活动的整个过程之中。法治由此形成,法学教育因之昌盛,市民、法学家、法官和政府官员之间形成了一种监督与激励并存的互动机制。同时,韦伯的研究也让我们看到,对于“权利”之类的核心法律概念,即使在西方历史上也有不同的建构和解释传统,罗马法和日耳曼法便分别呈现个人主义和团体主义两种不同的倾向。我们所理解的“西方”,或许是经过某种意识形态(在当代主要是新自由主义)裁剪和简化的西方。在建设中国特色社会主义法治国家的过程中,这些因素都值得我们警惕和反思。

第十五章　西方法律的理性化与近代资本主义的兴起

马克斯·韦伯探寻西方文明独特性的学术事业由两个相互补充的方面组成。一方面，他通过对世界各大文明的宗教、文化、政治和经济组织进行历史性的比较研究，揭示出西方文明中所特有的因素，并借助理想类型的研究方法把这些因素提炼和概括为几个核心概念。另一方面，他又站在西方文明的内部，探寻这些独特因素形成和发展的历史线索和社会根基。历史分析的方法始终贯彻在这两方面的研究工作之中。但是，马克斯·韦伯并不是一个沉迷于故纸堆中的学究，他始终关注德国乃至整个资本主义世界的命运。这种关注最集中地体现在他对这样一个问题的追问之中："资本主义为什么会在欧洲而不是世界上别的什么地方产生？"在回答这一问题的过程中，他发现了法律与资本主义经济组织形式之间的密切关联。正像他在其《宗教社会学论集》中所指出的那样，"……基于理性事业的近代形式的资本主义不仅需要可计算的生产技术手段，还需要可计算的法律制度和根据形式化规章来实施的行政管理"。[①] 在研究法律与资本主

---

① Max Weber, "The Logic of Historical Explanation", in W. Runciman (ed.), Max Weber: Selections in Translation, Cambridge: Cambridge University Press, 1978, p. 339.

义之间的复杂关系时，韦伯主要考察了两个关键的问题：一是法律与经济因素之间的关系；二是“理性的法律制度”在近代资本主义的发展进程中所起到的关键作用。

第一节　法律与经济之间的互动关系

把马克斯·韦伯与卡尔·马克思做一番比较，我们发现：这两位伟大的德国思想家具有许多相似的特点。其中最重要的一点就是：他们都是关注现实的人本主义者，试图解决资本主义社会中人类生活所面临的一些根本问题。由于价值取向和研究方法的不同，他们在回答同一问题的过程中最终走上了不同的道路。卡尔·马克思从辩证唯物主义和历史唯物主义的立场出发，最终发现对人类生活起决定作用的乃是人类社会的物质生产方式。包括法律、政治、文化、意识形态等在内的“上层建筑”是由经济基础即一个社会的物质生产方式决定的。资本主义社会的最根本特征是少数资本家占有生产资料，而占社会大多数的无产阶级则靠出卖自己的劳动来换取生存资源。表面上规定了平等和自由权利的资本主义法律实质上只体现着资产阶级的意志，而“除了自由之外一无所有”的工人只在非常有限的程度上受到法律的保护。通过这种唯物主义的分析，马克思对资本主义制度乃至一切“人剥削人”的制度提出了否定性的批判，指出人类真正实现自由和平等的唯一出路在于通过革命推翻这种制度，使劳动和生产资料的占有结合起来，也就是说，只有劳动者才能占有生产资料。在这种分析框架中，法律始终是一种处于从属地位的工具，并且终将在人类迈向共产主义社会的必然历史过程中逐渐消亡。

马克斯·韦伯早期的学术思想与卡尔·马克思有许多相似之处。在《中世纪贸易公司的历史》和《罗马农业史》这两篇论文中，韦伯认为某种特定的经济形态会导致某些特定的所有权形式和法律制度。[①] 但在 1902-1903 年之后,韦伯逐渐放弃了历史唯物主义的分析方法特别是经济决定论,而转向一种多元主义原因论。[②]

韦伯认为:人类的社会生活不是由单一的经济因素决定的,而是处于宗教、文化、政治、法律和经济等多种因素的交互影响之中。他承认经济因素在法律发展过程中起到了关键作用,但他否认法律是经济力量的直接产物。他认为,法律构成一种自治的社会实在,它与其他社会实在(包括经济、政治、宗教、文化等)是相互作用、互为因果的,很难说哪一种因素具有决定性的作用。韦伯写道:

过去之所以缺乏某种特定的法律制度,绝不能简单地解释为是由于缺乏一种经济需要。正像工业上使用的技术方法一样,为法律提供保障的理性化法律技术模式首先必须被"发明"出来,然后才能服务于某种既存的经济利益……经济现实并不会自动孕育出新的法律形式;它只能为一种已经发明出来的法律技术提供传播和扩散的机会。[③]

通过强调法律的相对独立性,他得出结论说:"一般而言,社会组织的法律结构绝不是完全由经济因素决定的。"[④]但不少学者习惯非此即彼的线性思维方式,认为既然法律不是由经济决定的,那么经济就是由法律决定的,由此导致了后面会谈到的"英格兰问题":在韦伯看来,英国普通法不具备较高水平的形式理性特质,但工业革命和现代资本主义却发端于英国,因此韦伯学说中存在一个令他不能自圆其说的"英格兰问题"。但认真对待韦伯文本的读者很容易看到,韦伯认为法律本身的形式品质主要受法律系统内在条件(intrajuristic conditions)的影响,包括法律职业本身的历史形成机制、法律知识的产生和传播机制、法律教育的组织形式等,而并不直

---

① 参见 R. Bendix & G. Roth, *Scholarship and Partisanship*: *Essays on Max Weber*, Berkeley, California: University of California Press, 1971, p. 235, 237-238; T. Parsons, *The Structure of Social Action*, Volume 2: *Weber*, New York: The Free Press, 1968, p. 503。

② 参见 D. Milovanovic, *Weberian and Marxian Analysis of Law*, Hants, UK: Avebury Publishing Co., 1989, p. 26-27。

③ Max Weber, *Max Weber on Law in Economy and Society*, edited and annotated by Max Rheinstein, translated by Edwards Shils and Max Rheinstein, New York: Simon & Schuster, 1967, p. 131.

④ Ibid., p. 176.

接受经济的影响，也并不直接影响经济。反过来，资本主义作为一种社会制度，包含以竞争性市场为核心要素的经济组织形式、以小政府为特征的自由主义政治形态以及强调个人自由和价值多元为特征的文化模式，更不是由形式理性的法律之类的单一变量所导致或决定的。进一步讲，形式理性的法律可以与资本主义兼容，也可以与社会主义配套。因此，“英格兰问题”不是韦伯的问题，而是不认真对待韦伯的学者自己的问题。

在分析法律与经济之间关系的时候，韦伯提出了“可计算性”和“可预见性”这样两个概念，以说明法律在社会经济生活中发生作用的方式：

> 现代资本主义企业主要依靠计算，其前提是要有一套以理性上可以预测的方式运作的法律和行政管理系统，人们至少在原则上可以根据其确定的一般规范来进行预测。①

但是，法律与经济活动之间存在的这种关联并不意味着它们之间存在相互决定的关系。在韦伯看来，法律与经济之间的关系正像任何两种社会现象之间的关系那样，是非常错综复杂的。对法律而言，经济只是对其产生影响的众多因素之一。而且，所有的外部因素都只能对法律起到一定的“影响作用”，但却不能决定法律的形式和内容：

> 近代的理性资本主义不仅需要生产的技术手段，而且需要一个可靠的法律制度和按照形式的规章办事的行政机关。……这样一种法律制度和这样的行政机关只有在西方才处于一种相对来说合法的和形式上完善的状态。因此我们必须发问，这种法律从何而来？如在其他情况下一样，资本主义利益毫无疑问也曾反过来有助于为一个在理性的法律方面受过专门训练的司法阶层在法律和行政机关中取得统治地位铺平道路，但是，资本主义利益绝非独自地促成了这一点，甚至在其中也没起主要作用。因为这些利益本身并没有创造出那种法律。②

---

① Max Weber, *Economy and Society*, edited by Guenther Roth and Claus Wittich, Berkeley: University of California Press, 1978, Vol. 2, p. 1394.

② [德]马克斯·韦伯：《新教伦理与资本主义精神》，于晓、陈维纲译，三联书店1987年版，第14页。

因此，法律被看成一种与经济密切相关但却并不为经济所决定的相对自治的社会系统。理性的、形式化的法律虽然为资本主义经济所必需，但它并不是这种经济形式的产物。这可以从欧洲大陆法与英国法之间仍然存在的巨大差异中得到证明：

欧洲大陆与英国基本类似的资本主义发展并没有消除两大法系之间的巨大差异。目前也没有任何迹象表明英国法律制度会在资本主义经济的推动下向大陆模式转变。相反，每当两种司法模式和法律教育方式有机会一较长短的时候（比如在加拿大），普通法总是占尽上风，并且很快挫败大陆法。因此，我们可以得出这样一个结论：自中世纪大学兴起罗马法研究高潮以来欧洲大陆发生的法律理性化进程不是资本主义的产物。①

反之，单独的形式理性法也无法促生资本主义，在韦伯看来，资本主义是多种因素共同作用的产物。根据约翰·拉夫的概括，这些因素包括：(1)生产资料的私人占有以及法律对私有产权的确认；(2)自由的市场；(3)自由的劳动；(4)经济生活的商业化；(5)企业与家庭的分离；(6)理性的技术；(7)理性的法律。②

第二节　法律的理性化与经济的理性化

最早由马克斯·雷因斯坦提出、而后被许多研究韦伯思想的学者不加追究的接受的一个重要命题是：韦伯认为在“理性化程度最高的法律制度逻辑形式理性法”与“理性化程度最高的经济形态资本主义”之间存在某种必然联系。在《马克斯·韦伯在〈经济与社会〉中对法律的论述》一书的译者导言中，雷因斯坦写道：“有许多迹象表明，韦伯在其研究工作的某些阶段认为法律思想的逻辑形式合理性与目的合理性的经济行为类型并因此与现代资本主义之间

---

① Max Weber, *Economy and Society*, edited by Guenther Roth and Claus Wittich, Berkeley: University of California Press, 1978, Vol. 2, p. 892.

② 参见 John R. Love, *Antiquity and Capitalism: Max Weber and the Sociological Foundations of Roman Civilization*, London and New York: Routledge, 1991, p. 247。

存在某种联系。”[①]戴维·楚贝克在一篇影响很大的文章中把这一本来小心翼翼、严格限定的表达进一步绝对化：

韦伯对经济、政治和法律的理想类型式分析告诉他：法律因其可计算性而对资本主义的产生作出了很大贡献。他进而强调只有具备逻辑形式合理性的法律制度，也就是拥有普遍性的一般法律规则的自治法律体系，才能够保证资本主义所需要的法律确定性。[②]

这篇文章后来成为“法律与发展”研究的经典文献之一。经济发展有赖于严格的私有产权界定和保护等一系列体现西方价值（主要是美国价值）的形式法律安排逐渐成为美国及其主导的布雷顿森林机构（包括世界银行和国际货币基金组织）向发展中国家提供援助时要求被援助国承诺的“体制改革”（Regime Change）内容。这种假韦伯之名在特定形态的法律制度与经济发展之间建立因果关系的做法其实夹藏着超级大国本身的“私货”，这种被称为“华盛顿共识”的以私有化为核心要素的法律与发展理论诞生于美苏冷战时期，是美国在全世界推行“和平演变”的社会科学武器。

在这种背景下，韦伯关于法律与资本主义之间关系的论点被法学家们概括为：资本主义是由市场导向的理性经济行为来推动的；这种理性经济行为的条件之一就是存在一套理性化的法律，它能够最大限度地保障确定性和可预见性。这种具有逻辑形式合理性的法律制度是资本主义产生的必要条件，尽管不是充分条件。[③]

正是在这种“概括”之下，韦伯思想研究中出现了一个“英格兰问题”。许多学者指出：英国是近代资本主义的发源地，但那里的普通法体系恰恰不能归入“形式理性法”的名目之下。于是，他们认为韦伯应该对这样一些问题作出回答：在形式理性法和资本主义之间的确存在某种内在关联吗？英格兰现象难道仅仅是一个例外？如

---

① Max Rheinstein, “Introduction”, in *Max Weber on Law in Economy and Society*, edited and annotated by Max Rheinstein, translated by Edwards Shils and Max Rheinstein, New York: Simon & Schuster, 1967, p. l.

② David M. Trubek, “Max Weber on Law and the Rise of Capitalism,” 3 *Wisconsin Law Review* 721 (1972), p. 746.

③ 参见 Alan Hunt, “Max Weber's Sociology of Law”, in his *The Sociological Movement in Law*, London & Basingstoke: The Macmillan Press Ltd., 1978, p. 122。

果英格兰现象的确是一个例外,那么韦伯的社会理论能否解释这一例外呢?

其实,尽管马克斯·韦伯认为以市场经济为基础的资本主义需要一种特殊的法律形式来确保经济行为的可预见性和可计算性,但他并没有在两者之间建立一种单线式的因果关系。正像我们在前文中已经论述过的那样,这种决定论式的因果关系正是韦伯所要反对的。在理解韦伯关于法律与资本主义之间关系的论述时,我们需要把握这样三个要点:

首先,韦伯认为经济和法律是人类社会生活中的两个相互依存而又各自具有独立性的领域。在西方社会中,经济行为的理性化与法律的理性化是在不同的力量推动下、经由不同的发展进程而实现的。因此,与其通过理论分析找出这两者之间的因果关系,倒不如找出促使这两种历史过程发生的共同因素以及两者在结构上的相似性。换句话说,可能是某些在西方社会出现的历史社会条件导致了两者的产生,而它们的出现在历史上不是同步的,所以先出现的因素(在韦伯那里是形式理性化的法律)又成为后出现的因素(资本主义)的历史社会条件。韦伯认为,以资本主义为最高发展阶段的理性化经济组织形式同以形式理性法为最高发展阶段的法律结构之间存在一种"有选择的亲和性";但不能简单地把两者等同起来,也不能认为两者的发展过程是完全平行的。比如,在谈到近代资本主义社会的许多法律制度并非来源于罗马法而是来源于理性化程度较低的日耳曼法时,韦伯写道:"法律发展的逻辑和政治层面中的这些'落后'因素使得商业社会能够设计出更加切合实用的法律形式,而这在逻辑上更为完备、技术上更加理性化的罗马法中是无法做到的。"①韦伯的博士论文导师是商法史家勒文·戈尔德施密特(Levin Goldschmidt,1828~1897年),后者的《商法的世界史》(Universalgeschichte des Handelsrechts)一书对韦伯早期学术思想产生了巨大的影响,而这本书正是从各种不同的商业和贸易活动的组织和规则需求的角度出发来对不同的商业组织和交易规则进行历

---

① Max Weber, *Max Weber on Law in Economy and Society*, edited and annotated by Max Rheinstein, translated by Edwards Shils and Max Rheinstein, New York: Simon & Schuster, 1967, p. 131.

史的和比较的分析。[①] 这种分析也呈现在韦伯本人的博士论文《中世纪商业合伙制的历史》中。商业活动即需要可预见性，也需要应对风险和不确定性的灵活性，而这种灵活性和因地制宜性是书斋法学家体系化的罗马法所无法提供的，这是韦伯在他的著作中反复提到过的一个观点。

韦伯虽然认为资本主义市场和资本主义企业的有效运转需要得到一种可以预见、可以预测的理性法律的保障，但他在任何作品中都没有认定只有法律理性化的水平达到一定层次之后，近代资本主义经济才能够产生；他也不曾指出：法律理性化的程度越高，资本主义经济的发达程度就越高。我们可以在韦伯的论著中找到这样的段落：

包括资本家在内的社会群体对“可计算的法律制度”的实际需要虽然是促使逻辑形式理性法产生的重要因素之一，但是它在法律形式化的过程之中并没有起到什么重要的作用。正如经验所表明的那样，这种需要完全可以（甚至更适合）通过形式化的经验性判例法来加以满足（正像英国的情况那样）。纯粹的逻辑建构的结果往往会超出商业利益当事人的理性预期。所以人们常常会指责纯粹的逻辑理性法“离现实生活太远”。这种法律的逻辑系统化是法学理论家和他们的弟子——法学博士们的内在知识需求的结果，也就是典型的法律文人（legal literati）贵族的智识努力的结果。[②]

虽然韦伯在《经济与社会》中曾经多次指出英国法中存在许多非理性的因素，但他还是把英国普通法归入形式理性法的行列。有些学者之所以会产生“韦伯认为英国法是非理性的”这样的误解，是因为他们把韦伯所说的形式理性法等同于他所指出的一种特殊类型的形式理性法——以潘德克顿学派所提出的学理性法律原则和近代欧洲民法典为代表的“逻辑形式理性法”（logically formal rational law）。其实，韦伯虽然认为逻辑形式理性法是一种典型意义上的形式理性法，但他同时也认识到以遵循先例、注重形式化程

---

① 参见 Bernhard Grossfeld and Joannis M. Pappagiannis, “Levin Goldschmidt,” *Zeitschrift für das gesamte Handelsrecht und Wirtschaftsrecht* 159, 1995, S. 529-549。

② Max Weber, Economy and Society, 2 vols, edited by Guenther Roth and Claus Wittich, Berkeley: University of California Press, V. 2, 1978, p. 855.

序为特征的英国普通法也是一种形式理性法。实际上，韦伯对欧洲大陆法和英国普通法之间的同质性和异质性都有非常清楚的了解。他指出，这两种法律体系代表着两种法律理性化的方式：一种是通过法律职业者的实践活动来推动的经验式理性化，另一种则是借助“法律文人”或“法学家”的学术研究活动来推动的学理式理性化，两者都可以产生出资本主义发展所需要的制度条件。

通过以上几个方面的分析，我们发现所谓的“英格兰问题”实际上是在没有透彻理解韦伯思想的情况下产生的一个假问题。其实，韦伯对“资本主义为什么首先产生在英国”这个问题有着十分浓厚的兴趣。在其法律研究之中，这一兴趣主要体现在他对这种现象的关注上：英国普通法中“保留着大量古代的因素并且能够在巨大的经济变迁中保持形式上的持续性”。[①] 通过对这一现象的解释，韦伯提出了自己关于经济理性化与法律理性化之间关系的一般性理论。韦伯认为：经济理性化是市场经济的必然产物，其主要含义是指参与经济活动的社会行动者以持续性的（与反复无常相对）、“可预测的”方式来行动，从而使有序的市场交易成为可能。由于每个社会行动者的意志都是自由的，他们对行动方式的选择本来是具有无限多种可能性的。要使他们的行为趋向于有限的几种“可以预测”选择，就必须用理性化的法律来对他们可以选择的“可能性”加以约束和限制。但是，理性化的法律制度必须与某一社会中人们可以接受的行为方式相一致；否则它就会停留在纸面上，无法对现实的经济生活产生实质性的影响。在比较欧洲大陆法和英国法的过程中，韦伯发现这两种法律制度都能够为人们的社会行动提供一种理性的约束和引导；至于它们为什么会走上不同的理性化道路，其主要原因是两种社会原有的政治结构、司法结构和法律职业组织方式不同。中央集权的政治结构、统一的王室司法系统和严密的法律职业组织是英国没有系统接受罗马法的主要原因，同时也是英国法走上经验式理性化道路的原因之一：

在英国，任何试图制定理性化立法或继受罗马法的努力之所以

---

① Max Weber, *Max Weber on Law in Economy and Society*, edited and annotated by Max Rheinstein, translated by Edwards Shils and Max Rheinstein, New York: Simon & Schuster, 1967, p. 202.

总是会失败，其主要原因是来自有权有势、组织严密的律师公会的抵制。这是一种垄断性的法律贵族组织，高等法院法官就产生于这个组织的成员之中。法律贵族们自己保留着进行学徒式司法培训的权力，传授经验性的、高度发达的法律技术。他们成功地阻挡着一些迈向逻辑形式理性法的运动。在那些不存在全国性法律职业者组织的地方，罗马法才能取得胜利。①

因此，是否接受罗马法、是否采取逻辑严密的成文法形式，这些都不是由经济因素决定的，不同的理性法律形态都有可能为经济的理性化创造出必要的条件。而不同社会对不同法律制度安排方式的选择主要取决于该社会所特有的支撑法律正当性与有效性的资源。对于主要依靠"移植"和"引进"外国法律概念、法律知识和法律规则来建构本国现代法律体系的"发展中国家"来说，如何使这些舶来品真正成为对本国人民的社会行动具有导向作用的规范，一直是一个难题，而这个不是经济发展和市场化本身所能解决的。韦伯的视角使我们看到，法治社会的形成不是仅仅依靠"顶层设计"和自上而下的政策引导就可以实现的。只有当多数国民都认同法律的正当性，不仅仅将法律视为需要"对付"的外在约束，而愿意随时根据法律来调整自己的行动的时候，一个社会才可能成为法治社会。在这个过程中，法学家为了满足智识需求、职业需要或巩固本阶层利益而设计的逻辑严谨但不接地气的知识系统，如果不能契合于普通人的行动取向，其实践作用将是十分有限的。对法律的社会科学研究，正是对法学知识生产与法律实践之间的冲突与契合、紧张与调整所做的二阶观察，对于我们理解高速发展的中国社会需要何种法学知识以及如何产出这种法学知识或许会有所助益。

---

① Max Weber, *Economy and Society*, edited by Guenther Roth and Claus Wittich, Berkeley: University of California Press, Vol. 2, 1978, p. 976.

第十六章　结　　语

宋高宗绍兴二十二年（公元 1152 年）春天，陆游的从兄陆升之（字仲高）入朝投靠权倾一时的益国公秦桧，陆游作诗劝诫，诗曰："兄去游东阁，才堪值北扉。莫忧持橐晚，姑记乞身归。道义无今古，功名有是非。临分出苦语，不敢计从违。"（《送仲高兄宫学秩满赴行在》）对于得靠大山、志得意满的仲高兄而言，此诗无疑是逆耳之言。他不仅没有"乞身归"，还积极参与秦桧的政治谋划，在诬告李庄简（李光）案中充当主力，并因此荣升五品宗正丞。秦桧死后，冤狱平反，仲高被流放到雷州。

之所以以这则历史故事作为一次关于韦伯的讲座的开场白，是因为其中涉及了韦伯思想中的一组重要概念：信念伦理和责任伦理。陆游所言的"道义"，貌似是韦伯所言的信念伦理，是秉持一套超越是非功过、不计毁誉得失而行动的行为导向框架。而"功名"，则貌似是韦伯所言的"责任伦理"，是考虑自己的行为将给自己、亲友和社会带来的后果，并据此而行动的行为导向框架。但深究起来，陆游的这首诗与韦伯的这组概念的对勘恰恰折射出古今之变、中西之分这一世界历史命题中的某些要素。陆游所言的道义，实际上并非个人本位的、体现"自然权利"的主观信念，而是社会本位的、体现"自然法"的、对个人行为具有"批判性反思"效力的责任感。比如该诗前半部分是说：兄台你具有翰林待诏、侍奉皇帝的才干(值北扉),为何却去委身于将私利置于社稷与民生之上的权相(游东阁)。你不要担心用自己的妙笔为皇帝书写国策的时间来得太晚(持橐晚),还是早早找个借口离开秦桧吧(乞身归)。这是一种用客观化的伦理秩序(三纲五常)来约束自己、摆脱对眼下得失的工具性计算的责任伦理。信念与责任的分野是西方现代化的产物,是自然法为自然权利所取代的结果,是个人从客观伦理秩序和借此凝聚成的共同体中脱嵌出来并因此使传统宗教和道德信念沦为个人道德偏好之后的图景。现代社会中人的世界图景、基于这种世界图景而做出的行动、个人的社会行动如何在相互关系中形成社会组织、社会行动和社会组织的类型如何影响经济形态(资本主义如何兴起)、构成西方人世界图景之构成要件的一神论宗教如何塑造人的"经济伦理"?韦伯是这些重大问题的议题设置者,同时也对处理这些问题提出了影响深远的概念、分析工具和具体思路。因此,他被公认为现代社会科学的奠基人之一,现代人生活秩序的最有力阐释者以及社会学的创始人之一。

韦伯的专业很难确定。他的学术训练完全在法学领域,以一篇《论中世纪欧洲商业合伙制》的论文获得博士学位,又以一篇《论罗马土地法视野中的古罗马农业史》的论文获得大学任教资格。但在1893年,面对同时到来的弗赖堡大学政治经济学教授和柏林大学法学编外讲师两个工作机会,他选择了前者。实际上,韦伯一生的学术职业都是以政治经济学教授的身份展开的。而且,由于身体和精神状态原因,韦伯的大学任教生涯前后加起来只有6年,他的寿命也只有56岁;但他留下的作品却卷帙浩繁,被当代社会学家Lutz Kaelber称为现代社会科学之父们当中最高产的作者,唯有得享高寿的弗洛伊德可以与他相比。德国巴伐利亚科学院主导编纂的《韦伯全集》共计有48卷(55册)。而且,说他高产不仅是因为他的作品数量多,还因为这些作品的密度很大,每一句话都耐人寻味,让人消化半天。进而,除了博士论文和大学任教资格论文外,韦伯生前没有出过专著,他那些广为人知的作品,从《新教伦理与资本主义精神》到《经济与社会》,要么是期刊论文,要么是身后被人编辑成书的遗稿。这些作品涉猎范围极广,从罗马法、中世纪法律史、对易北河以东地区农民工问题的实证调查、经济通史到世界宗教的经济伦理比较研究（涉及基督新教、儒教与道教、伊斯兰教和犹太教）、社会科学方法论、社会经济学基础（《经济与社会》）以及作为志业的学术和政治。所有这些因素都使得对韦伯思想的梳理十分困难，更不要说是在一次一小时左右的讲座中。对韦伯思想的研究已经变成一门众多学者的毕生致力于其中的学问——韦伯学。在这次讲座中，我只能选取一个具体的角度，即权威与自由之间的关系，来呈现韦伯思想的一个片段，以激发听众对这个思想宝库的兴趣，进而去直接阅读韦伯的作品，加入"与韦伯对话"的行列。

一、韦伯作为"欧洲文明之子"

中国读者对韦伯的兴趣往往来自对"资本主义以及现代化进程为何没有首先在中国兴起"这一类问题的关注，不少学者试图驳斥、修正抑或发展韦伯在《儒教与道教》一书中对中国家产制传统经济形态以及支撑这种经济形态的伦理体系的分析。但研究韦伯思想的前提是明白他的自我定位以及这种定位所塑造的特定视角。"四海为家者无家可归"，每个人都有自己的精神家园。韦伯自诩为欧洲文明之子，他关注和熟悉的首先是德国以及欧洲的文化传统、社会组织以及经济形态。他的比较研究也是为了呈现欧洲的独特性。因此，与韦伯争论他对中国的理解是否准确，是一件没有多大意义的事情。但起源于欧洲的现代知识体系、科学与技术、理性化的生活秩序、法理型的统治类型、市场经济的组织形式（从股份制公司到证券交易所）乃至音乐语法（记谱方式）都已经席卷全球。中国的众多钢琴学童们，恐怕没有几个人知道中国传统的宫、商、角、徵、羽五音系统，但却都识五线谱。更不用说基于阴阳五行、经脉穴位这种传统医学知识谱系的中医面对着基于实验科学的西医的持续挤压和冲击。韦伯所设定的问题，以及他回答这些问题的方式，是从现代性起源于西方这一事实结果出发，见果寻因，追溯西方文明中哪些独特的因素导致了这一结果。站在中国立场上批判韦伯的学者，会说中国古代（比如宋朝或者明朝）便已出现了资本主义的萌芽，或者儒家伦理对理性化经济活动的促进作用并不亚于新教伦理，但这种论证无法直面工业化、现代科学以及资本主义率先系统性、大规模地出现在欧洲并席卷全球的事实。

进而，循着韦伯的思路在中国传统中寻找资本主义萌芽或理性化科学探索精神并转而批判韦伯关于中国的判断有误的学者，往往忽视韦伯对西方理性化和现代化进程的批判态度。在《新教伦理与资本主义精神》的结尾处，韦伯写道："专家没有精神，纵欲者没有心肝；而这个虚无的世界还异想天开地认为自己达到了前所未有的文明程度。"韦伯对西方文明理性化进程的因果分析是一种社会科学意义上的事实推求，而不是一种价值判断。他并没有说镶嵌在西方历史进程中的这一现代化进程就是好的或中国必须亦步亦趋加以模仿或尾随，而是说它是事实上发生的但其中充满悲剧性后果的。中国学者需要做的，恰恰是作为中国文明之子去讲述中国现代化进程的自家故事，并寻找避免或走出西方现代化进程中的悲剧性后果（包括但不限于殖民主义掠夺和两次世界大战）的可能道路。如果说韦伯对西方理性化—现代化模式有什么价值判断的话，这种价值判断恰恰是批判性的。这与黑格尔以降的西方中心主义思想迥然不同。

1935年，在危机重重的欧洲，胡塞尔提出了这样一个问题："是否欧洲人自身中有一种绝对的理念，而不是像'中国'或'印度'那样是一种纯粹经验的人类学上的类型；另外，只有这样才能确定，是否将所有其他的文明欧洲化的壮举本身表明一种绝对的意义的统治，这种绝对的意义是一种普适的意义，而不属于历史上无意义的胡闹。"①要知道，身为犹太人的胡塞尔此时正承受着种族迫害的压力，而他的教学资格在次年初被彻底剥夺。深陷如此境况的胡塞尔仍然对欧洲文明抱有绝对的信心，可见这种信心不是来自物质力量的强大，而是来自对欧洲文明中所包含的"普适的绝对意义"的领悟。在德语世界，这种认为惟有秉承绝对理念的欧洲人才能在历史的时间维度中完成空间上的征服与扩张的观念始于黑格尔。在黑格尔看来，"中国人"游离于世界历史之外，缺乏主体意识和自由精神的存在，主要的原因就是他们没有基督教："因为我们所谓宗教，系指'精神'退归到自身之内，专事思索它自己的主要的性质、它

① 胡塞尔：《欧洲科学的危机与超越论的现象学》，王炳文译，商务印书馆2001年版，第26~27页。引文根据德文原书略有改动。

自己的最内在的‘存在’。在这种场合里，人便从他与国家的关系中抽身而出，终能在这种退隐中，使他自己从俗世政府的权力下解放出来。”[①]他认为由于缺乏这种使精神得以返回自身、确认自身主体性的机制，中国人只能相信强力，无法设想专制之外的其他制度安排的可能性。

与黑格尔和胡塞尔这种直接代言“普适价值”的立场不同，韦伯首先表明了自己立场的特殊性。他在《宗教社会学论文集》的“引言”中写道：“一个现代欧洲文化世界的儿子，在处理普遍历史问题时，总不免会合乎情理地问：究竟哪些情势一起作用，导致了那些在西方，并且仅仅在西方这里，才出现的文化现象——而这些现象，至少我们通常都以为，它们的发展具有普遍的意义和效力？”与韦伯一起思考，用我国哲学家李猛的话来说，就意味着产生这样一种文明使命感：“所有伟大的文明，都并不满足于自身历史性的构成，它们同样能够讲出这些历史‘情势’的道理，将历史形成的生活之道上升到人类根本处境的高度，赋予历史事件和历史情势以超历史的意义。”作为中国学者，这就意味着从中国自身的历史性构成中提炼出具有普遍历史意义的道理，从而与韦伯这样的“欧洲文明之子”平等对话，为人类文明的未来开辟更具多元性和包容性的空间。

耶鲁大学法学院教授张泰苏在《儒教的法和经济学》一书中对受儒教影响而产生的中国古代“道义经济”缺乏效率考量这一“韦伯主义”命题做出了很有意思的回应。他指出：前工业时代的中国人和“西方人”在经济理性方面并无根本的不同，尤其是当某种财产对于生计的重要性无比巨大（比如土地）的时候，道德考量往往会服从于经济理性考量。宗教/文化并不直接产生或阻碍经济理性。在这一点上，他反驳了韦伯及其当代追随者的观点。不过，这并不意味着文化对于解释经济发展的差异没有帮助，只是要经过更为曲折的途径：亲等和社会等级规范塑造着社会权威的分配方式，儒家伦理教育（尤其是发蒙阶段的忠孝教育）又内化了这种等级秩序，从而赋予了此种权威以正当性，社会权威的分配方式转而制约着产权制度的协商过程，产权制度影响了最终的经济结果。通过这样的分层

---

① 黑格尔：《历史哲学》，王造时、谢诒征译，商务印书馆1936年版，第211页。

式因果链条梳理,张泰苏发现后两种因果链条十分吻合于理性行动者假设,而儒家文教传统只在第一个层面发挥着关键作用。这与其说是对韦伯学说的否弃,不如说是站在中国传统文化的立场上对韦伯命题的发展。

二、分析的起点:社会行动

19 世纪的社会科学基本上是在套用自然科学的研究方法,试图创建一种"社会物理学"(孔德语)。在今天看来,这种忽视人类精神世界的研究方法不仅是缺乏吸引力的,而且是不可行的。另外,以狄尔泰(Dilthey)为代表的德国"文化科学"传统则强调以"价值"(value)为要素的人类文化的重要性,并且主要用历史的方法去发现这些"价值"。新康德主义哲学家李凯尔特正式区分了自然科学的研究方法和文化科学的研究方法,认为两者绝对不可混同。但他本人并未发展出一套系统的文化科学研究方法。李凯尔特的思想对他的朋友马克斯·韦伯深有影响,但后者并不满足于区分"事实"(facts)和"价值"(values)的世界,而是在李凯尔特止步的地方继续前进,致力于发展一套研究"价值"的"科学"方法。

韦伯把人的"社会行动"(Soziales Handeln)作为其研究对象的基本单元;他的研究既注意"社会行动"的可观察到的外部表现,又关注"社会行动"的主观意义(Sinn)。实际上,他之所以选择"社会行动"作为基本的研究单元,就是为了在承认人的主观价值的基础上打破"应然"和"实然"、"事实"和"价值"、"主观"和"客观"的二元对立。他既不同意实证主义把人类行为化约为可观察的外部表现的做法,也不赞同完全回到人的主观世界进行没有任何验证标准的"思辨式"研究。也就是说,他的研究方法综合了或者至少可以说是试图综合客观性的"说明"(explanation)和主观性的"解释"(interpretation)。他所首创的"理解社会学"就是这种研究方法的具体应用。

用他本人的话来说,"社会学是一门科学,其意图在于对社会行动进行解释性的理解,并从而对社会行动的过程及结果予以因果性的说明"。韦伯还指出,对主观意义的解释也像所有科学的观察一样,需要追求"确证"(Evidenz)。这一点使他区别于新康德主义者。

而他紧接着又指出："理解的确证"可能是"具有理性的性质(因而具有逻辑特性或者具有数学特性),或者是具有感觉上可以重新体验的特性(感情的、艺术领悟的性质)。"在这里,前者可以看成是实证主义方法的体现,而后者则又具有"文化科学"方法的特性。因此,韦伯显然是在进行一种"新的综合"。那些认为韦伯是一个"新康德主义者"或者是一个"实证主义者"的观点都是错误的,或者至少可以说是片面的。

在此基础上,韦伯总结出社会行动的四种类型:(1)工具合理性取向的行动,即行动是为了达到某种目的,为此,行动者根据自己对环境中的客体和其他人的行为所作的预期来选择和调整行动的方式和手段;(2)价值合理性取向的行动,即行动者之所以进行某种特定的行动,是因为相信该行动具有某些伦理的、审美的、宗教的或其他方面的价值,而不是为了这些价值之外的其他目的;(3)情感取向的行动,即行动由行动者的特定情感或感触状态决定;(4)传统取向的行动,即行动由根深蒂固的习惯决定。韦伯并没有号称这四种类型涵盖了所有的行动取向,他为其理论留下了充分的发展空间。不过,这四种基本的行动类型毕竟为他的进一步分析打下了基础。

韦伯认为,人们的社会行动总是与他人相关,而所谓社会关系正是指多个行动者彼此考虑对方,并以此确立彼此联系的行动。社会生活基本上就是由错综复杂的社会关系交织而成的。为了使社会生活呈现一定的稳定性,人们需要对他人的行为作出预期;而使预期成为可能的一个基本条件就是:人们的社会行动具有某种反复出现的固定模式。

韦伯认为,从人类生活秩序的角度来看,基于对外在后果的预期和计算而采取的工具理性型社会行动逐渐成为主导性的范式。这正是如今的信息技术革命的认识论和社会学基础。人工智能的认识论基础是"认知可计算化"。在人工智能技术的几大流派中,符号主义试图用符号—逻辑演算来模拟人类大脑的认知和决策过程;连接主义(又称神经网络学派)试图通过人造神经网络的并行计算来建构大脑;而行为主义者则试图通过遗传算法进化出人工大脑。它们的基础假设都包括:(1)大脑是人类认知和智能活动的载体;(2)认知和智能活动是一个物理—化学过程,其机理主要是神经元之间通过分泌化学递质和释放电子来完成的信息交流;(3)图灵机可以模拟任何物理—化学过程;(4)通过分析和处理真实人类世界的行为数据可以用机器来模拟人类的认知和决策,反过来,通过研究虚拟世界各种人工智能的详情可以把握真实世界人类认知和智能活动的基本结构和过程;(5)一切认知和智能活动的复杂系统都可以通过各个组成部分的动态行为和整体交互作用来解释(整体主义的还原主义假设)。

认知可计算化,人脑功能最终可以用计算机模拟,这一认识论不仅被许多计算机专家所接受,而且得到来自脑科学家的佐证。主流的脑科学家相信,人脑是由一千亿个神经元构成的,神经元之间的连接方式决定了我们的所思所想,除了神经元之间的物理通信机制(放电)和化学通信机制(分泌递质)之外,我们找不到任何自我意识或灵魂存在的依据。既然如此,人类思考的过程最终可以用算力越来越强大的计算机来模拟和取代就不是天方夜谭,而是技术发展的必然结果。比如,目前任教于普林斯顿大学的韩裔科学家承现峻在他影响甚大的《连接组》一书中写道:"据我所知,没有任何客观的科学证据来证明灵魂的存在。人们为什么相信灵魂的存在?我怀疑宗教是唯一的原因","你的身体和大脑与人造的机器并没有本质的区别"。脑科学和计算机科学的结合一方面会使用机器/算法取代人脑的技术(人工智能)得到快速发展,另一方面也会使借助算法来影响和控制人类行为的技术侵蚀法律的领地。

之前曝光的大数据分析公司"剑桥分析"利用8700万Facebook用户的账户信息帮助特朗普竞选团队量身定制地投放政治广告从而帮助特朗普在2016年美国总统大选获胜的新闻,便是一个"算法统治"的鲜活例子。如果韦伯活在当下,他对于这种现象一定不会感到奇怪,反而会认为这是现代社会总体理性化进程的必然结果,呈现了理性化的阴暗面。他也不会反对施特劳斯对现代人生活处境的这种概括:"零售的理性,批发的疯狂"。因为韦伯在其方法论论文和关于"志业"的两篇演讲(《学术作为志业》和《科学作为志业》)中,明确指出:理性化的知识体系(科学)只能帮助人们在给定目的的前提下寻找实现该目的的最优手段,却无法帮助人们寻找目的。科学知识只能完成以下任务:(1)明确呈现各种对立价值的核心要义;(2)抱着评价意图推演出采取某一价值立场必然导致的选择结果;(3)确定行动的实践后果,这样做的时候充分考虑实现某一目的的手段是多样的以及哪些附带性的以及不可欲的后果是难以避免的。在科学祛除巫魅的时代,人们的价值/目的选择毋宁说是一个"在虚无中创造意义"的过程,缺乏可靠的"星与罗盘"。

三、从社会行动到权威类型

韦伯通过其研究发现:人们的社会行动常趋向于某些具有"实际规律性"的规范,它们包括"习俗""习惯""惯例"和"法律"。这些社会规范之间的界限是流动的,它们可能同时并存,共同发挥效力,我们很难区分是它们中的哪一种导致了某种特定的秩序。在社会生活中,人们常通过认可某种秩序之正当性(legitimacy)的方式来使这种秩序得以确定下来。人们通过传统、情感、价值合理性的信念以及立法来确立一种社会秩序的正当性。反过来,"一种秩序的正当性可能由两种主要的方式来保障:一、这种保障可能是纯粹主观的。包括:1. 情感的,导源于感情沉迷;2. 价值合理的,取决于对秩序作为某种伦理、审美的或其他类型的终极价值之体现所具有的绝对有效性的信念;3. 宗教的,取决于对遵守秩序而获救赎的信念。二、此外,一种秩序的正当性可能还(或仅仅)由对特定外在后果的预期即由利益情势所保障"。

在这里,我们似乎发现了一种循环论证:人们遵循某种他们自己赋予其正当性的规范,遵循的理由、赋予正当性的方式甚至正当性的保障方式都是人们的一些主观意义取向。其实,这正是韦伯的精髓所在。他向我们表明:社会规范是人们通过其行动创立出来的,体现着人们的主观意义,正因如此,对它的遵循和保障是与人们的主观意义一致的。而且,在历史性的社会生活中,规范和秩序的产生虽然是个人行动的结果,但却并非每一个人行动之结果的简单加总,而是一个社会中所有个人行动的共同结果,因此,就某一具体个人而言,它具有一种不受其主观因素任意左右的"客观性"。

进而,我们可以把韦伯的社会行动类型学和正当性取得方式类型学与他对正当统治的分类做一番比较,我们发现:传统性行动和从传统中获得的正当性显然对应于传统型的统治;情感性的社会行动和来自情感认同的正当性对应于克里斯玛型的统治；而目的理性的社会行动和来自手段目的判断的正当性则对应于法理型统治。只有价值理性的社会行动以及来自价值信念的正当性找不到对应的正当统治类型。这是因为，价值理性的社会行动由于其颠覆既定秩序的潜质和不计后果的倾向，无法帮助形成稳定的秩序。但是，在传统社会向现代社会转型的过程中，价值理性的行动凭借其革命性，成为打破传统、推进理性化进程的动力；与之相对，目标理性的行动因为专注于“功利目标”，反而成为社会生活“常规化”的因循守旧力量。爱尔兰剧作家萧伯纳曾言：“理性的人让自己适应这个世界；非理性的人坚持尝试让这个世界来适应自己。因此所有的进步都取决于非理性的人。”如果我们把理性的人理解为坚持目标理性的人，把“非理性的人”理解为坚持价值理性的人，这段话可以说是对韦伯命题的极好诠释。

韦伯为我们理解现代社会在制度事实层面（而不是规范文本层面）的宪制结构提供了一种社会科学的分析框架。首先，他提供了一种权威之正当性基础的类型学。权威要么来自理性化的法律，要么来自传统，要么来自领袖的个人魅力（克里斯玛）。而基于理性化法律的权威是现代社会最主要的权威类型。“在法律权威的情况中，人们服从的是法律所确立的非人格化的秩序。”这种秩序的维护者就是专业化的技术官僚。其次，技术官僚在管理社会的过程中越来越依靠其他领域的专家而不是普通公众为其提供理性化的决策咨询。不同领域的专家（包括技术官僚）会形成各种各样的同人议事团体，他们讨论问题所用的行话和论证方式都是外行很难理解的。其后形成的立法建议、政策建议和决策一方面取决于小圈子共识，另一方面取决于物质利益上的妥协。再次，谁来控制这部官僚机器是一个不断被追问的问题。现代宪法给出的答案是民选的政治家以及权力分立与制衡机制。但这种控制是有限的，只出现在理性化的官僚决策机制导致重大事故而引起公众恐慌和社会争议的场合。最后，“在关于技术和事实的知识上优越于技术官僚的只有资本主义的企业家，这种优越性局限在他的利益范围之内。他们是唯一的一类有能力至少相对免受理性化官僚知识控制的人”。作为现代性最敏锐的观察者和最系统的理论阐释者，韦伯的这些洞见对于我们理解现代法律的实际运作具有重要的意义。

德国社会学家乌尔里希·贝克在韦伯提供的框架内进一步借助“风险社会”这个概念分析了技术官僚治国与科学家自我立法这一现代社会的基本特征给全社会带来的风险。他指出：“如果以前人们关注的主要是（来自神灵或自然的）外源性危险，那么当今社会的主要风险则具有一种历史上全新的属性：它们来自人类自己的内部决策，取决于一种同时具有科学性和社会性的人为建构。科学既是这种风险的原因和定义媒介，也是其解决方案的来源，基于这一事实，科学为自己带来了进一步科学化的新市场。”科学，尤其是它的技术应用，给现代社会带来了新的风险，但现代社会的治理机制又过度依赖科学技术界人士发明新的技术来控制这些风险的意愿和能力，这就带来宪法和政治层面的风险。有趣的是，贝克本人提供的解决思路仍然是依赖科学技术专家本身，是科学界的异见表达和自我监督以及独立的司法机构基于个案的审查这些“亚政治”，而不是民主选举和投票这样的“政治”。正如贝克所指出的那样，“我的答案是，通过对某些让亚政治产生影响的可能性进行扩展并加以法律保护。做到这一点的基本背景条件当然包括强有力且独立的法院和强大且独立的媒体，以及任何这两者所需要的保障。我们可以说，这是亚政治控制系统的两块主要柱石。这种自我批评的制度化之所以如此重要，是因为在许多领域，如果不具备适当的专业技术知识，就无法认知风险以及避免风险的各种方法”。在“科学技术是第一生产力”的时代，技术的产业化使得科技人员与资本家之间形成紧密的联盟，再加上技术官僚的配合，这样的“亚政治”到底有多大的发展空间，值得怀疑。基因产业是一个利润丰厚的产业，该领域的许多科研人员本身就是公司老板，如贺建奎就是不止一家公司的法人代表。

这种科技制造风险并自行提供解决方案（包括提供法律规则蓝本）的模式在医学和生命科学领域表现得尤为明显。早在 1964 年 6 月，世界医学协会第 18 届大会就在芬兰通过了《赫尔辛基宣言》，确立了涉及人类受试者的医学研究的伦理原则，并提出设立伦理委员会的主张。此后，世界多数国家的国内立法都采纳了该宣言的建议。伦理委员会在世界各地建立起来，其审查标准也借鉴了宣言的内容,如对受试者的尊重、保护受试者隐私、知情同意,等等。但伦理委员会往往内置于医疗机构,生命伦理学家在长期与医生合作的过程中也成为医疗职业群体的一部分,在伦理判断上很难体现中立性。

1975年的阿西洛马会议声明是另一个著名的例子。1975年2月,140多位专家(其中大多数是分子生物学家,也有少数医生和法学家)在加利福尼亚州阿西洛马参加了保罗·伯格等几位科学家召集的会议。“这次会议的参与者同意,建构重组DNA分子的大部分工作应当继续,只要适当的安全保障措施能够到位,主要是足以控制新创造出来的生命体的扩散范围的生物和物理屏障得以建立。”30多年后,阿西洛马仍然被认为是科学家主动采取行动以赢得公众信任和法律空间并因此能够进行他们那些对社会具有巨大潜在风险的研究的范例。整整40年之后,阿西洛马会议的主要组织者巴尔的摩和伯格再次将阿西洛马模式应用到基因编辑领域。他们召集了一批顶尖的基因编辑领域的科学家和若干法学家、生命伦理学家在加利福尼亚州的纳帕举办了一次会议,并发表“纳帕宣言”。其中的结论与“阿西洛马宣言”如出一辙:基因编辑研究的大部分工作应当继续,只要研究者采取相应的安全保障措施。并且,主要针对生殖细胞编辑提出了如下几点建议:(1)强烈呼吁停止任何将生殖细胞编辑临床应用于人类的企图,尤其是在那些法律约束比较松散因而极有可能发生这种尝试的国家,同时科学界和政府组织要积极讨论生殖细胞编辑的临床应用可能对社会、环境和伦理造成的影响;(2)打造供科学家和生命伦理学家对公众进行相关教育的平台,使公众一方面能够了解基因编辑(包括生殖细胞编辑)给人类带来的巨大好处,包括但不限于治疗各种遗传性疾病,另一方面能够比较客观地评估这种技术对社会、伦理和法律意味着什么;(3)鼓励和支持旨在评估CRISPR-CAS9基因组工程技术之有效性和针对性的透明研究,这些研究应当是在人类和非人类模型系统之上进行,但与生殖细胞基因治疗中的可能应用相关;(4)召集一个由基因工程技术的研发者和使用者、基因学专家、法学家、生命伦理学家、科学共同体的成员、公众、相关政府部门、利益团体组成的有全球代表性的群体,进一步讨论基因编辑技术应用所涉及的伦理、法律和社会问题，并且在可能的情况下提出适当的政策和立法建议。技术官僚与科学家群体的结盟以及这个联盟对立法和执法机制的垄断使像基因编辑和人工智能之类充满伦理争议和技术风险的科技应用领域很难得到回应民众关切的有效规制。科学与民主之间的紧张关系被现代技术官僚体制压制而不是解决了。

四、法理型统治最终如何变成"铁笼"

沃尔夫冈·蒙森（Wolfgang Mommsen）称韦伯的支配社会学是"里程碑式的伟大作品"，是集中体现韦伯思想精髓的部分。韦伯整个支配社会学的焦点问题是以官僚制管理结构为主要特征的现代法理型支配的兴起。"在所有领域中，'现代'组织形式的发展（国家、教会、军队、政党、经济企业、利益团体、协会、基金会、俱乐部等等）几乎就等于官僚制管理的发展与持续增长"。因此，"我们整个日常生活，都被收束在这一轨道中"。官僚制具有"理性的"性格：它的生成是由规则、目标、手段和"事务性"的非人格性支配的。因此，它的出现和扩散都尤其具有"革命"性，正如理性主义在所有领域的前进所导致的结果一样。借此，官僚制的出现和扩散摧毁了所有不具备（我们这里所用的专门含义的）理性性格的各种支配形式。

但这种官僚制最终却变成压制个人自由、窒息创造力的"铁笼"。被囚禁于其中的个人变成"制度化"的个人，他们越来越需要"秩序"：如果这种秩序发生动摇，他们就会惊慌失措；如果他们被某种力量从这种秩序中抽离出来，获得完全的"自由"，他们就会感到束手无策。在法律—理性社会中，与法律无关的都是私人的，是与社会无关的。法律以权利和义务的形式确定（实定）了责任伦理的边界，而把关乎个人如何安顿心灵的信念伦理完全交给个人。在虚无中创造意义，一方面把人拔高到上帝的地位，另一方面又将人置入自由落体的处境。"罪，就是在虚无中沉沦"，没有社会支撑的伦理，从根本上说是不可能的存在。现代化国家机器、官僚体系和理性化法律所构筑的铁笼，在个人作出伦理选择时不过是一件轻飘飘的斗篷，无法阻止他坠落的趋势。卡夫卡笔下各种现代社会中的小人物，比如《审判》中的K，恰好是对韦伯理论中现代人命运的注释。

法理型统治的极致其实便是机器统治。不带任何感情,完全依照实现确定的规则和参数来解决纠纷、裁断公共事务,这不正符合法治的最高理想吗？在算法时代,这种梦想逐渐获得了变成现实的技术手段。比如,算法设计中的符号主义流派,其核心理念就是“所有和智力相关的工作都可以归结为对符号的操纵”。基于这种理念的算法可以帮助概念法学和分析法学的追随者们实现“耶林之梦”。耶林曾经做过一个梦,梦境中自己进入了专为造诣精深的法学家准备的天堂,在那里他看到了完美的、不沾人间烟火气的概念体系,每个人概念都分殊出若干子概念,如此层层递进,涵盖所有可以想象的法律关系。马克斯·韦伯也把这种基于《学说汇纂》(潘德克顿)理论体系而发展出的自恰法律系统视为形式理性法的理想状态：(1)每一项具体的法律决定都是某一抽象的法律命题向某一具体“事实情境”的“适用”;(2)在每一具体案件中,都必定有可能通过法律逻辑的方法从抽象的法律命题导出裁决;(3)法律必须实际上是一个由法律命题构成的“没有漏洞的”(gapless)体系,或者,至少必须被认为是这样一个没有空隙的体系;(4)所有不能用法律术语合理地“分析”的东西也就是法律上无关的;(5)人类的每一项社会行动都必须总是被型构为或是一种对法律命题的“适用”或“执行”,或是对它们的“违反”,因为法律体系的“没有漏洞性”必定导致对所有社会行为的没有漏洞的“法律排序”。借助符号主义的算法,这样一个封闭的决定论系统可以变得越来越概念精细、逻辑融贯。在印刷术时代孤军奋战的布莱克斯通将法律问题分成 110 个类型,而万律(Westlaw)在互联网技术的帮助下雇用了数以百计的“抄写员”,将法律问题分成了数以万计的类型,编写成了 Westlaw Digests。进一步的细分在人工智能时代变得越来越容易。我们未来可能生活在机器负责设计和执行的繁密法网之中,人的尊严和自由如何定义及实现,会重新成为一个紧迫的问题,或者,未来将不会有人再提出这样的问题。

沃格林对韦伯的评价可谓十分贴切：韦伯的个人悲剧在于,一个骨子里是要做事的人,终其一生,都因思虑过多而无法行动。但韦伯将自己的行动倾向体现到了他的学术研究之中,他关注的不是学者们在书斋里构想出的价值和世界图景,而是一个社会中的众人在做事中体现出的道理。在这一点上，他是一位社会科学家，而不是一位哲学家。读者从韦伯的作品中读出“悲观主义”的情绪是可以理解的，但韦伯本人却无意将任何主观价值判断传达给读者。在他看来，学术无法帮助人们作出政治选择或价值判断，“历史和文化科学……教我们如何根据其缘起脉络去理解和解释政治、艺术、文学以及社会现象。但它们无法帮助我们回答这样一个问题：这些文化现象的存在是否有价值。……采取某种政治立场是一回事儿，而分析政治结构和党派立场却是另一回事儿”。

里尔克在一首诗中写道：

这样的人，总在这样的时刻现身；

行将终结的时代，再一次结清了它全部的价值；

于是这样的人，负起整个时代的重负，把它抛入自己内心的深渊。